# 工伤理赔法律实务

全晟团队 出品

黄露露 编著

中国政法大学出版社

2024·北京

声　　明　　1. 版权所有，侵权必究。

　　　　　　2. 如有缺页、倒装问题，由出版社负责退换。

**图书在版编目（CIP）数据**

工伤理赔法律实务 / 黄露露编著. -- 北京 ： 中国政法大学出版社, 2024. 9. -- ISBN 978-7-5764-1772-2

Ⅰ. D922.55

中国国家版本馆 CIP 数据核字第 2024152XB0 号

---

| | |
|---|---|
| 出 版 者 | 中国政法大学出版社 |
| 地　　址 | 北京市海淀区西土城路 25 号 |
| 邮寄地址 | 北京 100088 信箱 8034 分箱　邮编 100088 |
| 网　　址 | http://www.cuplpress.com（网络实名：中国政法大学出版社） |
| 电　　话 | 010-58908586（编辑部）58908334（邮购部） |
| 编辑邮箱 | zhengfadch@126.com |
| 承　　印 | 北京鑫海金澳胶印有限公司 |
| 开　　本 | 720mm×960mm　1/16 |
| 印　　张 | 17.75 |
| 字　　数 | 300 千字 |
| 版　　次 | 2024 年 9 月第 1 版 |
| 印　　次 | 2024 年 9 月第 1 次印刷 |
| 定　　价 | 48.00 元 |

# 前 言

劳动者的工伤赔偿权利是劳动者的基本劳动保障权利，我国作为工业大国，有几亿辛勤劳动的产业工人，那些在工厂深夜加班的工人、在建筑工地挥汗如雨的进城务工者以及在各行各业的劳动者为我国的繁荣富强做出了不可磨灭的贡献。我国的劳动法规对劳动者的保护可谓是全面而细致，但是往往越是工作在辛苦的岗位劳动者，比如工厂工人和建筑工人，他们的法律知识越欠缺。在工作中发生工伤时，这些辛勤的劳动者往往无法拿起法律武器依法争取应得的工伤赔偿。

现实中大量存在，发生工伤事故后用人单位出个医疗费给个几千元就"私了"的情况，劳动者连基本的工伤期间的停工留薪期工资都无法获得全额赔偿，因工受伤甚至要自己垫付医疗费，找亲朋借款生活费，实在令人愤慨不已！我国大量的产业工人，做着最辛苦的工作，冒着工作受伤的风险，而这个群体往往也是文化学历较低的群体，他们不懂得工伤赔偿的法律知识，也不认识律师朋友，相反，用人单位往往有专业的人力和法务工作人员，老板也认识不少的专业律师，一旦发生双方利益冲突的工伤事故，双方在不平等的法律知识背景和资源实力背景之下进行博弈，可想而知，往往劳动者的权益会受到侵害。

法治本质上是一种公共产品，但很多劳动者因为学历低、不懂法，请不起专业律师，往往没有享受到我国法治进步带来的对劳动者的全面保护。政府部门为此也投入了大量普法宣传力量，设置了便捷的工伤申请流程，提供了免费的法援律师，但是依然不可能让每一位工伤劳动者获得公平合理的工伤赔偿，因为，工伤的认定和鉴定流程、所需的资料以及赔偿博弈对抗所需的谈判和诉讼技巧，并非普通劳动者所能全面掌握的。全晟团队作为专业的人身损害维权理赔团队，已为上万名工伤职工提供免费咨询，已为上千名工伤职工提供工伤理赔服务，全晟团队累积了丰富的工伤理赔办案经验，现结集成书，将常见的各类工伤理赔所需的知识点、证据材料以及各类典型/疑难案例进行公开分享，希望能帮助到更多辛勤努力的劳动者！

# 团队介绍

全晟团队，致力于让每一位伤者都享有法律的正义，用行动和努力让千千万万当事人拿回依法应得的赔偿款。随着品牌知名度的提高，好评口碑的增加，向我们咨询、委托的当事人也逐渐增多，在普法过程中，常常会有当事人问道：

你们全晟是做什么的？

为什么你们能够快速帮我拿回赔偿款？

在服务过程中，你们到底能够帮我做到哪些事呢？

⋯⋯⋯⋯⋯⋯

信任是相互的，我们有义务和责任向大家解释以上疑虑，针对以上相关问题，我们将从业务领域、服务流程及收费标准等几个方面详细介绍。

## 一、业务领域

全晟团队，专注于提供交通事故、工伤事故、意外伤害、大病医疗等人身损害理赔维权服务，为当事人提供优质、高效的理赔服务。

为了更好地服务伤者，我们团队主要由医学、保险或法律背景的专业法务主管、理赔专家组成，不仅在招聘上严格筛选既有专业又有善良之心的团队成员，同时还聘请了专业的法医团队、律师团队、营养师团队作为专家顾问。

目前，全晟团队每年为上万名伤者提供免费普法咨询，维护了众多伤者的合法权益,至今已成功处理了超过10 000起交通事故理赔、工伤理赔、意外险理赔、重疾/医疗险等人身损害理赔维权服务事项。

## 二、服务流程

"让每一位伤者享有法律的正义",是全晟人的初心,也是每一位全晟人的使命。因此,在普法中全晟团队始终坚持办案流程专业化,团队协作高效化,服务态度真诚化的准则。

### 1 劳动工伤

- **前期咨询**
  免费为伤者预估伤情、计算赔偿方案、指导认定、鉴定等

- **委托服务**
  综合分析案件,成立**工伤专案理赔小组**,团队小组由**特聘律师、法医顾问、理赔专家**等精英人才组成,协助处理工伤赔偿全流程,包括和用人单位协商、协商未果提起劳动仲裁、诉讼、申请法院强制执行等。

- **圆满结案**
  跟进赔偿金到账进度,保证赔偿款按时到账。确保当事人成功获赔后,专业营养师为当事人制定康复计划,提供免费普法咨询。

### 2 交通事故

- **前期咨询**
  免费为伤者预估伤情、计算赔偿方案。

- **委托服务**
  综合分析案件,成立**交通专案理赔小组**,根据不同情况选择案件处理方案,包括整理案件材料进行综合评估,**协助当事人向保险公司理赔**,根据案件难易准备材料立案至法院等。

- **圆满结案**
  跟进赔偿金到账进度,**保证赔偿款按时到账**。确保当事人成功获赔后,专业营养师为当事人制定康复计划,提供免费普法咨询。

**3 保险理赔**

- **前期咨询**

  保险理赔、拒赔流程指导、文书代写、谈判咨询等，根据案情和拒赔理由分析维权成功的几率。

- **委托服务**

  根据案情匹配专业保险律师和理赔专家，成立特别专案组，深入分析了保险公司的拒赔理由，全面分析**投保过程、履行过程、法律规定**等，快速制定了谈判/诉讼策略，并立即与保险公司理赔经理取得联系，展开案件谈判。

- **圆满结案**

  跟进保险赔偿金到账进度，保证赔偿款按时到账。

每一位委托我们的伤者，都满怀着对我们沉甸甸的信任。截至 2024 年 4 月，我们收到了表彰锦旗超 1300 多面，这既是伤者对我们的鼓励，也让我们对维护伤者的合法权益这一事业由衷地感到自豪。

## 三、全晟分布

截至 2024 年 8 月，全晟团队成员 260 余人，办公地区覆盖全国 20 城。

厦门团队地址：厦门市思明区观音山汇金国际中心 23 楼
杭州团队地址：杭州市拱墅区杭行路 708 号符星创新中心 1 座 13 楼
福州团队地址：福州市高新区创业路 2 号邦邦财富大厦 16 楼
广州团队地址：广州市珠江新城富力新天地中心 46 楼
宁波团队地址：宁波市鄞州区和邦大厦 C 座 21 楼
温州团队地址：温州市鹿城区世贸中心大厦 37 楼
漳州团队地址：漳州市行政服务中心旁 TFC 特房财富中心 A 座 23 楼
龙岩团队地址：龙岩市新罗区华莲路 138 号金融中心 A1 栋 610 室
泉州团队地址：泉州市丰泽区宝洲路万达 A 座 8 楼
三明团队地址：三明市三元区中国华融中心 9 楼
莆田团队地址：莆田市荔城区荔园中路 189 号艾力艾国际中心 2 号楼
宁德团队地址：宁德市蕉城区金禾雅居 3 栋 2406

## 四、全晟普法

全晟团队目前新媒体矩阵旗下涵盖微信公众平台、微信视频号、抖音、知乎、今日头条、西瓜视频、百家号等多个信息媒体平台，致力于为更多伤者带来更优质、更专业的法律专业科普，帮助更多普通人知法懂法。

以上就是关于全晟团队的介绍，全晟将会始终坚持不断提升专业和不断精进学习，将全晟打造成为能帮助更多人依法维权理赔的学习型团队。

# 目 录

前　言 // 001
团队介绍 // 003

## 第一章　工伤事故发生后怎么办？// 001

  第一节　认识工伤 // 001

  第二节　工伤认定情形 // 002

  第三节　工伤事故发生后的应急处理与证据收集 // 005

  第四节　工伤认定流程 // 011

  第五节　工伤赔偿责任主体及赔偿项目 // 017

## 第二章　治疗期间注意事项 // 022

## 第三章　劳动能力鉴定 // 026

  第一节　劳动能力等级判断 // 026

  第二节　鉴定申请与要求 // 030

  第三节　不服初次鉴定结论怎么办？// 032

  第四节　工伤鉴定常见问题及解决办法 // 033

## 第四章　工伤赔偿项目 // 036

### 第一节　医药费 // 036

### 第二节　停工留薪期工资 // 038

### 第三节　一次性伤残补助金 // 041

### 第四节　一次性工伤医疗补助金和一次性伤残就业补助金 // 044

### 第五节　工伤护理费 // 048

### 第六节　交通费 // 050

### 第七节　伤残津贴 // 051

### 第八节　工伤残疾辅助器具费 // 053

### 第九节　住院伙食补助费 // 054

### 第十节　一次性工亡补助金 // 055

### 第十一节　丧葬补助金 // 057

### 第十二节　供养亲属抚恤金 // 058

## 第五章　工伤事故不只是工伤赔偿 // 061

### 第一节　一起事故多次赔偿 // 061

### 第二节　未签订劳动合同可要求二倍工资 // 065

### 第三节　拖欠工资、加班费 // 066

### 第四节　经济补偿金 // 069

## 第六章　工伤待遇赔偿常见问题 // 072

### 第一节　单位未缴纳工伤保险，工伤待遇由谁支付？// 072

### 第二节　工伤是"私了"赔偿多，还是劳动仲裁赔偿多？// 076

### 第三节　一次性工伤医疗、伤残就业补助金是否以解除劳动关系为前提？// 078

### 第四节　工伤认定后单位提起行政诉讼怎么办？// 078

### 第五节　有哪些常见的陷阱需要避免？// 081

## 第七章 骨折术后康复指南 // 084

### 第一节 康复饮食注意事项 // 084

### 第二节 骨折术后功能锻炼 // 086

## 第八章 法院裁判规则大数据报告 // 108

### 第一节 工伤和解协议效力大数据报告 // 108

一、前言 // 108

二、案例来源 // 109

三、案例简况 // 109

四、法院认定效力瑕疵的裁判理由 // 110

五、结语 // 118

### 第二节 超过退休年龄劳动者工伤认定问题大数据报告 // 118

一、前言 // 118

二、案例来源 // 119

三、案例简况 // 119

四、超龄劳动者认定工伤裁判理由分析 // 120

五、工伤认定行政诉讼中的劳动关系确认问题 // 128

六、结语 // 134

## 第九章 人民法院案例库指导性案例解析 // 136

一、指导性案例94号：重庆市涪陵志大物业管理有限公司诉重庆市涪陵区人力资源和社会保障局劳动和社会保障行政确认案 // 136

二、指导性案例69号：王某德诉乐山市人力资源和社会保障局工伤认定案 // 138

三、指导性案例191号：刘某丽诉广东省英德市人民政府行政复议案 // 141

四、指导性案例40号：孙某兴诉天津新技术产业园区劳动人事局工伤认定案 // 145

## 第十章　常用工伤法律法规汇编 // 149

### 第一节　法律 // 149

一、中华人民共和国劳动法 // 149

二、中华人民共和国劳动合同法 // 161

三、中华人民共和国社会保险法 // 177

### 第二节　行政法规 // 191

四、工伤保险条例（2010年修订） // 191

五、保障农民工工资支付条例 // 204

六、国家统计局关于工资总额组成的规定 // 214

### 第三节　司法解释 // 217

七、最高人民法院关于审理工伤保险行政案件若干问题的规定 // 217

### 第四节　最高人民法院答复 // 220

八、最高人民法院行政审判庭关于离退休人员与现工作单位之间是否构成劳动关系以及工作时间内受伤是否适用《工伤保险条例》问题的答复 // 220

九、最高人民法院行政审判庭关于职工因公外出期间死因不明应否认定工伤的答复 // 224

十、最高人民法院行政审判庭关于职工无照驾驶无证车辆在上班途中受到机动车伤害死亡能否认定工伤请示的答复 // 228

### 第五节　部门规章与部门规范性文件 // 230

十一、工伤认定办法（2010年修订） // 230

十二、工伤职工劳动能力鉴定管理办法 // 234

十三、工伤保险辅助器具配置管理办法 // 239

十四、因工死亡职工供养亲属范围规定 // 243

# 目 录

十五、实施《中华人民共和国社会保险法》若干规定 // 245

十六、劳动和社会保障部关于实施《工伤保险条例》若干问题的意见 // 250

十七、社会保险基金先行支付暂行办法（2018年修订）// 251

十八、人力资源和社会保障部关于执行《工伤保险条例》若干问题的意见 // 255

十九、人力资源和社会保障部关于执行《工伤保险条例》若干问题的意见（二）// 257

二十、劳动和社会保障部关于农民工参加工伤保险有关问题的通知 // 259

二十一、人力资源和社会保障部办公厅关于进一步做好建筑业工伤保险工作的通知 // 260

二十二、人力资源和社会保障部、住房和城乡建设部、国家安全生产监督管理总局、全国总工会关于进一步做好建筑业工伤保险工作的意见 // 262

二十三、人力资源和社会保障部办公厅关于加快推进建筑业工伤保险工作的通知 // 266

二十四、劳动和社会保障部关于确立劳动关系有关事项的通知 // 269

# 第一章 工伤事故发生后怎么办？

## 第一节 认识工伤

### 一、什么是工伤

所谓工伤，其实就是"工作伤害"的简称，一般是指劳动者在工作中或者法律规定的特定情形下遭受的事故伤害或者职业病。因此，并非工作中受伤就都属于工伤，就可以要求"老板"赔偿，重点还需要看是否符合工伤的认定条件、是否属于工伤的认定情形。

### 二、工伤认定条件

根据我国《工伤保险条例》[1]相关规定，工伤需要满足以下条件：

1. 主体条件。一方需为劳动者（即自然人），不包括享受基本养老保险待遇的离、退休人员；另一方应为用人单位，即公司、事业单位、社会团体、民办非企业单位等组织和有注册的个体工商户，但不包括个人。

2. 关系。正常情况下，劳动者与用人单位之间须存在劳动关系。但在特定情形下非劳动关系也可认定工伤，例如：挂靠、工程违法转包等特殊情形。

3. 情形。符合《工伤保险条例》第14条、第15条或其他法定情形。

实践中，随着市场经济发展的多样化，企业用工形式愈加灵活多变，加

---

[1] 《工伤保险条例》，即《中华人民共和国工伤保险条例》。为表述方便，本书中涉及我国法律文件，直接使用简称，省去"中华人民共和国"字样，全书统一，后补赘述。

上劳动者工作场景的复杂性以及各地司法、行政机关在法律法规上的理解差异，这都导致了劳动者在发生人身损害事故后的工伤认定标准和情形识别上会存在大量争议。

## 第二节 工伤认定情形

### 一、认定工伤的七种情形

根据《工伤保险条例》第14条规定，符合下列情形之一的即为工伤：

1. 在工作时间和工作场所内，因工作原因受到事故伤害的。工伤认定的"三工"要素中，工作原因是核心要件，即使不在工作时间、工作场所，但只要是工作原因，同样应当认定为工伤。工作场所和工作时间在工伤认定中一方面是补强工作原因，另一方面是在工作原因无法查明时，用以推定是否属于工作原因。因此，在工作场所和工作时间内，没有证据证明是非工作原因导致职工伤亡的亦可推断认定为工伤。

2. 工作时间前后在工作场所内，从事与工作有关的预备性或者收尾性工作受到事故伤害的。"工作时间前后"是指在正式工作开始之前或结束之后，在工作场所从事与工作有关的预备性或收尾性工作时发生的意外。这包括但不限于：到达工作场所前的准备工作，如穿着工作服、检查工具设备等；工作结束后的整理工作，如清理工作场所、归还工具等。

3. 在工作时间和工作场所内，因履行工作职责受到暴力等意外伤害的。"工作时间"指规定的工作时段，包括加班期间，但不包括上下班途中以及下班休息期间。"工作场所"指从事工作的场所，而不是职工本人具体的工作岗位，可能是办公室、工厂，也可以是往返于两个办公室之间的合理路线。其中工作中受到暴力伤害的认定要点在于，受到暴力伤害的事件必须与职工的工作职责直接相关，而不是纯粹的个人纠纷。

4. 患职业病的。职业病是指由于工作环境中的有害因素，使劳动者在一定时间内患上的疾病。通常由职业病鉴定机构进行认定，一般是当地的疾病预防与控制中心，综合考虑医学证据、工作环境等因素作出诊断。

职业病的工伤认定比一般工伤认定多了一道职业病诊断的步骤。即需要在申请工伤认定前，先行向当地疾控中心提出职业病诊断的认定申请。在诊断为职业病后，才能够申请工伤认定。

5. 因工外出期间，由于工作原因受到伤害或者发生事故下落不明的。"因公外出期间"指员工在执行工作任务或职责的过程中，根据工作需要而离开日常工作地点，这包括出差、客户拜访、野外工作等。从离开日常工作场所开始，直到返回该地点的整个时间段，在这期间发生与工作相关的事故均可视为因公外出。关键在于外出的目的必须是为了执行工作任务或职责，而非私人原因。在工伤事故发生后，常有用人单位否认外出系因工作需要，而是职工私人原因。因此，在碰到上述情形时，需要保留"因公外出"的相关证据。

6. 在上下班途中，受到非本人主要责任的交通事故或者城市轨道交通、客运轮渡、火车事故伤害的。该种情形主要是指以下几种情况：

（1）在合理时间内往返于工作地与住所地、经常居住地、单位宿舍的合理路线的上下班途中；

（2）在合理时间内往返于工作地与配偶、父母、子女居住地的合理路线的上下班途中；

（3）从事属于日常工作生活所需要的活动，且在合理时间和合理路线的上下班途中；

（4）在合理时间内其他合理路线的上下班途中。

7. 法律规定的其他情形。该条适用于不属于上述六种情形，但其他法律法规有规定的特殊情形。

## 二、视同工伤的三种法定情形

根据《工伤保险条例》第15条规定，视同工伤情形如下：

1. 在工作时间和工作岗位，突发疾病死亡或者在48小时之内经抢救无效死亡的。"突发疾病"包括各类疾病，不要求与工作有关联。"48小时"的起算时间，以医疗机构诊断的发病时间作为突发疾病的起算时间。注意：经过48小时抢救之后才死亡的，一般较难直接认定工亡，属于争议大的疑难情形，一般以最终法院判决为准。

2. 在抢险救灾等维护国家利益、公共利益活动中受到伤害的。本项仅列举了抢险救灾这种情形，但凡是与抢险救灾性质类似的行为，都有可能认定为属于维护国家利益和维护公共利益的行为，另外也无需符合工作时间、工作地点、工作原因等因素。

3. 职工原在军队服役，因战、因公负伤致残，已取得革命伤残军人证，到用人单位后旧伤复发的。已取得革命伤残军人证的职工在用人单位旧伤复发，一次性伤残补助金不再享受，但其他工伤保险待遇均可享受。

### 三、最高人民法院司法解释中认定工伤的四种情形

根据最高人民法院《关于审理工伤保险行政案件若干问题的规定》第4条规定，下列四种情形也可认定为工伤：

1. 职工在工作时间和工作场所内受到伤害，用人单位或者社会保险行政部门没有证据证明是非工作原因导致的；

2. 职工参加用人单位组织或者受用人单位指派参加其他单位组织的活动受到伤害的；

3. 在工作时间内，职工来往于多个与其工作职责相关的工作场所之间的合理区域因工受到伤害的；

4. 其他与履行工作职责相关，在工作时间及合理区域内受到伤害的。

### 四、人社部关于达到退休年龄工伤认定的规定

在人力资源和社会保障部于2016年3月28日发布的《关于执行〈工伤保险条例〉若干问题的意见（二）》中，规定了符合以下两种情形的，用人单位应依法承担工伤保险责任：

1. 达到或超过法定退休年龄，但未办理退休手续或者未依法享受城镇职工基本养老保险待遇，继续在原用人单位工作期间受到事故伤害或患职业病的，用人单位依法承担工伤保险责任。

2. 用人单位招用已经达到、超过法定退休年龄或已经领取城镇职工基本养老保险待遇的人员，在用工期间因工作原因受到事故伤害或患职业病的，如招用单位已按项目参保等方式为其缴纳工伤保险费的，应适用《工伤保险条例》。

### 五、哪些情形不认定为工伤？

根据《社会保险法》第 37 条规定，职工因下列情形之一导致本人在工作中伤亡的，不认定为工伤：

1. 故意犯罪；
2. 醉酒或者吸毒；
3. 自残或者自杀；
4. 法律、行政法规规定的其他情形。

## 第三节　工伤事故发生后的应急处理与证据收集

对劳动者来说，发生工伤事故后最为担心的是：单位不申请工伤认定，不予赔偿，甚至置之不理。虽然，法律赋予劳动者及其近亲属可以自行申请工伤认定等一系列救济途径，但前提是劳动者能够提供与用人单位存在劳动关系的证明文件（如劳动合同、劳动关系证明、仲裁裁决、法院判决书）和工伤事故发生的证据等，否则人社局不会受理认定申请，或受理后因证据不足不予认定工伤。因此工伤事故发生后，劳动者需特别注意收集以下两方面证据：

### 一、收集与单位存在劳动关系的相关证据

劳动关系的证明文件是申请工伤认定的必要证据，但现实中不少劳动者手中都没有劳动合同，而对于劳动者无法提供劳动合同的，人社局一般有以下两种处理方式：

1. 要求劳动者前往劳动仲裁委员会申请劳动仲裁，通过仲裁机构的裁决来确认伤者与单位之间是否存在劳动关系。
2. 要求提供能够证明双方存在劳动关系的证据，具体常见的证据如下：

（1）工资支付凭证或记录（职工工资发放花名册）、缴纳各项社会保险费的记录；

（2）用人单位向劳动者发放的"工作证""门禁卡"等能够证明身份的证件；

（3）劳动者填写的用人单位招工招聘"登记表""报名表"等招用记录；

（4）考勤记录；

（5）工作沟通记录（如微信记录、短信记录）；

（6）其他劳动者的证言等。

**二、收集发生工伤事故的有关证据**

在用人单位不予配合的情况下，很多单位会否认、质疑工伤事故的存在，因此劳动者在发生事故后，要积极保留相关能够证明事故存在的证据，具体常见证据如下：

1. 事故现场照片、视频。
2. 报警记录、120抢救记录。
3. 医药费垫付记录。
4. 工伤赔偿沟通记录。
5. 其他劳动者的证言等。

## 案例一：单位以不存在管理行为否认劳动关系存在，全晟介入劳动仲裁取胜

**一、案件信息**[1]

2021年11月，林大哥经朋友介绍，入职某单位并在其承包的工程项目中从事木工工作，双方签订了劳动合同，合同期限为2021年11月1日至"桥梁下构及条形基础工程结束"止，工资为每月人民币10 000元。不料2022年4月的某日，林大哥工作时不慎受伤，被紧急送往医院，随后住院治疗长达32天。

**二、案件难点**

林大哥不幸受伤住院，而工作单位却立即翻脸不认人，不仅不愿承担工

---

[1]【裁决机构】福州市晋安区劳动人事争议仲裁委员会；【案例索引】榕晋劳人仲案［2023］032号。

伤赔偿责任，甚至开始否认双方之间存在劳动关系：①林大哥在单位工作无需上班打卡，双方之间不存在人身依附关系；②林大哥进出工地来去自由，不受单位规章制度的约束，并且平时是否工作及其出工的天数都是完全由林大哥自己决定的；③单位与林大哥之间只是根据约定提供劳务和支付报酬，林大哥不享受单位员工的其他任何待遇，只享受总包单位的项目保险。因此单位认为林大哥与单位之间不存在劳动关系，双方签订的《劳动合同》为"劳务合同"。

### 三、专业应对

面对复杂的劳动争议，林大哥感到束手无策，于是他向全晟团队伸出了求援之手。全晟团队在接到委托后，迅速展开了对案件的全面分析，做好了充分的准备和应对策略。

通过深入走访调查，全晟团队细致地分析了林大哥提供的证据材料，并对他的银行卡流水进行了详尽的整理。在这个过程中，团队成功收集到了关键证据，包括工资流水记录和工友们的证言，这些都为林大哥的案件增添了有力的支持。

在随后的仲裁过程中，全晟团队特聘律师凭借对证据规则、实体法规定、日常经验法则以及行业规则的深刻理解，进行了全面的论证。经过一系列激烈的举证、质证环节和庭审辩论，最终依据原劳动和社会保障部《关于确立劳动关系有关事项的通知》第1条、第2条的相关规定，仲裁委员会最终确认林大哥与单位之间确实存在劳动关系。这一成果展现了全晟团队在处理劳动争议案件中的专业能力和高效执行力。通过他们的努力，林大哥的合法权益得到了应有的维护和保障。

## 案例二：总包分包相互推诿，不肯交出劳动合同致使工伤待遇无法实现，全晟极速仲裁为伤者维权

### 一、案件信息

2022年2月，冉大哥与冉大姐经人介绍入职某工地，担任普工岗位。他们的工资通过单位的公司银行账户及职工微信账户直接发放。2022年6月的一天，冉大哥与冉大姐在前往工地上班途中遭遇交通事故，受伤严重，不得

不立即住院治疗。事故发生后，他们不仅要面对身体上的痛苦，还要承担巨大的医疗费用，而家庭的经济压力也骤然增大。

## 二、办案难点

冉大哥与冉大姐的工作单位是分包单位。在申请工伤认定过程中，他们屡次向分包单位索取劳动合同，但分包单位一直消极抵抗，拒绝提供相关材料。具体问题为分包单位拒绝提供劳动合同；工伤认定材料缺失，导致程序受阻。然而分包单位企图逃避责任，总包单位和分包单位之间相互推诿。这导致如果无法提供劳动合同，冉大哥与冉大姐的工伤认定将无法进行；医疗费用将无法报销，家庭将陷入更加困难的境地。

## 三、专业应对

面对分包单位的消极态度，冉大哥与冉大姐感到束手无策，于是他们向全晟团队寻求帮助。全晟团队在接到委托后，立即展开行动，迅速与总包单位和分包单位进行谈判，并施加压力。

全晟团队首先详细分析了案件的法律依据，明确了总包单位和分包单位的法律责任。通过多次高强度的谈判，全晟团队最终绕过分包单位，直接与总包单位进行交涉。总包单位在了解案件的严重性和法律后果后，终于同意提供相关的劳动合同。

在此过程中，全晟团队收集了关键证据，包括工资发放记录和其他相关文件。这些证据为冉大哥与冉大姐的工伤认定提供了有力支持。在随后的仲裁过程中，全晟团队特聘律师凭借对证据规则、实体法规定、日常经验法则以及行业规则的深刻理解，进行了全面的论证。

## 四、完美收官

经过一系列激烈的举证、质证环节和庭审辩论，最终依据原劳动和社会保障部《关于确立劳动关系有关事项的通知》第1条、第2条的相关规定，仲裁委员会确认冉大哥与冉大姐与单位之间确实存在劳动关系。

通过全晟团队的不懈努力，冉大哥与冉大姐最终获得了工伤认定和应有的赔偿，这不仅为他们减轻了经济负担，也让他们看到了法律的公正和力量。

## 案例三：未签订劳动合同，全晟巧妙帮助伤者补签劳动合同，确认劳动关系

### 一、案件信息[1]

2022年7月，周大哥入职某公司担任生产厂长，主要负责管理公司生产，但未签订劳动合同。同月，周大哥在工作中意外摔伤，被送往温州医科大学附属第二医院住院治疗。住院期间，周大哥依然通过线上方式完成工作任务，出院后继续返岗工作。他在职期间接受单位的管理，完成单位安排的工作任务。2023年2月，单位以口头方式强行辞退周大哥。

### 二、办案难点

在申请劳动关系确认过程中，周大哥遇到了以下困难。单位认为周大哥是因违规行为导致受伤，未在公司规定上班时间内进入厂区；周大哥在受伤期间线上完成工作这一点不认可，认为公司的工作程序复杂，需要现场操作；周大哥提供的劳动合同非正规合同，实际合同为2022年10月7日签订。

单位试图否认工伤责任和劳动关系；强调工作程序复杂，需要现场操作，以此否认线上完成工作的事实；质疑劳动合同的合法性，试图否认其效力。如果劳动关系得不到确认，周大哥将无法获得工伤赔偿和其他应有的劳动保障。

### 三、专业应对

面对单位的种种刁难，周大哥求助于全晟团队。全晟团队接受委托后，特聘律师立即展开全面分析，制定了详细的应对策略。全晟团队指导周大哥以办理信用卡需要劳动合同证明为由，与单位签订了劳动合同。这份劳动合同成为关键证据，在随后的仲裁庭审过程中，全晟团队律师通过缜密的论证和举证，证明周大哥与单位之间存在实际的劳动关系。

在庭审过程中，全晟团队律师详细阐述了周大哥在职期间的工作记录和工资发放记录；住院期间通过线上完成工作的具体情况和证据；劳动合同的

---

[1]【裁决机构】福鼎市劳动人事争议仲裁委员会；【案例索引】鼎劳人仲案字[2023]第128号。

签订过程和其合法性。仲裁委员会最终依据原劳动和社会保障部《关于确立劳动关系有关事项的通知》的相关规定，确认周大哥与单位之间确实存在劳动关系。

## 案例四：单位以签订"劳务合同"为由否认劳动关系，试图逃避用工责任，全晟介入力挽狂澜

### 一、案件信息[1]

2022年5月，陈大哥通过朋友介绍入职某单位，担任景观水包工，主要在单位承建的项目工地工作。单位为陈大哥投保了建筑工程团体人身意外伤害保险。2022年8月，陈大哥在工作中不慎从脚手架上摔伤，随即被送往医院，住院治疗。

### 二、办案难点

单位认为双方签订的是劳务合同，明确约定为劳务关系；陈大哥在单位的多个工地上工作，单位仅在有活时通知陈大哥，工作结束后劳务关系即告终；工作期限和劳务报酬结算均不固定，未建立长期、稳定的劳动关系；陈大哥的身份上不具有人身从属性和依附性，应认定为劳务关系。

单位试图通过劳务合同否认工伤责任和劳动关系；强调陈大哥的工作时间和方式灵活，以此否认其劳动关系。

### 三、专业应对

面对单位的否认，陈大哥求助于全晟团队。全晟特聘的出庭律师接受委托后，迅速展开详细分析，并制定应对策略。全晟团队抓住了单位为陈大哥购买建筑工程团体人身意外伤害保险这一关键点。

律师向劳动仲裁委员会阐明，该保险的承保和理赔是以存在劳动关系为前提的，因此应当认定陈大哥与单位之间存在劳动关系。在庭审过程中，全晟团队律师详细论述单位为陈大哥购买的建筑工程团体人身意外伤害保险及其理赔记录；陈大哥的工作记录和单位的管理证据；双方在工作中建立的实

---

[1]【裁决机构】福州市劳动人事争议仲裁委员会；【案例索引】榕劳人仲案字[2023]第1068号。

际劳动关系的证据。

### 四、完美收官

仲裁委员会最终支持全晟团队的观点，确认陈大哥与单位之间存在劳动关系。通过全晟团队的不懈努力，陈大哥最终成功确认了劳动关系，保障了他的合法权益。这个案例不仅展示了专业法律手段在解决劳动争议中的重要性，也为其他劳动者在面对类似情况时提供了有力的参考和支持。

全晟团队提醒：未签劳动合同并不意味着无法认定工伤，劳动者应当树立证据意识，及时收集和保存相关证据。在维权的过程中，选择合适的专业人士和适当的时机介入至关重要。通过合法途径，劳动者可以有效保障自己的权益。

## 第四节 工伤认定流程

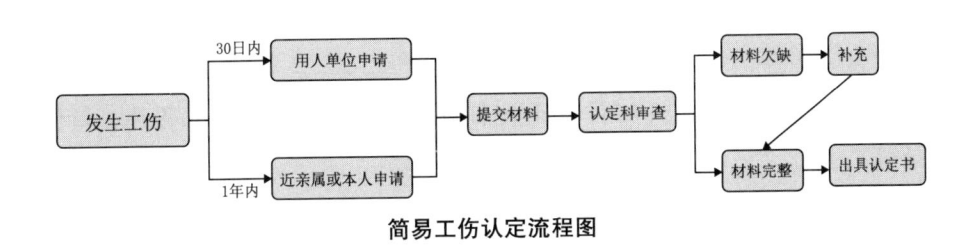

简易工伤认定流程图

### 一、工伤认定申请要求

1. 工伤认定部门。申请工伤认定的主管部门，一般为社保缴纳地或事故发生地的人力资源和社会保障局的工伤认定科。一般来说可以直接找单位所在地的区/县工伤认定科，具体可以分为三类情形：

（1）如果用人单位为劳动者缴纳了工伤保险费，那么发生工伤事故后，可以直接到收取工伤保险费的人社局申请工伤认定。

（2）如果用人单位没有为其缴纳工伤保险费，根据人力资源和社会保障部《关于执行〈工伤保险条例〉若干问题的意见（二）》第7条第3款的规定，未参加工伤保险的职工，应当在生产经营地进行工伤认定、劳动能力鉴定，并按照生产经营地的规定依法由用人单位支付工伤保险待遇。

（3）在建筑行业中，经常存在用人单位在一地注册，而在另一地承包工程的情况，而这也导致了劳动者受伤地和单位注册地不一致的情况。根据人力资源和社会保障部《关于执行〈工伤保险条例〉若干问题的意见（二）》第7条第3款的规定，如果用人单位已经为员工缴纳了社会保险，则工伤认定还是在参保地进行；反之，如果用人单位没有为员工缴纳社会保险，则工伤认定应在员工受伤地进行。

2. 申请时间。用人单位在工伤职工事故发生起30日内应申请工伤认定；在单位不配合的情况下，劳动者本人或者亲属应在事故发生起1年内申请工伤认定。

3. 申请材料。

（1）员工和用人单位有效的书面劳动合同或事实劳动关系证明；

（2）《职工工伤认定申请书》；

（3）员工本人身份证和工作证（或工卡）；

（4）员工或用人单位伤（亡）事故情况材料（如实叙述事故发生经过）；

（5）有关旁证材料（如目击证人书面证明材料现场记录、照片、口供记录等）；

（6）道路交通事故责任认定书、常住地址证明材料等；

（7）工伤认定所需的其他材料。

4. 出具时间。根据《工伤保险条例》第20条第1款规定，一般工伤认定主管部门会在60日内作出工伤认定的决定。实际操作中，工伤认定主管部门在收到申请材料后仅是先行收件，尚未决定是否受理。因此不同工伤认定的决定，其出具决定的时间长度也有所差异。

## 二、申请时限的中止、中断

根据人力资源和社会保障部《关于执行〈工伤保险条例〉若干问题的意见（二）》第7条，如果不属于劳动者自身或者其近亲属原因导致超过工伤认定申请期限的，被耽误的时间不计算在工伤认定申请期限内。下列情形应当认定为不属于职工或者其近亲属自身原因：

1. 不可抗力，如因地震、台风等不能预料、不能克服、不能避免的事件耽误工伤认定，则这段时间并不计入工伤认定申请期限。

2. 人身自由受到限制。

3. 属于用人单位原因，如用人单位不提供必要的工伤认定申请所需材料。

4. 社会保险部门等级制度不完善，如因社保部门等级制度问题导致办理工伤认定申请时间远超正常办理时间。

5. 当事人对是否存在劳动关系申请仲裁，提出民事诉讼。因为工伤认定前提是确定双方的劳动关系，因此不确定劳动关系自然就无从进行工伤认定，而确定劳动关系的仲裁、诉讼时间不计入工伤认定申请期限中。

### 三、工伤认定申请常见问题

1. 自己申请工伤认定需要费用吗？

申请工伤认定无需缴交费用。

2. 什么时候会收到工伤认定书？

工伤劳动者在申请工伤认定后的 60 日内，一般便会收到工伤认定书。如果这段时间仍未收到，那么可能意味着两种情况：第一，可能工伤认定结论已出具，但单位未转交；第二，可能单位未提交申请工伤认定。需要注意的是，工伤劳动者自受伤事故之日起算 1 年内为工伤认定期限，若用人单位迟迟未申请工伤认定，劳动者切记尽快自行申请工伤认定。

3. 轻伤能够认定工伤吗？

可以，劳动者受伤轻重跟认定工伤之间没有必然关系，劳动者有《工伤保险条例》第 14 条、第 15 条规定的相关情形的，均可以申请工伤认定。

4. 用人单位不配合认定工伤怎么办？

劳动者所在单位是否同意配合签字、盖章，并不是申请工伤认定的必经程序。如果遇到用人单位迟迟不配合工伤认定，劳动者或者其近亲属可以自行提出。

5. 怎么查看用人单位是否有申请工伤认定？

不同地区，查询方式有所差异。如浙江省职工可通过"浙里办"App 进行查询。福建省内因各地市做法不一，部分地方可由工伤劳动者拨打承办单位电话咨询，或者拨打 12333 劳动保障热线咨询；部分地区为保护个人信息安全，则会要求劳动者本人持身份证原件前往窗口查询。建议可以先致电当地人社局咨询。

### 案例五：未签订劳动合同无法认定工伤，全晟劳动仲裁与行政诉讼连胜，伤者顺利获赔

**一、案件信息**[1]

2017年，雷大哥加入Y公司，担任装修工。然而，由于其法律意识薄弱，他在没有签署正式劳动合同的情况下工作了将近三年。2020年8月2日，雷大哥在上班途中遭遇交通事故，导致左尺骨冠状骨折和左肱骨远端骨折。Y公司借口雷大哥未签署劳动合同，否认双方存在劳动关系，拒绝承担任何赔偿责任。这使得雷大哥面临着无法享受工伤保险待遇的困境，但他逐渐意识到自己并非无法争取赔偿。

**二、办案难点**

在申请工伤认定过程中，Y公司认为：雷大哥未签署劳动合同，无法证明存在劳动关系；雷大哥缺乏工作证、工作牌及考勤记录，证据匮乏；仅有微信沟通记录和工资转账记录，证据单薄。Y公司试图通过合同漏洞否认工伤责任和劳动关系，强调雷大哥缺乏劳动关系的实质性证据。如果不能确认劳动关系，雷大哥将无法获得工伤赔偿和其他应有的劳动保障。

**三、专业应对**

面对这一复杂的案件，全晟团队迅速展开行动，特聘顾问律师制定了详尽的应对方案。首要任务是帮助雷大哥争取工伤认定，而这一认定的前提是证明雷大哥与Y公司存在劳动关系。在没有签订劳动合同的情况下，劳动关系的认定需要多重证据支持。

在初期调查中，雷大哥所能提供的证据仅有微信沟通记录和工资转账记录，这些证据显得单薄，几乎不足以证明劳动关系。然而，全晟团队在深入调查中发现了一个关键线索：Y公司为雷大哥名下缴纳了社会保险并代扣个

---

[1]【裁决机构】福州市鼓楼区人民法院；【案例索引】（2022）闽0102民初5990号。

人所得税。

得知这一信息后，全晟团队特聘律师立即指导雷大哥积极收集和整理了自身的社保缴纳记录和个税缴纳记录。这些实打实的证据充分证明了双方之间确实存在劳动关系，为后续的诉讼提供了坚实的法律支持。在全晟团队律师的坚决应对下，2021年8月17日，确认劳动关系存在之诉一审胜诉；2021年10月27日，二审再度胜诉；2022年1月30日，工伤认定书顺利出具。

雷大哥所遭受的伤势经过鉴定为九级伤残。工伤认定书的生效意味着Y公司将承担依法应尽的赔偿责任。然而，Y公司不断运用拖延战术，通过对工伤认定书提起行政诉讼，败诉后又上诉，拖延了一年多。

2023年3月30日，二审法院最终判决工伤认定书合法有效。面对证据确凿、事实清楚的不利局面，Y公司最终选择和解。2023年4月23日，在法院的主持下，雷大哥与Y公司达成调解协议，Y公司同意支付雷大哥20万元工伤保险待遇。

**四、完美收官**

在全晟团队的坚定支持下，雷大哥最终在这场艰难的法律之战中获得了胜利。整个过程历时近三年，尽管雷大哥曾一度陷入迷茫，但全晟团队的不懈努力使他最终赢得了满意的结果，雷大哥为此特意送来锦旗以表感谢。这一案例再次彰显了全晟团队在法律领域的专业素养和坚定决心。即使面对"专走法律漏洞"的公司，全晟团队依然不畏艰难，全力以赴为当事人维护合法权益。

## 案例六：单位故意拖延导致工伤认定逾期，全晟提起行政诉讼成功为伤者挽回损失

**一、案件信息**

2020年8月，卢大哥来到某工地担任板缝工。2020年9月17日，卢大哥在工作时不慎摔伤，经诊断为左侧多发肋骨骨折，腰2、3椎体左侧横突骨折等严重伤情。同年12月30日，经司法中心鉴定，卢大哥的伤情构成工伤九级伤残。而项目工地这边的情况，是经过层层分包，形成了总包A公

司—B 公司—C 公司—D 公司的分包关系链，D 公司委托 E 公司为卢大哥投保雇主责任险。2021 年 8 月，E 公司与卢大哥签订理赔协议书，约定赔偿款至卢大哥账户上，但至 2022 年 2 月，赔偿款仍未到账。

## 二、办案难点

在申请工伤认定的过程中，卢大哥遇到了多重困难。一是卢大哥缺乏劳动关系证据，不清楚实际受雇单位；二是事故发生一年多，用人单位并未替卢大哥申请工伤认定，而法律规定了除非有特殊原因，工伤认定必须在一年内申请，逾期则不予受理。这也导致了非常被动的局面：用人单位推诿赔偿责任，以保险赔偿为借口拖延时间；工伤认定科则因超过申请期限，拒绝受理工伤认定。

## 三、专业应对

面对极为被动的局面，卢大哥求助于全晟团队。全晟团队成立了专案服务小组，展开详细分析，制定了维权策略。

首先，在证据匮乏的情况下，全晟团队依靠细致调查，发现 E 公司为卢大哥购买了雇主责任险，签订了理赔协议，并指导卢大哥收集整理相关社保缴纳记录和个税缴纳记录，这些证据都为确认劳动关系提供了支持。

其次，特聘律师团队提起劳动仲裁，表面上要求指定单位赔偿工伤保险待遇，实际目的是通过仲裁审理揪出实际用人单位，并拿着仲裁文书到工伤认定科申请工伤认定。

经过长时间的法律程序，2021 年 8 月卢大哥拿到了确认劳动关系的仲裁文书。但由于时间已经超过一年，工伤认定科以超过时效为由发出《不予受理通知》。全晟团队仍不放弃，继续起诉人社局，要求合理剔除耽误时间，撤销不予受理决定。

## 四、完美收官

最终，双方达成和解，人社局撤销《不予受理通知书》，合理审慎地审查卢大哥未能及时提交工伤认定的原因，剔除因用人单位等原因耽误的时间。经过全晟团队的努力，卢大哥的工伤认定申请终于被人社局受理，并成功认定为工伤。这一案例展示了全晟团队在复杂劳动争议案件中的专业能力和坚定决心，成功维护了劳动者的合法权益。

## 第五节 工伤赔偿责任主体及赔偿项目

### 一、赔偿责任主体与项目

工伤案件中,赔偿责任的主体为工伤保险基金和用人单位,二者承担的责任范围有所不同。

1. 工伤保险基金需要承担的赔偿项目:医药费、一次性伤残补助金、一次性工伤医疗补助金、生活护理费、交通费、食宿费、辅助器具费、一次性工亡补助金、丧葬费、供养亲属抚恤金。

需要注意的是,若用人单位未投保工伤保险,则上述各项费用全部由用人单位承担。

2. 用人单位需要承担的赔偿项目:停工留薪期工资、一次性伤残就业补助金、停工留薪期护理费。

### 二、用人单位注销、转让怎么办?

许多劳动者会担心,即使成功认定工伤,用人单位也可能因为经营困难或故意转移资产以逃避债务,进而选择在工伤处理过程中注销或转让,而这就会对工伤赔偿造成影响。

(一)注销情形

用人单位的注销时间对工伤处理程序具有重要影响,并决定了案件的处理难度。如果用人单位在工伤事故发生后、工伤认定申请前注销,这将影响工伤认定主管部门是否受理工伤认定申请。如果在工伤认定完成后注销,则工伤赔偿的责任主体可能会发生变化。

根据全晟团队的办案经验,即便用人单位在工伤事故发生后注销,实践中通常也不会否认劳动者的工伤待遇权利。然而,在具体的赔偿责任主体和处理程序上,则会存在较大的分歧。

(二)转让情形

根据《工伤保险条例》第43条规定,用人单位分立、合并、转让的,承继单位应当承担原用人单位的工伤保险责任。由此,用人单位的转让并不能免除其工伤保险责任。需要注意的是，在企业转让时，可能会伴随着资产转移或者企业支付能力的减弱，进而影响工伤待遇的赔付。

总的来说，企业转让、注销等情形均可能影响其偿债能力。为此，当劳动者发现企业经营异常，应快速锁定相关责任主体，尽快启动赔偿程序，争取保全企业或责任人财产，尽可能避免责任方转移资产。

## 案例七：单位为逃避责任"忽悠"伤者签订不平等协议，并注销公司"跑路"，全晟从老板手中追回 20 万元赔偿

### 一、案件信息[1]

2017 年 2 月，赵大哥经人介绍进入莆田鞋厂工作，本想着通过自己的辛苦努力可以安稳度日，没想到意外却不约而来。2022 年 3 月 6 日上午 9 时左右，赵大哥在公司油压车间操作油压机台的过程中，右手不慎被卷入油压机台里，右手背被烫伤，当日被送往医院治疗。出院后，公司老板"忽悠"着赵大哥签下一张"赔偿一万八，全部了结"的协议。

### 二、办案难点

本案存在以下难点：第一，公司利用赵大哥刚出院、不了解伤残等级的情况，诱导其签署了一份不公平的"私了"协议；第二，公司为逃避赔偿，恶意注销了企业。而这也导致了赵大哥陷入极为不利的境地：如果"私了"协议有效，赵大哥将无法获得应有的工伤赔偿；并且公司注销后，赵大哥可能面临无人承担赔偿责任的困境。

### 三、专业应对

接受委托后，全晟团队立即成立工作小组，并与特聘律师团队详细分析案件。首先，针对"私了"协议的问题，全晟团队通过协议时间、金额、履行情况等各个方面进行分析，认为该协议可以被撤销，单位仍需支付剩余赔偿。其次，针对单位为逃避赔偿恶意注销的问题，全晟团队立即调取工商信息登记处的单位信息内档、注销材料及法人注销承诺书，锁定法定代表人

---

[1]【裁决机构】福建省莆田市城厢区人民法院；【案例索引】[2022]闽 0302 民初 6229 号。

承担赔偿责任。

全晟团队派出取证专员和特聘律师团队，迅速收集相关证据，并整理材料立案。特聘律师通过收集相关案例，向法院展示私了协议的非法性。在庭审中，律师针对协议的合法性、关联性及证明对象进行了充分辩论，最终法院认同了全晟团队的观点，判决撤销该协议。

针对企业注销问题，特聘律师通过大量法律检索与案例研究，发现不仅可以向法定代表人提出赔偿要求，还可以因单位未购买社会保险和自行注销导致劳动关系终止，要求支付经济赔偿金。

**四、完美收官**

2023年2月28日，法院完全采纳了全晟团队的观点，判决单位法定代表人支付赵大哥工伤保险待遇157 173元及经济补偿金51 947.5元，总计209 120.5元。

本案中，单位从私了协议到公司注销，试图逃避赔偿，但在全晟团队及特聘律师的专业支持下，巧妙化解了所有难题，最终通过法律途径为赵大哥赢得了应有的赔偿。

## 案例八：分包商没钱，总包商拒赔，一审败诉，二审改判总包商承担连带责任，本案入选福建省高院典型案例

### 一、案件信息[1]

2019年，Z公司与H公司签订《劳务分包合同》，约定将A项目分包给H公司，并签订了《农民工工资委托支付协议》，由Z公司代发工资。工伤职工刘大哥进入A项目工作，未与H公司签订书面劳动合同，且H公司没有为其投保建设项目团体工伤险。2020年5月6日，刘大哥在项目工地摔落受伤，造成胸12椎体压缩性骨折、腰1、2椎体爆裂性骨折等严重伤情。南靖县人社局认定事故属于工伤，刘大哥伤情构成劳动功能障碍四级，用人单位为H公司。

---

[1]【裁决机构】福建省漳州市中级人民法院；【案例索引】[2022]闽06民终4147、4310号。

## 二、办案难点

在仲裁和一审阶段，法院均不支持总包单位承担连带责任，理由如下：H公司具有一级劳务分包资质，与Z公司为合法分包关系，Z公司无需承担连带责任；《民法典》第178条第3款规定："连带责任，由法律规定或者当事人约定。"本案中，H公司与Z公司签订的《劳务分包合同》未约定连带责任。

## 三、专业应对

在二审阶段，全晟特聘律师团队做了全面的要件事实分析，并进行了充分准备：向法院提交全国范围内的大数据案例检索报告；从法理上对总包方承担连带责任的要件进行拆分，结合本案事实论述，强调本案是劳动争议案件，适用劳动法而非《民法典》关于连带责任的规定；从事实和情理上阐述建筑施工企业安全管理制度不落实、工伤保险参保覆盖率低等问题，并强调若判决Z公司不承担连带责任，刘大哥即使通过强制执行也无法足额获得赔偿款。

## 四、法院裁判

经过多次开庭及激烈庭审辩论，法院最终采纳全晟特聘律师的观点，认定总包单位与分包单位承担连带责任，判决H公司与Z公司向刘大哥支付款项231 775.82元，并自2021年5月起按月向刘大哥支付伤残津贴5360元。同时，这也是当地法院同类型案件中首个判决总包方承担连带责任的案件，意义重大，该案例作为疑难典型案例入选福建省高级人民法院当年年度劳动争议典型案例！

## 五、完美收官

在全晟团队的坚定支持下，刘大哥最终取得胜利。本案不仅为刘大哥争取到了应有的赔偿，也为其他类似案件提供了宝贵的参考意见，展示了全晟团队在法律领域的专业能力和坚定决心。

建筑业作为一个工伤事故多发且用工形式相对混乱的行业，普遍存在层层分包的现象。从总包单位到实际施工单位，随着项目的逐级分包，经济实力逐渐减弱。而劳动者能够建立劳动关系、承担工伤保险责任的用人单位，往往就是经济实力最弱的建筑劳务公司。然而，这些劳务公司往往因缺乏足够的支付能力，导致许多农民工在工伤事故发生后难以获得应有的赔偿。这种情况在建设项目未参保或因工程延期导致项目脱保时尤为严重。面对这一问题，各地法院的处理方式并不统一，但根据全晟团队经验，在建筑项目未参保的情况下，争取让总包单位承担连带责任，对于确保农民工有效获得赔偿至关重要。

# 02 第二章
# 治疗期间注意事项

在意外遭遇工伤后,首要任务便是将伤者迅速送至医院进行治疗。然而几个问题随之而来:如何选择医院?住院期间的医药费由谁承担?伤者是否可以选择回老家治疗?住院期间还有哪些注意事项需要了解?针对上述问题,下文我们将进行解读与分析。

### 一、治疗工伤事故的医院有限制吗?

劳动者在治疗工伤时,应优先选择与社保中心签订服务协议的医疗机构(即工伤定点医院)。如果遇到紧急情况,可以先到最近的医疗机构接受急救。通常情况下,二级乙等以上的医院都会被认定为工伤定点医院,而个人诊所则通常不包括在内。

### 二、医疗费、住院医药费由谁支付?

工伤事故发生后,用人单位通常有责任先行垫付医疗费用。

而住院期间的医药费,尽可能让用人单位进行支付,这不仅可以减轻伤者的经济负担,而且有助于让用人单位承担后期工伤保险不予理赔的非医保部分费用。

根据《社会保险法》第41条第1款的规定,职工所在用人单位未依法缴纳工伤保险费,发生工伤事故的,由用人单位支付工伤保险待遇。用人单位不支付的,从工伤保险基金中先行支付。因此当用人单位不愿意垫付医疗费用时,工伤职工可以向社保基金申请垫付。

### 三、工伤治疗在药品、诊疗项目上有限制吗？

工伤意外发生后，治疗工伤所需费用若符合工伤保险诊疗项目目录、工伤保险药品目录、工伤保险住院服务标准，将由工伤保险基金支付。

对于工伤保险药品，目前国家已公布了统一的药品目录；而诊疗项目和住院服务标准的核定则依据各地区基本医疗保险的规定执行。如果治疗工伤使用了超出上述目录的药品或诊疗项目，工伤保险基金不予支付这部分费用。

关于超出目录范围的费用承担问题，目前法律法规尚未明确规定，实践中存在不同观点。一种观点认为，原则上超出目录范围的费用不应由用人单位承担，除非用人单位有事先同意或事后认可。另一种观点则认为，为了保障工伤员工能够及时获得必要的医疗救治，如果超出工伤保险基金赔偿范围的医疗费用确实是治疗工伤所需的，那么这些费用应由用人单位承担。

因此，提醒各位工伤员工：在住院期间如果需要使用外购药品、进行康复治疗，或者出院后需要复查，请确保主治医生开具医嘱，证明这些费用是因为治疗工伤所必需的。这样做有助于向用人单位请求支付这部分费用。

### 四、发生工伤事故想回家治疗怎么办理？

发生工伤事故后，劳动者如果不想在工伤事故发生地接受治疗，而是回家接受治疗，主要有两种途径，一是异地居住就医，二是转诊转院。需要注意的是，转诊转院与异地居住就医相比，除了申请条件不同以外，享受待遇也不同。异地居住就医只可报销工伤医疗费用和享受住院伙食补助费待遇，转诊转院还可以按规定从工伤保险基金报销交通、食宿费。

异地居住就医适用于想返回户籍地、经常居住地治疗，或长期在本市以外地区居住的一级至六级伤残职工。伤残职工需要向社保中心提交《工伤职工异地居住就医申请表》，在户籍地或经常居住地选择工伤或医保定点医院，经同意后作为本人工伤治疗的医疗机构，所需医疗费用按照规定从工伤保险基金支付。

转诊转院则是指工伤职工因伤情治疗需要，由用人单位、工伤职工或其近亲属提出申请，经本市三级医疗机构出具书面意见，并报社保中心同意后，可到本市以外的（包括伤残职工的户籍地与经常居住地）三级医疗机构就医，工伤医疗费用按规定由工伤保险基金支付。

### 五、哪些医疗费不属于工伤保险基金支付范围？

根据相关规定，以下类型的医疗费用不被工伤保险基金覆盖：

1. 用人单位未在《工伤保险条例》规定的时限内提交工伤认定申请，在此期间产生的医疗费用将不由工伤保险基金支付。

2. 工伤职工治疗非工伤引发的疾病产生的医疗费用，应按照基本医疗保险的相关规定处理。

3. 在医疗机构治疗期间产生的外购药品费用、药店购药费用、无有关病历记录的医疗费用。此外，不符合住院条件而住院治疗或达到出院标准经医疗机构通知后拒绝出院期间发生的医疗费用，也不在支付范围内。

4. 未经经办机构同意，在非协议医疗机构发生的医疗费用，以及经急救治疗伤情稳定后未及时转入协议医疗机构而产生的医疗费用。

5. 因医疗事故产生的医疗费用。

### 六、单位给的材料是否要签字？

在住院期间，用人单位通常会要求伤者配合签署文件，例如，工伤认定申请等。但切记在签署这些材料时必须仔细阅读材料内容，知道哪些条款对自己有利，哪些可能不利。在遇到不明确或不理解的问题时，应及时寻求专业人士的咨询。对于需要签署的材料，一定要审慎对待，只签署那些对自己有利的，而对那些可能损害自己权益的文件要坚决拒绝。

全晟团队在处理工伤案件时，经常遇到这样的案例：当事人在用人单位要求签署文件时，没有仔细阅读便草率签字。原本他们有望获得近20万元的工伤赔偿款，却因为签署了一份未经审查的协议，只得到了3万元赔偿，最终只能后悔莫及。

### 七、出院手续办理需要注意哪些事项？

首先，我们必须确保病历材料中的个人信息准确无误，与我们的真实情况相符。如果发现错误，应立即联系医院进行更正。这是因为信息错误可能会导致将来无法获得应有的赔偿。

其次,我们需要仔细核对伤情。在一次事故中,伤者往往可能遭受"多发伤",也就是多处创伤。因此,向医生全面陈述病情和身体的任何不适至关重要,避免医生在检查或记录时遗漏伤情。

最后,住院期间的所有材料、影像资料和发票都必须妥善保管。这些文件对于后续的赔偿流程至关重要,任何疏忽都可能影响到赔偿结果。

# 第三章 劳动能力鉴定

## 第一节 劳动能力等级判断

### 一、什么是劳动能力鉴定

通俗来说，劳动能力鉴定是指劳动功能障碍程度和生活自理障碍程度的等级鉴定，是计算赔偿数额的重要依据。劳动能力障碍分为十个伤残等级，最重的为一级，最轻的为十级。

工伤保险待遇中，一次性伤残补助金、一次性工伤医疗补助金、一次性伤残就业补助金均是根据劳动能力等级计算的。简单地说，伤残等级有无、等级高低直接决定赔偿款的多少。

### 二、劳动能力鉴定标准

我国目前使用的是2014年由国务院社会保险行政部门会同国务院卫生行政部门制定发布的《劳动能力鉴定 职工工伤与职业病致残等级》（GB/T16180-2014）。

实践中，劳动能力鉴定也被称为伤残等级鉴定。而"伤残等级鉴定"除了工伤外，还有人身损害赔偿伤残鉴定与保险行业伤残鉴定。三者鉴定标准、适用情形及鉴定机构有所不同。工伤的劳动能力等级鉴定是由劳动能力鉴定委员会（即政府部门）依据《劳动能力鉴定 职工工伤与职业病致残等级》作出鉴定。而人身损害赔偿（如交通事故、提供劳务者受害责任等侵权损害）是由司法鉴定机构依据《人体损伤致残程度分级》作出鉴定。

此外，保险公司对其部分需要根据伤残等级计算保险金的保险产品，会在保险合同中约定使用保险行业制定的《人身保险伤残评定标准》。以上三种鉴定标准中，《劳动能力鉴定 职工工伤与职业病致残等级》是最容易达到伤残等级的，而后两者的等级评定标准会严格得多。也就是说，工伤职工依照《劳动能力鉴定 职工工伤与职业病致残等级》标准鉴定构成伤残，但是若依照《人体损伤致残程度分级》或者《人身保险伤残评定标准》鉴定却可能达不到伤残等级。

实践中，由于很多职工不清楚鉴定标准的区分，盲目听从单位的安排依照《人体损伤致残程度分级》或者《人身保险伤残评定标准》鉴定，误以为够不上伤残等级，最终以较低金额与单位达成"私了"协议。

因此，对于工伤职工来说，在进行伤残鉴定时，必须向劳动能力鉴定委员会提交鉴定申请，并依据《劳动能力鉴定 职工工伤与职业病致残等级》的标准来进行鉴定。需要注意的是，劳动能力等级的判定并非仅凭个人感觉或经验就能确定。如果个人难以准确自我评估，建议寻求专业分析专家的帮助以获得准确的判断。

### 三、鉴定时机把握

劳动能力等级鉴定应在伤者伤情稳定后进行，这是法定的要求。如果伤情尚未稳定，将无法出具《鉴定结论》。根据我们的办案经验，不同地区对伤情稳定的评估标准存在差异：有些地区以指定医疗机构出具的《治疗终结报告》作为伤情稳定的依据；有些地方要求在指定医院完成康复治疗后，才能进行鉴定；还有些地区根据伤情类型设定等待期限，例如骨折类伤情通常需等待 3 个月，而神经损伤类伤情则需等待 6 个月。

需要注意的是，劳动能力等级鉴定遵循国家制定的评残标准，这一标准具有严格的规则和高度专业性。其中，伤情的康复状态对评定结果有显著影响，鉴定等待周期越长，结果的变数也就越大。即使是同样的伤情，在不同时间进行鉴定，得到的结论也可能会有所不同。因此，建议伤者在伤情稳定后尽早安排劳动能力鉴定，以确保获得准确和及时的评定结果。

## 案例九：初次鉴定无等级，全晟助力重鉴十级，足额获赔

### 一、案件信息

年近五十的田大姐为了家庭一直在外辛勤工作。2022年5月27日，她满怀干劲地入职新单位，每天一大早就开始一天的工作。可不幸的是，入职仅五天，田大姐在操作烘干机时，右手不慎被卷入烘干机三角皮带，导致右手中指受伤。事故发生后，单位支付了田大姐住院期间的医药费，但对后续赔偿费用却只字未提。

### 二、办案难点

田大姐自行申请了工伤认定，并成功获得了工伤认定书。然而，在初次劳动能力鉴定中，她被评定为无伤残劳动障碍等级。这一鉴定结果意味着田大姐将失去获得赔偿款的机会，这不仅对她的经济状况构成压力，也可能对她的心理和情感造成重大影响。

### 三、专业应对

接受委托后，全晟团队立即成立专案服务小组，并与特聘专业律师团队详细讨论案情。全晟团队经过细致分析，认为根据田大姐的伤情，初次鉴定结论明显不公。因此，为维护田大姐的合法权益，全晟团队决定采取行动，帮助田大姐收集和充实医疗证据，并与省级伤残鉴定委员会进行有效沟通，成功为她提起了再次鉴定的申请。在全晟团队的努力下，田大姐成功收到伤残十级的鉴定结论。这一新的鉴定结论不仅纠正了之前的错误评定，而且确保了田大姐能够获得她理应得到的赔偿。这不仅是对田大姐权益的维护，也是全晟团队专业服务能力的体现。

## 案例十：首次鉴定无等级，全晟介入再次鉴定十级伤残

### 一、案件信息

2022年11月21日下午，卢大哥在公司承建的项目工地进行翻板作业时，不慎被掉下来的铝模立杆支撑底座砸到左手，当日被送往医院抢救治疗。经诊断，卢大哥遭受了严重的手部伤害，包括左食指手指损伤（末节离

断)以及左手第二指骨远端骨折等。

事故发生后,单位为卢大哥向劳动能力鉴定委员会提交了劳动能力鉴定申请。然而,鉴定结果却显示卢大哥的伤情并未达到评定伤残等级的标准。

## 二、办案难点

得知卢大哥未被鉴定为伤残等级后,单位便拒绝处理任何工伤赔偿事宜。工友和单位对卢大哥的情况不予理睬,令他逐渐失去信心。如果鉴定结果不变,卢大哥将无法获得应有的赔偿,这将对他的生活保障和未来的康复之路造成严重影响。

## 三、专业应对

在这种困境下,卢大哥选择了全晟团队寻求帮助。全晟团队凭借丰富的经验和对劳动能力鉴定标准的熟悉,初步判断卢大哥的伤情可能达到伤残十级。接受委托后,全晟团队立即行动,前往医院调取卢大哥的全套医疗材料,并依据《工伤保险条例》第26条向省劳动能力鉴定委员会提交重新鉴定申请。

全晟团队详细分析了卢大哥的伤情及相关医疗记录,准备了充分的材料和论据,确保鉴定过程的每一个细节都准确无误。在提交申请的同时,团队还积极与省级伤残鉴定委员会沟通,详细说明卢大哥的实际伤情及其对生活和工作的影响,力争重新鉴定结果的公正性。经过全晟团队的努力,2023年11月1日,省劳动能力鉴定委员会重新鉴定结果出炉,卢大哥的伤情被认定为伤残十级。这个结果不仅纠正了之前的错误认定,也使得卢大哥获得了应有的赔偿。

## 第二节 鉴定申请与要求

### 一、鉴定流程

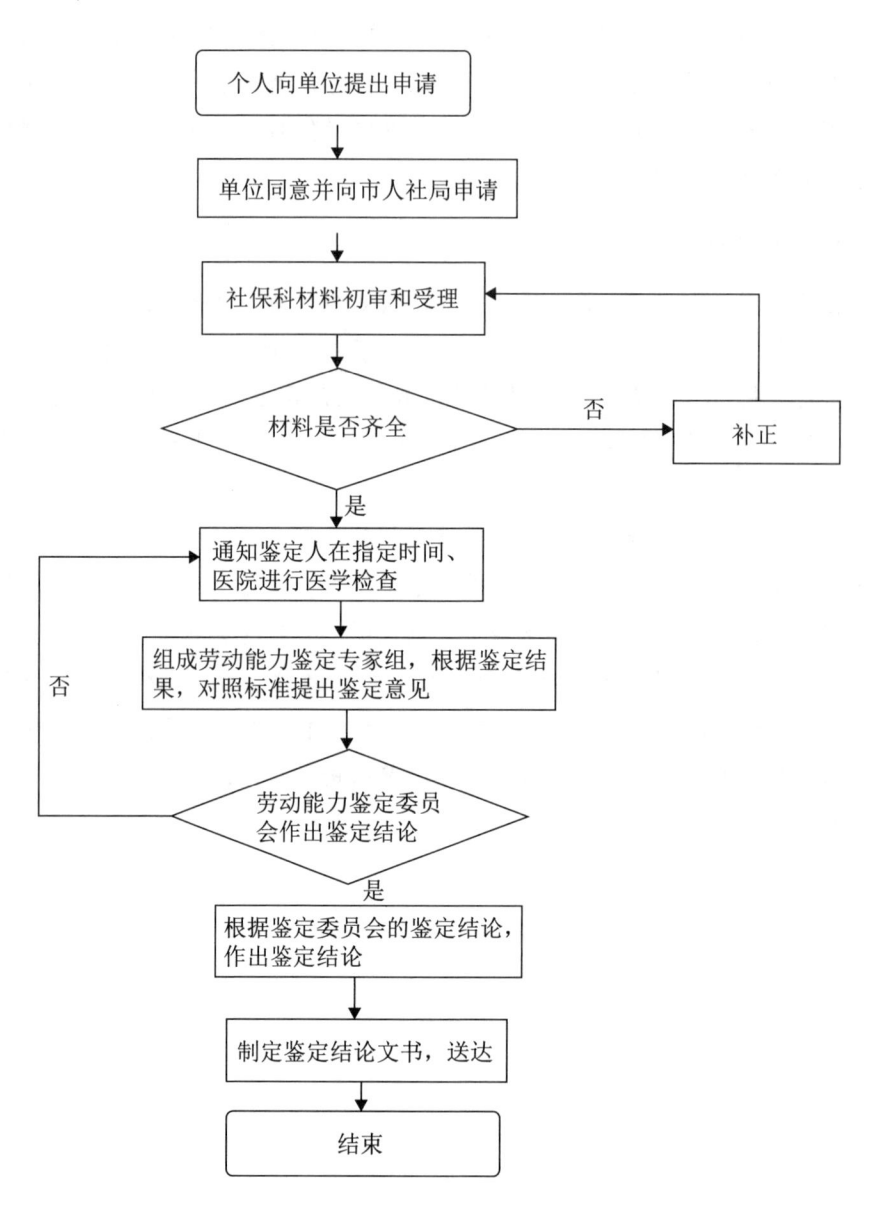

```
个人向单位提出申请
       ↓
单位同意并向市人社局申请
       ↓
社保科材料初审和受理 ←──────────┐
       ↓                      │
   材料是否齐全 ──否──→ 补正 ──┘
       ↓是
通知鉴定人在指定时间、
医院进行医学检查
       ↑                      
       │否                    
组成劳动能力鉴定专家组,根据鉴定
结果,对照标准提出鉴定意见
       ↓
   劳动能力鉴定委员
   会作出鉴定结论 ──否──┘
       ↓是
根据鉴定委员会的鉴定结论,
作出鉴定结论
       ↓
制定鉴定结论文书,送达
       ↓
     结束
```

伤残鉴定的流程和所需申请资料在不同地区可能存在差异，为了帮助申请人更好地理解并准备相应的材料，我们根据一般情况总结了一个通用型的伤残鉴定流程图。但实际操作时需要注意，每个市或地区在实施细节上可能会有轻微的差别。

## 二、初次劳动能力鉴定申请

1. 谁能申请劳动能力鉴定。

用人单位、工伤职工或者其近亲属都可以申请劳动能力鉴定。

2. 需要准备什么材料。

申请劳动能力鉴定应当填写劳动能力鉴定申请表，并提交下列材料：

（1）《工伤认定决定书》原件和复印件；

（2）有效的诊断证明、按照医疗机构病历管理有关规定复印或者复制的检查、检验报告等完整病历材料；

（3）工伤职工的居民身份证或者社会保障卡等其他有效身份证明原件和复印件；

（4）劳动能力鉴定委员会规定的其他材料。

3. 向谁申请劳动能力鉴定。

申请人应当向工伤发生所在地设区的市级劳动能力鉴定委员会提出申请。该委员会负责本辖区内的劳动能力初次鉴定、复查鉴定工作。以福建省为例，具体机构名称及地址详见下表：

| 省份 | 地区 | 鉴定机构名称 | 地址 | 邮编 | 联系电话 |
| --- | --- | --- | --- | --- | --- |
| 福建省 | 福州市 | 福州市劳动能力鉴定委员会 | 福州市晋安区五里亭后浦路6号市劳动保障大厦7楼 | 350000 | 0591-83627511 |
| | 厦门市 | 厦门市劳动能力鉴定委员会 | 厦门市湖里区云顶北路842号市政务服务中心2楼A厅213 | 361000 | 0592-7703543 |
| | 泉州市 | 泉州市劳动能力鉴定委员会 | 泉州市丰泽区东海行政中心交通科研楼B栋南门厅104号 | 362000 | 0595-22256696 |

续表

| 省份 | 地区 | 鉴定机构名称 | 地址 | 邮编 | 联系电话 |
|---|---|---|---|---|---|
| 福建省 | 漳州市 | 漳州市劳动能力鉴定委员会 | 漳州市龙文区水仙大街100号政务服务中心一楼B109窗口 | 363000 | 0596-2027882 |
| | 南平市 | 南平市劳动能力鉴定委员会 | 南平市建阳区翠屏路2号市行政服务中心三楼三区15号窗口 | 353000 | 0599-8853556 |
| | 三明市 | 三明市劳动能力鉴定委员会 | 三明市三元区双园新村70幢军转宾馆副楼一楼 | 365000 | 0598-7506638 |
| | 龙岩市 | 龙岩市劳动能力鉴定委员会 | 龙岩市新罗区华莲路138号B2栋农业银行大楼14楼1420室 | 364000 | 0597-2315580 |
| | 莆田市 | 莆田市劳动能力鉴定委员会 | 莆田市城厢区荔城中大道市政南广场D楼 | 351000 | 0594-2658915 |
| | 宁德市 | 宁德市劳动能力鉴定委员会 | 宁德市东侨开发区镜台山路9号市政务服务中心2楼238窗口 | 352000 | 0593-2761986 |
| | 平潭 | 平潭综合实验区劳动能力鉴定委员会 | 平潭综合试验区金井湾商务运营中心3号楼9层社保处。 | 350400 | 0591-23155233 |

## 第三节 不服初次鉴定结论怎么办？

对初次劳动能力鉴定不服的，可以在收到鉴定结论后的15天内，向省、自治区、直辖市劳动能力鉴定委员会提出再次鉴定申请。省、自治区、直辖市劳动能力鉴定委员会作出的劳动能力鉴定结论为最终结论。我们以福建为例，列举再次鉴定申请所需资料、地址及联系方式。

| 省份 | 申请所需资料 | 申请地址 | 邮编 | 联系方式 |
|------|------|------|------|------|
| 福建省 | 1. 福建省劳动能力再次鉴定申请表；<br>2. 职工身份证原件、复印件；<br>3. 工伤认定书原件、复印件；<br>4. 劳动能力鉴定结论书原件、复印件；<br>5. 病历材料原件、复印件（包括X片、CT片等）；<br>6. 市级鉴定结论书落款时间超过15日的，需提供收到市级鉴定结论书15日内的时效材料；<br>7. 单位方申请再次鉴定还另需携带以下材料：<br>8. 企业法人营业执照；<br>9. 法人代表身份证复印件。 | 福州市东大路36号海峡大厦12层1213室 | 350000 | 0591-87877753、0591-87875379 |

## 第四节 工伤鉴定常见问题及解决办法

### 一、工伤复发后，可以重新申请劳动能力鉴定吗？

可以，自劳动能力鉴定结论作出之日起1年后，工伤职工或者其近亲属、所在单位或者经办机构认为伤残情况发生变化的，可以申请劳动能力复查鉴定。

### 二、作出鉴定结论的期限是多久？

劳动能力鉴定委员会应当自收到劳动能力鉴定申请之日起60日内作出劳动能力鉴定结论，必要时，作出劳动能力鉴定结论的期限可以延长30日。

### 三、拒绝劳动能力鉴定的后果

拒不接受劳动能力鉴定的，停止享受工伤保险待遇。

### 四、不用做鉴定，单位可以直接赔偿？

常有工伤职工咨询：如果单位提出不需要进行劳动能力鉴定，而愿意直接给予赔偿，是否应该接受用人单位的赔偿方案？对工伤职工而言，处理工伤事故的根本目的是获得法定的足额赔偿，而直接赔偿的核心风险便在于，鉴定等级可能被误判。

例如，如果职工的实际劳动能力丧失程度为十级，但由于未进行鉴定而被误认为无等级，可能就会以较低的金额达成和解。又例如，如果经过劳动能力鉴定为九级，却被误以为仅有十级，最终以十级的赔偿标准获得和解，那么明明能够拿到 16 万元，最终可能就只能获得 5 万元赔偿。

更有甚者，在有社保的情况下，职工可能在与单位签署赔偿协议并完成劳动能力鉴定后才发现，仅工伤保险基金应赔偿的金额就超过了单位同意赔付的总额。这种情况下，单位不仅不需要支付赔偿，反而可能从中获益。

因此，建议工伤职工先完成劳动能力鉴定，再与单位沟通赔偿事宜，这样做可以避免因等级误判而导致的损失，确保职工获得应有的法定赔偿。

### 五、工伤除了劳动能力鉴定外，还有哪些鉴定？

劳动能力鉴定是工伤伤残赔偿的必要鉴定事项。除此之外，若职工与单位对停工留薪期期间有争议的，可以申请"停工留薪期鉴定"。职工因伤致残需要使用辅助器具的，可以申请"辅助器具鉴定"。职工因伤无法恢复生活自理能力的，可申请"护理依赖鉴定"。以上各项鉴定均是向"市劳动能力鉴定委员会"提出申请。

### 六、骨折却评不上等级，为什么？

工伤职工有时会有这样的疑问：是否只要发生骨折就能评定上伤残等级？为什么有人骨折被评为十级，而自己却什么都没有评定上？

首先，劳动能力鉴定的申请时机非常重要。我们建议在伤情相对稳定后尽快申请劳动能力鉴定。这是因为人体具有一定的自愈能力，拖延时间越长，可能对鉴定结果越不利。

其次，虽然《劳动能力鉴定 职工工伤与职业病致残等级》国家标准明确规定了定级原则和等级划分，但各地在具体执行时的尺度可能存在差异。因此，具体的伤残等级需要根据个人的伤情和当地的实践情况来确定。如果对初次鉴定的等级结论有异议，可以在收到鉴定结论书后的 15 天内及时向省级劳动能力鉴定委员会提出再次鉴定的申请。

# 第四章 工伤赔偿项目

## 第一节 医药费

### 一、概念

职工遭受工伤事故伤害或者患职业病就医产生的费用。

### 二、法律依据

《工伤保险条例》第30条第3款规定:"治疗工伤所需费用符合工伤保险诊疗项目目录、工伤保险药品目录、工伤保险住院服务标准的,从工伤保险基金支付。……"

### 三、所需证据

医疗发票、住院费用、汇总清单、病历、疾病证明书、出院记录或出院小结。其中最重要的证据是正式医疗发票,若是在治疗医院外购买药品的,需要有明确的主治医生的医嘱建议,并开具正式购药发票。

### 四、常见问题及解决办法

1. 异地就医未报备的医药费可以报销吗?

**答:** 在社保缴纳地以外治疗且未向工伤保险经办机构申请并经审批同意的,异地治疗产生的医药费,工伤保险基金不予报销。

2. 超期申请工伤认定，由何方承担医疗费用支付义务？

**答**：用人单位未在工伤事故发生后一个月内申请工伤认定，工伤保险基金不予承担认定申请前产生的医疗费用，用人单位具有工伤认定申请义务，因超期申请认定导致医疗费无法申报的，多数地区由用人单位承担支付义务。

3. 超出目录及服务标准的医药费由谁承担？

**答**：目前实践中各地处理存在不同做法，争议较大。

## 案件十一：工伤四级，单位不赔偿非医保费用20万元，全晟团队通过仲裁全部取回

### 一、案件信息[1]

杨大哥是某建筑公司员工，在一次工作时不幸打滑，右大腿被机台卷伤，导致右大腿不得不进行截肢手术，这次事故不仅对他的身体造成了巨大伤害，也给他的生活带来了深远的影响。杨大哥住院时间超过了200天，这期间他的生活完全无法自理，全靠妻子护理。大笔的医药费和生活开支使得杨大哥本就不富裕的家庭雪上加霜。

### 二、办案难点

面对杨大哥的困境，全晟团队及时介入并提供了专业指导。在团队的协助下，用人单位同意先行垫付了医药费。然而，在向社会保险机构申请报销时，却遭遇了难题：约20万元的非医保部分费用无法报销，用人单位要求杨大哥自行承担这部分费用。此外，由于单位未向辅助器具配置机构缴费，杨大哥家庭难以自行垫付假肢配置费用，导致他长期无法正常行走，更是加剧了家庭的经济和情感压力。

### 三、专业应对

全晟特聘律师团队在详细研究案件后认为，尽管法律对于非医保部分费用的承担主体没有明确的条文规定，但一些法院和仲裁委员会在类似案例中

---

[1]【裁决机构】芗城区劳动争议仲裁委员会；【案例索引】芗劳仲案字〔2019〕第315号。

支持由用人单位承担这部分费用。基于这一发现，全晟团队决定为杨大哥争取最大利益。

在庭审过程中，全晟特聘律师团队从各个方面进行充分辩论，庭审过程极为激烈。单位律师坚持非医保部分应由杨大哥负担，全晟律师团队则通过引用相关判例和法律规定，强调用人单位应承担相应费用。庭后，在仲裁委的组织下，双方进行了调解。最终，案件以调解方式圆满解决，且调解结果不仅满足了杨大哥的期望，甚至超出了他的预期。

### 四、完美收官

调解结果对杨大哥极为有利：他不仅无需承担巨额的非医保费用，还成功争取到了以漳州本地的社会平均工资为基准的停工留薪期工资。单位方面同意支付总计101 000元的工伤待遇给杨大哥，此外，杨大哥还将从社会保险基金获得一次性伤残补助金，金额达到130 000元，基本实现了利益的最大化，大大缓解了杨大哥一家的经济压力。案件结束后，杨大哥一家对全晟团队表达了最深厚的谢意。

## 第二节　停工留薪期工资

### 一、概念

职工因工伤或患职业病需要暂停工作接受治疗的，所在单位按原工资福利待遇支付停工留薪期间的工资。

### 二、法律依据

《工伤保险条例》第33条规定："职工因工作遭受事故伤害或者患职业病需要暂停工作接受工伤医疗的，在停工留薪期内，原工资福利待遇不变，由所在单位按月支付。停工留薪期一般不超过12个月。伤情严重或者情况特殊，经设区的市级劳动能力鉴定委员会确认，可以适当延长，但延长不得超过12个月。……"

## 三、所需证据

（一）工资待遇所需证据

（1）劳动合同；

（2）受伤前工资支付记录：如银行转账记录、微信支付记录等；

（3）用人单位盖章的工资表、工资明细；

（4）与用人单位进行工资结算的凭证；

（5）个人所得税纳税申报明细；

（6）其他能证明伤者事故前工资标准的证据材料。

（二）停工留薪期所需证据

（1）停工留薪期鉴定结论；

（2）出院小结及疾病诊断证明。

## 四、常见问题及解决办法

1. 刚刚入职尚未发放工资，如何确定工资待遇标准？

答：以劳动合同约定或入职时的招聘信息所确定的工资待遇为准。

2. 劳动合同约定为最低工资，实发工资更高，适用哪个工资？

答：以较高的实发工资为准。

3. 实发工资中有大量的加班费及其他补贴，是否需要剔除？

答：不用剔除。

4. 建筑工地中配合劳务公司办理银行卡走工资流水，与实际工资不符，如何确定？

答：以实际工资为准，或建筑行业平均工资。

5. 停工留薪期可以延长吗？

答：工伤职工因伤情严重或情况特殊，可以适当延长停工留薪期，但延长不得超过12个月。

6. 用人单位可以在期限内单方解除劳动合同吗？

答：停工留薪期内，用人单位不得解除或终止劳动关系。

## 五、计算公式

原工资待遇+停工留薪期期间-停工留薪期已发工资。

## 六、张三的赔偿

2024年张三在福建的建筑工地做普工，发生工伤，鉴定结论为：九级，停工留薪5个月，医院医嘱建议休息6个月，单位为其缴费社保的工资基数为2200元/月，未签署劳动合同或劳动合同约定工资为2200元/月，入职时口头约定工资为300元/天，福建省建筑行业平均工资为7700元/月，2023年福建省社会平均工资为8460元/月。那么在没有进一步工资证据情况下，工地的张三停工期工资为：7700元/月×5个月=38 500元。

## 案例十二：工伤九级，全晟助力按照最高标准为计算工资基数，高额获赔34万元

### 一、案件信息[1]

2023年10月8日深夜，王大哥像往常一样在井下作业，突然矿井顶部掉落的石头砸中了他。在这场突如其来的事故中，王大哥遭受了重伤，被紧急送往医院后确诊为骨盆骨折、腰椎横突骨折、双膝关节损伤和多处软组织损伤。然而，事故发生后，王大哥的工作单位却表现冷漠，不仅质疑伤势的严重性，甚至扭曲工伤定义，拒绝支付王大哥应得的工伤保险待遇。

### 二、办案难点

用人单位质疑王大哥的伤情，认为其不足以构成工伤。他们否认王大哥的伤势严重，并拒绝支付工伤保险赔偿。此外，单位还试图通过王大哥工作的性质来压低王大哥的工资基数来减少赔偿金额。如果最终单位的主张被仲裁委采纳，王大哥应得的赔偿就会大打折扣，对于在井下作业的王大哥来说无疑是巨大的损失。

---

[1]【裁决机构】福建省福州市中级人民法院；【案例索引】[2024]闽01民终2056号。

### 三、专业应对

面对这种困境,王大哥决定委托全晟团队,借助专业的力量来争取自己应得的工伤赔偿。全晟特聘律师团队制定了周密的诉讼策略,细致分析案件的每一个细节,并依据相关法律法规为王大哥提供了坚实的法律支持。

庭审中,面对用人单位压低王大哥工资基数的企图,全晟律师团队进行了有力的辩护。他们指出,井下矿工的工作性质特殊,收入会受到天气、地质、政策、疫情等多种因素影响。鉴于王大哥的入职时间短,无法客观反映其受伤前一年的平均工资情况。因此,应按照合同约定的500元/日的工资标准,即15 000元/月来确定王大哥的工资基数。

### 四、完美收官

最终,法院支持了全晟特聘律师的观点,认为单位未能履行其在工伤保险方面的法定义务,并同意按照每月15 000元的标准来认定王大哥的工资。最终王大哥获得了34万余元的工伤赔偿,这不仅为他和他的家庭减轻了经济负担,也让身心受创的王大哥能够逐步回归并重建正常生活。

## 第三节 一次性伤残补助金

### 一、概念

对因工伤致残的劳动者给予的一次性职业伤害补偿,一次性伤残补助金金额较高,是工伤保险待遇的主要赔偿项目之一。

### 二、法律依据

《工伤保险条例》第35、36、37条规定:一级伤残为27个月的本人工资,二级伤残为25个月的本人工资,三级伤残为23个月的本人工资,四级伤残为21个月的本人工资,五级伤残为18个月的本人工资,六级伤残为16个月的本人工资,七级伤残为13个月的本人工资,八级伤残为11个月的本人工资,九级伤残为9个月的本人工资,十级伤残为7个月的本人工资;该条例所称本人工资，是指工伤职工因工作遭受事故伤害或者患职业病前12个月平均月缴费工资。本人工资高于统筹地区职工平均工资300%的，按照统筹地区职工平均工资的300%计算；本人工资低于统筹地区职工平均工资60%的，按照统筹地区职工平均工资的60%计算。

### 三、所需证据

《劳动能力鉴定结论》。

### 四、常见问题及解决办法

1. 刚刚入职尚未发放工资，如何确定本人工资标准？

答：可按劳动合同约定工资，但不低于上一年度社平工资的60%，即8460元/月+60%=5076元（2023年福建社平工资）

2. 劳动合同约定为最低工资，社保缴纳工资为社平工资8460元，实发工资2万元并有转账记录，适用哪个工资？

答：适用实发工资2万元。

3. 劳动合同约定为最低工资，未缴纳社保，工资表中有大量的加班费及其他补贴，是否需要剔除？

答：需剔除加班费，不剔除固定的补贴，不低于社平工资的60%。

4. 建筑工地中配合劳务公司办理银行卡走工资流水，与实际工资不符，无客观工资流水及证据，如何确定本人工资标准？

答：上一年度社平工资的60%，即8460元/月+60%=5076元（2023年福建社平工资）。

### 五、计算公式

伤残等级对应月数+本人工资。

### 六、张三的赔偿

2024年张三在福建的建筑工地做普工，发生工伤，鉴定结论为：9级，未签署劳动合同或劳动合同约定工资为2200元/月，入职时口头约定工资为

300元/天，2023年福建省社会平均工资为8460元/月，那么，张三的一次性伤残补助金为：9个月×8460元/月×60%＝45 684元。

## 案例十三：私账发薪，导致一次性伤残补助金赔偿缩水！全晟出手，全额获赔20万余元

### 一、案件信息[1]

张大哥是一位辛勤的钻床工人，他的日常工作是在车间进行长达12小时的两班倒工作。2022年3月，张大哥不幸被吸盘撞倒，导致左脚严重受伤，最终被评定为十级伤残。事故发生后，尽管公司支付了医疗费用，但是由于单位未为张大哥缴纳社会保险，因此单位拒绝申请工伤认定，也未给予他应有的工伤待遇，张大哥自然也无法从社会保障体系中获得相应的赔偿。而这也给张大哥带来了巨大的生活压力。

### 二、办案难点

面对索赔无果的困境，张大哥通过朋友的介绍找到了全晟团队寻求法律援助。全晟团队迅速响应，帮助张大哥完成了工伤认定和劳动能力鉴定的手续，并向华安县劳动仲裁委员会提交了仲裁申请，以争取张大哥应得的工伤保险待遇。

然而，单位在支付工资时采取了公账和私账混合发放的做法，且私账部分并未明确标注为工资。公司利用这一点，主张应以社会平均工资的60%来计算张大哥的工资基数，以此减少赔偿责任。单位坚称通过私账发放的款项不属于工资范畴，企图通过降低张大哥的工资基数来减少工伤赔偿金额。

### 三、专业应对

面对单位巧妙的推诿，全晟特聘律师团队进行了充分的准备和有力的辩论。首先，特聘律师引导仲裁员注意到私账工资均在每月20日左右发放，具有明显工资属性，并且私账转账和公账转账的时间基本一致。其次，特聘律师还成功引导单位承认张大哥工资单中私账工资的发放人是单位员工。更

---

[1]【裁决机构】福建省华安县人民法院；【案例索引】[2023]闽0629民初947号。

重要的是，特聘律师提出，在其他案件中该单位也采取了公账和私账混发工资的做法，并且私账转账中明确备注为工资，这一情况直接证明了公司一贯的混发工资模式，私账部分应当被纳入张大哥的平均工资计算中。

### 四、完美收官

得益于全晟团队的不懈努力，仲裁最终裁决单位必须向张大哥支付超过20万元的工伤赔偿金。全晟特聘律师团队通过全面的举证和有力的辩护，成功地将张大哥的月平均工资标准从5000多元提升至13 000千多元，这一成果为张大哥挽回了8万多元的经济损失。张大哥顺利收到了赔偿款项，并对全晟团队的专业服务和辛勤工作表示了深切的感激。

## 第四节 一次性工伤医疗补助金和一次性伤残就业补助金

### 一、概念

为了补偿工伤职工就业收入损失及在未来可能支出的工伤医疗费用。要取得这两笔赔偿，必须先解除劳动关系。

### 二、法律依据

《福建省实施〈工伤保险条例〉办法》第26条、第27条：按照所在统筹地区最后一次公布的人口平均预期寿命与解除或者终止劳动关系时年龄之差以及解除或者终止劳动关系时统筹地区上年度职工月平均工资为基数计算：

一次性工伤医疗补助金为：五级，每满一年发给0.7个月；六级，每满一年发给0.6个月；七级，每满一年发给0.4个月；八级，每满一年发给0.3个月；九级，每满一年发给0.2个月；十级，每满一年发给0.1个月。不满一年的按一年计算。

五至六级工伤职工一次性工伤医疗补助金低于15个月的，按15个月支付；七至八级工伤职工一次性工伤医疗补助金低于10个月的，按10个月支付；九级工伤职工一次性工伤医疗补助金低于5个月的，按5个月支付；十级工伤职工一次性工伤医疗补助金低于 3 个月的，按 3 个月支付。

### 三、所需证据

《劳动能力鉴定结论》《离职证明》。

### 四、赔付主体

社保承担一次性工伤医疗补助金，单位承担一次性伤残就业补助金。

### 五、计算公式

就业补助金＝（平均寿命－离职年龄）+伤残系数+社会平均工资。
医疗补助金＝（平均寿命－离职年龄）+伤残系数+社会平均工资。

### 六、计算说明

1. 社会平均工资：工伤待遇的平均工资是根据解除劳动关系时上一年度的工资计算。各地人社厅每年会以"通知"的形式向社会公布新年度适用的平均工资标准。例如：2023 年 9 月 19 日福建省人社厅、财政厅共同下发《关于 2023 年工伤保险相关待遇计发工作的通知》确定：2023 年起工伤待遇的计发基数为 8460 元/月。

2. 平均寿命：该组数据系福建省人社厅根据国家统计局公布的人均寿命确定。例如：2022 年 4 月 27 日，福建省人力资源和社会保障厅发布通知：平均寿命根据福建省第七次全国人口普查统计数据计算，男性 75.81 周岁，女性 81.55 周岁。

3. 离职年龄：职工解除劳动关系时的年龄。

4. 伤残系数：如下图所示，伤残等级不同，对应的系数也不相同。若根据计算公式得出的赔偿月数低于最低月数的，则按照最低月数计算。如：张三（男）经伤残鉴定为 10 级伤残，离职时为 52 周岁。2022 年度福建省男性人均寿命的年龄为 75.81 周岁，则张三可获赔的寿命时间为 23.81 岁，计算时需要进一步取整数。因此，伤残赔偿月份为 24×0.1＝2.4 个月，低于最低月数 3 个月，即按 3 个月计算。

| 伤残等级 | 系数 | 最低月数 |
| --- | --- | --- |
| 十级 | 0.1 | 3个月 |
| 九级 | 0.2 | 5个月 |
| 八级 | 0.3 | 10个月 |
| 七级 | 0.4 | 10个月 |
| 六级 | 0.6 | 15个月 |
| 五级 | 0.7 | 15个月 |

## 七、常见问题及解决办法

1. 工伤植物人或四级以上重伤残能否获得一次性工伤赔偿？

答：有缴纳社保的不能，需由社保基金按月支付工伤待遇，无社保的可与单位协商一次性支付。

2. 2021年受伤，2022年做的伤残等级鉴定，2024年离职，适用哪一年的统计社平工资？

答：适用2024年离职时的上一年度，即2023年的社平工资统计数据。

3. 受伤时未达到退休年龄，但解除劳动合同时已达到退休年龄，可否获得两个一次性就业和医疗补助金？

答：不能！

4. 没有缴纳社保，两笔赔偿由谁支付？

答：由单位支付。

## 八、张三的赔偿

2024年张三在福建工作发生工伤，鉴定结论为九级，解除劳动关系时年龄为31岁，那么年龄之差计算为75.81-30=45.81，取整进一为46。张三的两项赔偿金一次性伤残就业/工伤医疗补助金均为：（75.81-30）取46年×0.2×社平工资8460元/月=77 832元。

## 案例十四：临近退休年龄赔偿无望，全晟及时出手拿回全额赔偿款

### 一、案件信息[1]

2021年10月15日，邓大哥满怀干劲地入职新单位。第二天一早，他在操作冲压机台时，左手小指不幸被压伤。事故发生后，单位仅支付了住院期间的医药费，但未提及后续赔偿。事故给邓大哥的身体和精神造成了严重伤害。邓大哥多次与单位协商赔偿事宜，但未能得到满意的答复，苦于没有专业知识，不知道如何维护自己的正当权益，一时陷入困境。

### 二、办案难点

邓大哥面临的主要难题是：单位缺乏诚意，未能妥善处理赔偿事宜，邓大哥即将达到退休年龄，可能无法获赔一次性伤残就业补助金。一次性伤残就业补助金是因工伤职工劳动能力减弱影响就业的补偿费用，通常认为，工伤职工达到退休年龄就没有再次就业的能力。如果邓大哥解除劳动关系的时间被认定在达到退休年龄之后，他将无法获得一次性伤残就业补助金，赔偿款将大打折扣。

### 三、专业应对

接受委托后，全晟团队立即成立专案服务小组，并特聘专业律师团队详细讨论案情。全晟团队发现，1962年1月出生的邓大哥即将达到60岁的退休年龄，时间紧迫，必须尽快固定邓大哥离职的事实。全晟团队指导邓大哥签署《解除劳动关系通知函》，并在2021年12月将其邮寄给单位，并确认单位签收，以"未及时足额支付劳动报酬"为由单方解除劳动关系。2022年6月28日，本案在集美区劳动人事争议仲裁委员会正式开庭，争议焦点之一是确认解除劳动关系的时间。

### 四、完美收官

庭审过程中，全晟特聘律师团队通过提交证据，引导案件事实，最终仲

---

[1]【裁决机构】厦门市集美区劳动人事争议仲裁委员会；【案例索引】厦集劳人仲案字【2022】第905号。

裁委确认了邓大哥解除劳动关系的时间为 2021 年 12 月 17 日，即在其达到退休年龄之前。这为邓大哥争取到了停工留薪期工资差额 4555.2 元，22 767.99 元的一次性伤残就业补助金。

通过全晟团队的专业帮助，邓大哥不仅成功获赔，还避免了因临近退休年龄而导致的赔偿缩水。全晟团队在本案中及时准确地判断案件走向并采取了正确的措施，成功维护了劳动者的合法权益。全晟团队始终秉持"让每位伤者享有法律的正义"的原则，全力以赴为劳动者争取应得的权益。

## 第五节　工伤护理费

### 一、概念

生活无法自理，需要他人陪护而支出的费用。

### 二、法律依据

《工伤保险条例》第 33 条第 3 款及第 34 条规定："生活不能自理的工伤职工在停工留薪期需要护理的，由所在单位负责。工伤职工已经评定伤残等级并经劳动能力鉴定委员会确认需要生活护理的，从工伤保险基金按月支付生活护理费。生活护理费按照生活完全不能自理、生活大部分不能自理或者生活部分不能自理 3 个不同等级支付，其标准分别为统筹地区上年度职工月平均工资的 50%、40% 或者 30%。"

### 三、所需证据

1. 治疗工伤医疗机构出具书面证明（例如：出院记录、疾病诊断证明）。
2. 《劳动能力鉴定结论》（附需要护理结论）。

### 四、常见问题及解决办法

1. 住院期间的护理费谁付？
答：公司支付。

2. 家人公司都没有人来医院护理我，怎么办？

答：可以聘请护工，要求公司赔偿对应的护理费。

3. 申请情况下能支持出院后的护理费？

答：需要在申请劳动能力鉴定的时候一并对护理期进行鉴定。

4. 家人护理是按照家人的工资标准支付护理费吗？

答：是的。

## 五、赔付主体

停工留薪期内为单位，鉴定生活护理后为社保。

## 六、计算公式

护理期限+护理人工资。

## 七、张三的赔偿

张三因工受伤住院治疗35天，单位派人照顾5天，家人护理，家人为农村户，福建省农林牧渔业行业工资为214元/天；后经鉴定为十级伤残无需生活护理，则张三可获得护理费为：（35天－5天）×214元/天＝6420元。

## 案例十五：工伤五级不能自理，单位拒赔高额护理费，全晟胜诉获赔88万元

### 一、案件信息[1]

林老师在学校工作，虽然工作辛苦，但对教学充满热情。2020年8月2日下午4点左右，林老师在前往教室的途中，楼顶外墙的瓷砖突然脱落，砸中其头部，导致他晕倒并受伤。伤情严重，林老师住院治疗近两年，其间无法独立生活，护理费用近10万元。然而，单位仅支付了前期部分停工留薪期工资，拒绝支付高额护理费用，导致林老师一家陷入困境。

---

[1]【裁决机构】福建省厦门市同安区人民法院；【案例索引】（2022）闽0212民初5509号。

## 二、办案难点

面对单位的逃避责任和拒绝支付护理费用，林老师及其家人陷入困境。他们找到了全晟团队寻求帮助。全晟团队接受委托后，发现单位仅支付前期部分停工留薪期工资，逃避支付工伤赔偿待遇，单位拒绝支付护理费，导致护理费用林老师难以承担。单位认为不应支付高额护理费用，并试图通过拖延和拒绝支付来减少赔偿责任。如果护理费问题无法解决，林老师的家庭将面临巨大的经济压力。

## 三、专业应对

全晟团队接受委托后，立即成立工作小组，并与特聘律师团队详细分析案件。针对单位的逃避责任和护理费问题，全晟团队迅速收集所有相关证据，包括林老师的医疗记录、护理费用清单等。特聘律师团队详细分析了案件的合法性、关联性及证明对象，准备了充分的法律论据。全晟团队整理材料进行立案，并在庭审中进行辩论，强调护理费的合理性和必要性，最终博得法院认同。

## 四、完美收官

2023年3月31日，福建省厦门市同安区人民法院完全采纳了全晟特聘律师的观点，判决单位支付一次性伤残就业补助金307 944元，护理费114 770元，总计422 714.4元。同时，社保部门全额发放工伤保险待遇给林老师。

通过全晟团队的专业帮助，林老师不仅成功获得了应有的赔偿，还解决了高额护理费用的问题。

# 第六节　交通费

## 一、概念

因异地就医等所产生的交通费用。

## 二、法律依据

《工伤保险条例》第 30 条第 4 款规定："职工住院治疗工伤的伙食补助费，以及经医疗机构出具证明，报经办机构同意，工伤职工到统筹地区以外就医所需的交通、食宿费用从工伤保险基金支付，基金支付的具体标准由统筹地区人民政府规定。"

## 三、所需证据

1. 转院证明：证明职工就诊医院无能力对其进行救治，需转院至更高级医院；

2. 交通票据：证明是职工本人或者其亲属因本次工伤事故后就医所产生的实际交通费用。

## 四、张三的赔偿

张三提供了因异地就医、医院来回等产生的交通费票据共 800 元，法院根据交通票据所产生的实际费用酌定支持 500 元。

# 第七节　伤残津贴

## 一、概念

对因工致残而退出工作岗位的职工，工资收入损失的合理补偿。

## 二、法律依据

《工伤保险条例》第 35 条规定："职工因工致残被鉴定为一级至四级伤残的，保留劳动关系，退出工作岗位，享受以下待遇：……（二）从工伤保险基金按月支付伤残津贴，标准为：一级伤残为本人工资的 90%，二级伤残为本人工资的 85%，三级伤残为本人工资的 80%，四级伤残为本人工资的 75%。伤残津贴实际金额低于当地最低工资标准的，由工伤保险基金补足差额；……"

### 三、所需证据

鉴定结论、事故前工资证明。

### 四、常见问题及解决办法

1. 哪些人可以领取伤残津贴？

答：一是职工因工致残被鉴定为一级至四级伤残的，保留劳动关系，退出工作岗位，享受包含伤残津贴在内的相关待遇；二是职工因工致残被鉴定为五级、六级伤残的，保留与用人单位的劳动关系，用人单位难以安排工作的，由用人单位按月发给伤残津贴。

2. 伤残津贴由谁来支付？

答：一级至四级伤残工伤职工伤残津贴由工伤保险基金支付，难以安排工作的五级至六级伤残工伤职工伤残津贴由用人单位支付。

3. 伤残津贴是一成不变的吗？

答：《工伤保险条例》第40条规定："伤残津贴、供养亲属抚恤金、生活护理费由统筹地区社会保险行政部门根据职工平均工资和生活费用变化等情况适时调整。调整办法由省、自治区、直辖市人民政府规定。"

### 五、赔付主体

1级至4级由社保进行赔付，5级至6级由用人单位支付。

### 六、计算公式

本人工资+对应比例系数。

### 七、张三的赔偿

张三工伤鉴定为4级，单位未投保工伤保险，其事故前月收入为10 000元/月，停工留薪期后单位需每月支付伤残津贴：10 000元×75%（四级）=7500元/月。

## 第八节 工伤残疾辅助器具费

**一、概念**

职工因工伤安装假肢、矫形器等支出的费用。

**二、法律依据**

《工伤保险条例》第 32 条规定:"工伤职工因日常生活或者就业需要,经劳动能力鉴定委员会确认,可以安装假肢、矫形器、假眼、假牙和配置轮椅等辅助器具,所需费用按照国家规定的标准从工伤保险基金支付。"

**三、所需证据**

《残疾辅助器具费用鉴定结论》《劳动能力鉴定委员会确认的辅助器具配置方案》。

**四、赔付主体**

社保基金。

**五、常见问题及解决办法**

1. 工伤辅助器具费由谁来支付?

答:若用人单位为工伤职工缴纳工伤保险的,则工伤辅助器具费支付主体为工伤保险基金;若用人单位没有为工伤职工缴纳工伤保险,则工伤辅助器具费支付主体为用人单位。

2. 工伤辅助器具费能否要求用人单位一次性支付?

答:若用人单位为工伤职工缴纳工伤保险的,工伤辅助器具费支付主体为工伤保险基金,工伤职工配置残疾辅助器具需按规定程序申请配置,工伤职工不能要求用人单位一次性支付辅助器具费。若用人单位没有为工伤职工缴纳工伤保险,则能否主张用人单位一次性支付工伤辅助器具费有不同观点。

3. 达到退休年龄后是否继续赔偿？

答：可以。

4. 器具涨价后会按照涨价后的金额赔偿吗？

答：器具价格符合国家规定标准即可赔付。

5. 辅助器具到期了，该怎么办？

答：工伤人员原配置的辅助器具（假牙除外）已达到规定的使用年限前一个月内，用人单位或个人可至社保经办机构申请办理更换辅助器具手续，待社保经办机构出具核定表后，工伤人员携带核定表及个人有效身份证等相关材料至协议机构办理更换；工伤人员按照规定配置假牙的，可凭相关资料到社保经办机构申请报销，社保经办机构按规定的标准审核后予以支付。若没有缴纳社保，则要求公司赔偿。

### 六、张三的赔偿

张三因工伤诊断为双眼热烧伤、双耳爆震性聋、双眼玻璃体混浊、颜面部爆炸伤等，经福州劳能鉴定委鉴定可配置助听器，用人单位未购买工伤保险，则张三配置助听器 16 800 元由用人单位承担。

## 第九节 住院伙食补助费

### 一、概念

工伤职工住院治疗期间所必需的伙食消费。

### 二、法律依据

《工伤保险条例》第 30 条第 4 款规定："职工住院治疗工伤的伙食补助费，以及经医疗机构出具证明，报经办机构同意，工伤职工到统筹地区以外就医所需的交通、食宿费用从工伤保险基金支付，基金支付的具体标准由统筹地区人民政府规定。"

### 三、所需证据

出院记录/出院小结。

### 四、张三的赔偿

张三住院25天，赔偿为25×30元/人/天=750元。

## 第十节　一次性工亡补助金

### 一、概念

是指在职工因工死亡的情况下，对其直系亲属支付的一次性赔偿。

### 二、法律依据

《工伤保险条例》第39条规定："职工因工死亡，其近亲属按照下列规定从工伤保险基金领取丧葬补助金、供养亲属抚恤金和一次性工亡补助金：（一）丧葬补助金为6个月的统筹地区上年度职工月平均工资；（二）供养亲属抚恤金按照职工本人工资的一定比例发给由因工死亡职工生前提供主要生活来源、无劳动能力的亲属。标准为：配偶每月40%，其他亲属每人每月30%，孤寡老人或者孤儿每人每月在上述标准的基础上增加10%。核定的各供养亲属的抚恤金之和不应高于因工死亡职工生前的工资。供养亲属的具体范围由国务院社会保险行政部门规定；（三）一次性工亡补助金标准为上一年度全国城镇居民人均可支配收入的20倍。伤残职工在停工留薪期内因工伤导致死亡的，其近亲属享受本条第一款规定的待遇。一级至四级伤残职工在停工留薪期满后死亡的，其近亲属可以享受本条第一款第（一）项、第（二）项规定的待遇。"

### 三、证据

工亡认定书、结婚证、亲属关系证明、出生医学证明。

### 四、常见问题及解决办法

1. 一次性工亡补助金由谁支付？

答：单位缴纳了工伤保险，工亡补助金由社保基金支付，单位没有缴纳工伤保险，工亡补助金由单位赔偿给死者的近亲属。

2. 超龄人员工亡的情形可以赔偿一次性工亡补助金吗？

答：只要认定为工伤，近亲属也可以获得工亡补助金。

3. 一次性工亡补助金家属应该如何分配？

答：一次性工亡补助金不属于遗产，我国现行法律也没有明确规定如何分配工亡补助金。因此，对于一次性工亡补助金，一般由死者的近亲属自行协商分配。

### 五、张三的赔偿

张三2024年1月不幸工亡去世，工资为7000元/月，一次性工亡补助金标准为51 821元/年×20年＝1 036 420元。

## 案例十六：鉴定前死亡，社保索赔无门，全晟出手逆转局势
（福建省未有类案）

### 一、案件信息

2020年4月，祝大哥在一家陶瓷企业车间工作时意外从操作平台跌落受伤，经诊断为特重型闭合性颅脑损伤。同年7月，祝大哥被认定为工伤，因伤情严重持续在医院治疗近一年后才申请劳动能力鉴定，但未等到安排查体鉴定，2021年5月祝大哥因伤势过重，抢救无效死亡。处理好后事后，祝大哥家属向当地工伤保险经办机构申请工亡待遇，被告知需要工伤职工经鉴定后死亡才能申请工亡待遇。家属找到劳动能力鉴定委员会，但又被告知因为祝大哥已经死亡无法鉴定，事情陷入僵局。

### 二、办案难点

祝大哥的家属面临以下难题：工伤保险经办机构要求工伤职工经鉴定后

死亡才能申请工亡待遇，劳动能力鉴定委员会因为祝大哥已经死亡，无法进行鉴定。祝大哥的死亡时间在工伤发生后的第13个月，超过了一般停工留薪期的最长12个月的时限，并且未做鉴定前死亡，无法按照正常程序申请工亡待遇。如果不解决鉴定问题，祝大哥的家属将无法获得应有的工亡待遇赔偿，家庭生活陷入困境。

### 三、专业应对

全晟团队接受委托后，迅速行动，前往医院调取祝大哥住院的所有医疗材料，详细查看医嘱单、检查报告单、出院记录等，判断伤情情况，并与相关行政机关沟通了解情况。因案情复杂，全晟团队理赔顾问及特聘律师团队详细分析案件，确定主要问题是祝大哥的死亡时间超过停工留薪期且未做鉴定。两个行政机关各有依据拒绝处理，需要通过行政诉讼解决。

全晟特聘律师团队制定了详细的诉讼策略，并在庭审时着重以下几点进行突破：一是本案符合职工因工死亡的条件，应当按照《工伤保险条例》第39条的规定给付工亡待遇。二是根据《工伤保险条例》的立法目的，是为了保障因工作而遭受事故伤害的职工获得医疗救治和经济补偿。事实上，祝大哥因本次工伤事故一直处于植物人状态，无法返岗工作，一直处于停工留薪期间。

### 四、完美收官

法院在听取全晟特聘律师的充分法律意见后，态度动摇，依法组织各方调解。最终，案件在多次沟通谈判下顺利处理完毕。2022年11月，祝大哥家属按照法定标准获得了百万元的赔偿金。

全晟团队不卑不亢，在正常社保程序无法进行的情形下，通过诉讼与谈判手段依法为劳动者争取应有的法定待遇，再一次维护了法律的正义。

## 第十一节 丧葬补助金

### 一、概念

职工因工死亡的丧葬费用补助。

## 二、法律依据

《工伤保险条例》第 39 条规定："职工因工死亡,其近亲属按照下列规定从工伤保险基金领取丧葬补助金、供养亲属抚恤金和一次性工亡补助金:(一)丧葬补助金为 6 个月的统筹地区上年度职工月平均工资;……"

## 三、所需证据

工亡认定书。

## 四、计算公式

统筹地区上年度职工月平均工资×6 月。

## 五、张三的赔偿

2024 年张三不幸工亡,其丧葬补助金为 8460 元/月×6 月 = 50 760 元。

# 第十二节　供养亲属抚恤金

## 一、概念

供养亲属抚恤金是指,给因工死亡职工的亲属的补偿金。

## 二、法律依据

《工伤保险条例》第 39 条第 1 款第 2 项规定:"供养亲属抚恤金按照职工本人工资的一定比例发给由因工死亡职工生前提供主要生活来源、无劳动能力的亲属。标准为:配偶每月 40%,其他亲属每人每月 30%,孤寡老人或者孤儿每人每月在上述标准的基础上增加 10%。核定的各供养亲属的抚恤金之和不应高于因工死亡职工生前的工资。供养亲属的具体范围由国务院劳动保障行政部门规定。"

### 三、所需证据

1. 亲属关系证明，应注意详细载明属于何种亲属。

2. 无劳动能力证明，由村委会或者居委会开具，证明中必须由经办人签字并记录其联系电话。

3. 生育子女情况证明，孤寡老人、孤儿需要出具此证明。

### 四、常见问题及解决办法

1. 因工死亡职工供养亲属哪些情况下停止享受抚恤金待遇？

答：根据《因工死亡职工供养亲属范围规定》（劳动和社会保障部令第18号）第4条规定，领取抚恤金人员有下列情形之一的，停止享受抚恤金待遇：①年满18周岁且未完全丧失劳动能力的；②就业或参军的；③工亡职工配偶再婚的；④被他人或组织收养的；⑤死亡的。

2. 供养亲属的范围有哪些？

答：《因工死亡职工供养亲属范围规定》第2条第1款规定："本规定所称因工死亡职工供养亲属，是指该职工的配偶、子女、父母、祖父母、外祖父母、孙子女、外孙子女、兄弟姐妹。"

3. 供养亲属获取抚恤金的条件有哪些？

答：《因工死亡职工供养亲属范围规定》第3条规定："上条规定的人员，依靠因工死亡职工生前提供主要生活来源，并有下列情形之一的，可按规定申请供养亲属抚恤金：（一）完全丧失劳动能力的；（二）工亡职工配偶男年满60周岁、女年满55周岁的；（三）工亡职工父母男年满60周岁、女年满55周岁的；（四）工亡职工子女未满18周岁的；（五）工亡职工父母均已死亡，其祖父、外祖父年满60周岁，祖母、外祖母年满55周岁的；（六）工亡职工子女已经死亡或完全丧失劳动能力，其孙子女、外孙子女未满18周岁的；（七）工亡职工父母均已死亡或完全丧失劳动能力，其兄弟姐妹未满18周岁的。"

4. 可否一次性支付供养亲属抚恤金？

答：由社保支付的不能，单位赔偿通过仲裁可以争取。

### 五、计算公式

以工亡职工生前的本人工资为基数,按照供养亲属的人数进行支付,本人工资按照职工生前十二个月的平均月缴费基数计算。配偶:本人工资×40%;其他亲属:本人工资×30%;孤寡老人或者孤儿增加10%。

### 六、张三的赔偿

张三2024年1月不幸工亡去世,工资为7000元/月,有一个孩子刚满8周岁,其赔偿为:7000元×30%=2100元/月,赔偿至18周岁,10年×12月×2100元=302 400元。

# 05 第五章
# 工伤事故不只是工伤赔偿

## 第一节 一起事故多次赔偿

工伤事故作为一种突发事故,从生活常识来看就是因工受伤找单位赔偿,但如从法律关系角度分析,工伤事故则涉及多重法律关系,具体包括:

1. 工伤事故所涉及法律关系中最直接的是工伤法律关系,这也是工伤事故中第一层的法律关系。

2. 在众多工伤事故中,如果伤者是上下班途中发生交通事故受伤,或者因为第三人侵权(如因工作原因受到被非本单位的人员殴打、撞击等伤害)受伤,伤者与交通事故的肇事方或侵权中的第三人之间构成侵权关系,这一侵权关系构成工伤事故中第二层的法律关系。

3. 除此之外,如果伤者购买了意外保险,或者单位为伤者购买了团体意外险,那么还会与保险公司发生了商业保险合同的法律关系,还可以独立向自己的保险公司主张商业保险金。

以上三项法律关系分别对应三笔不同的赔偿金,这三笔赔偿金彼此互不影响,伤者不会因为赔偿金累计超过自身所受损害而丧失请求赔偿的权利。如果没有购买意外险,则伤者既可以获得交通事故中肇事方的全额赔偿,又可以获得用人单位另外一道的工伤赔偿,如果购买意外险,则伤者可以同时获赔交通事故赔偿金,工伤赔偿金、保险赔偿金,三道不同的赔偿。

## 案例十七：三箭齐发——一次事故获交通事故、工伤和商业险赔偿，合计1 481 677.41元

### 一、案件信息

2020年4月，陈大哥在沈海高速（厦门市集美区路段）进行道路养护工作时，与李某驾驶的货车发生交通事故。陈大哥在事故中不幸去世。经交警大队认定，李某承担事故主要责任，道路养护单位承担次要责任。陈大哥的意外去世给他的家人带来了极大的冲击，导致家庭陷入困境。用人单位拒绝赔偿，肇事方的赔偿方案也较低，陈大哥的家属因此找到了全晟法律服务团队，寄希望于全晟团队能够争取到最高金额的赔偿款，维护其合法权益。

### 二、办案难点

用人单位拒绝赔偿陈大哥的工伤待遇；商业保险公司收到用人单位的投诉，要求在没有单位同意之前拒赔保险金给家属。因交通事故肇事方认为伤者生前为农村户口，赔偿标准应当适用农村标准。肇事方的赔偿方案较低，不能满足陈大哥家属的需求。

### 三、专业应对

全晟团队接受委托后，立即开展以下工作：

（一）商业险赔偿

全晟特聘律师团队通过法律分析，认为可以独立起诉保险公司支付保险金。因此，以保险合同纠纷为案由，将保险公司起诉至厦门市思明区人民法院。尽管用人单位投诉保险公司要求拒赔，但由于已经被起诉，根据法律规定，保险公司必须赔偿陈大哥的家属。最终，与保险公司达成调解，用时不到3个月，保险全额支付了200 000元保险金，顺利完成了第一阶段目标。

（二）交通事故赔偿

全晟特聘律师团队迅速将交通事故部分案件立案至厦门市思明区人民法院。肇事方认为应适用农村标准，但一审法院支持全晟特聘律师的诉求，确认适用厦门市城镇标准，判决总损失为966 110.59元，主要责任赔偿金额为702 677.41元。肇事方不服上诉至厦门市中级人民法院，全晟律师前往福州监狱参与二审，最终判决维持原判，一审二审均胜诉。

## （三）工伤赔偿

由于单位注册地在南安，事故地点在厦门市辖区内，全晟特聘律师优先在厦门市申请认定工亡。然而，相关部门因单位注册地不在厦门，多次拒绝收取材料。全晟特聘律师亲自前往厦门市人力资源和社会保障局，要求出具书面回复以便家属下一步办理工伤认定。最终厦门市人力资源和社会保障局作出《不予受理决定书》。全晟特聘律师拿着决定书前往南安市，经过据理力争，南安市最终同意收取材料并认定工亡。后与单位达成协议一次性赔偿 579 000 元。

## 四、完美收官

当最后一笔交通事故赔偿款打入陈大哥家属的银行卡中，案件圆满落下帷幕。事故虽然给家属带来了沉重的打击，但全晟团队高质量的服务和公平正义的法律最终为这个不幸的家庭带来了温暖和希望。

## 案例十八：工亡+交通事故，全晟出手，多轮谈判，260 万元双重高额赔偿到账

### 一、案件信息

2022 年 5 月，李大哥作为 A 公司在海翔大道某路段提升改造工程项目的分包下游单位 B 公司所招用的施工作业人员，被指派到海翔大道的其中一路段上进行布控防护作业。5 月 19 日下午 2 点左右，一辆汽车迎头撞上了正在工作的李大哥，李大哥随即被送往医院抢救，但因伤势过重，最终因创伤失血性休克而抢救无效死亡。事后，厦门市公安局交通警察大队出具《道路交通事故认定书》，认定 A 公司与 B 公司在未经公安机关交通管理部门同意的情况下，占用道路施工作业且未按规定摆放警示标志，对事故的发生负有同等责任。

### 二、办案难点

与一般的上下班途中发生交通事故维权案件不同，交通事故侵权赔偿与工伤保险待遇，两者具有不同的法律性质，并行不悖，受害方可以获得"双重赔偿"。本案的特殊之处，也是难点所在，即为李大哥的用人单位亦是交

通事故的侵权责任主体，而在司法实践之中，侵权主体竞合是否能够双重赔偿是存在很大争议的。

李大哥的去世给家属带来了极大的悲痛，而各责任方的推诿和赔偿款迟迟不到位让家属们更加无助。面对复杂的维权程序，李大哥的家属们决定求助于全晟团队，希望通过专业律师的帮助，尽快解决赔偿问题。

### 三、专业应对

接受委托后，全晟团队立即行动，与全晟特聘律师团队详细分析案件。该案件的难点在于交通事故与工伤的侵权主体竞合，涉及复杂的法律问题。

全晟团队首先召开多次会议，从法律角度多方位分析案件，力求最大限度地维护李大哥家属的权益。考虑到案件的特殊性，为避免陷入漫长的诉讼程序，全晟团队决定以和解、谈判为主要处理策略。

（一）工伤赔偿

在工伤赔偿方面，全晟团队迅速收集相关证据，整理材料，申请工伤认定，并与单位展开强势谈判，推进工伤保险赔偿事宜。2022年11月，人社局核定并一次性向李大哥家属支付了99.9万元工伤赔偿款项，并自2022年6月起，每月定期向李大哥母亲支付供养亲属抚恤金。

（二）交通赔偿

在交通赔偿方面，全晟团队同样进行了充分准备。首先，迅速联系案涉车辆保险公司，并通过深入磋商，争取到96.9万元的赔偿款项。在赔偿款到账后，团队立即启动与李大哥用人单位的谈判。同时，为防止谈判拖延，团队整理立案材料提交法院，以施加压力。

全晟团队通过提供大量有利于我方的案例检索报告，深入调查案件事实，发现用人单位为案涉工程投保了安全生产责任险，并以此为谈判依据，与用人单位的法务、律师团队进行了多轮磋商。最终，双方达成和解协议，用人单位支付了65万元的赔偿款，并在协议签订当天全部到账，李大哥家属在半个月内收到了保险赔偿。

### 四、完美收官

2023年4月1日，经过工伤认定及赔偿程序以及交通赔偿多轮谈判，全晟团队以其专业实力和谈判技巧，最终为李大哥家属争取到260万元以上的赔偿款项。这一成果展示了全晟团队在处理复杂劳动争议和交通事故案件中的高效执行力和专业水平。全晟团队始终秉持"受人之托、忠人之事"的职业精神，竭尽全力为委托人争取最大利益，帮助李大哥家属以最优路径最快获得赔偿款，体现了职业的要求和信任的分量。

## 第二节　未签订劳动合同可要求二倍工资

当职工在工作中受伤，人们通常会集中关注工伤保险待遇和工伤赔偿问题。然而，在这一过程中，有一个关键事项可能被忽视：如果职工与用人单位之间没有签订正式的书面劳动合同，职工实际有权要求单位支付未签订书面劳动合同的二倍工资作为补偿。

法律依据：《劳动合同法》第 82 条规定："用人单位自用工之日起超过一个月不满一年未与劳动者订立书面劳动合同的，应当向劳动者每月支付二倍的工资。用人单位违反本法规定不与劳动者订立无固定期限劳动合同的，自应当订立无固定期限劳动合同之日起向劳动者每月支付二倍的工资。"

### 案例十九：工伤后，单位以不存在劳动关系为由逃避工伤责任，全晟介入，判公司补偿二倍工资差额

#### 一、案件信息[1]

2022 年 7 月 31 日，韩先生经朋友介绍到某公司担任专职司机。入职后，公司未与韩先生签订书面劳动合同。2022 年 10 月 27 日，韩先生在开车接送客人的过程中发生交通事故。事故发生后，公司仅派人对韩先生进行探望，但对补偿事宜却闭口不谈，这让韩先生感到失望和无助。

#### 二、办案难点

公司拒绝承认与韩先生存在劳动关系，声称未签订书面劳动合同，因此不负任何补偿责任。这一说辞让韩先生的维权之路充满阻碍，无法得到应有的工伤赔偿。

---

[1]【裁决机构】福建省福州市中级人民法院；【案例索引】[2023] 闽 01 民终 7640 号。

### 三、专业应对

在抖音平台上看到全晟法律服务团队的介绍后,韩先生决定联系他们寻求帮助。在详细了解情况后,全晟团队迅速为韩先生制定了详细的法律策略,并提出了专业的建议。全晟团队立即成立工作小组,与特聘律师团队合作,分析案件细节。为了确认劳动关系,团队收集了韩先生的银行账户流水、微信聊天记录等证据,并迅速提起劳动仲裁。律师团队基于公司未与韩先生签订书面劳动合同这一事实,主张公司应补偿韩先生二倍工资差额。

在劳动仲裁过程中,公司坚称双方不存在劳动关系,但特聘律师通过无懈可击的证据链和扎实的法律依据,有力地驳斥了公司的论点。劳动仲裁委最终采纳了特聘律师的观点,裁定公司应支付韩先生自 2022 年 9 月 1 日(劳动关系成立的次月开始)至 2022 年 10 月 27 日的二倍工资差额。

仲裁结果公布后,公司不服裁决,先后提起了两次诉讼。然而,面对特聘律师团队强有力的证据和专业法律知识,公司在一审和二审中均被全面驳回其无理诉求。

### 四、完美收官

2023 年 10 月 27 日,福州市中级人民法院最终判决完全采纳了全晟特聘律师的观点,确认韩先生与公司之间存在劳动关系,并判定公司支付韩先生二倍工资差额共计 12 149.43 元。

全晟团队凭借专业的法律知识和不懈的努力,成功为韩先生争取到了应有的权益,维护了其合法利益。这一案件不仅展示了全晟团队在处理复杂劳动争议中的卓越能力,也体现了他们对委托人负责、全力以赴的职业精神。全晟团队的成功介入,让韩先生在维权的道路上不再孤单,最终获得了应得的补偿,迎来了正义的胜利。

## 第三节 拖欠工资、加班费

工伤赔偿处理中,经常也会同时碰到单位未按时支付工资、加班费的情形。实践中,绝大多数职工甚至有许多律师也会忽略工资、加班费这笔款项。事实上职工除可以主张工伤待遇赔偿外,还可以向单位要求支付相应的工资、加班费。

法律依据：《劳动合同法》第85条规定："用人单位有下列情形之一的，由劳动行政部门责令限期支付劳动报酬、加班费或者经济补偿；劳动报酬低于当地最低工资标准的，应当支付其差额部分；逾期不支付的，责令用人单位按应付金额百分之五十以上百分之一百以下的标准向劳动者加付赔偿金：（一）未按照劳动合同的约定或者国家规定及时足额支付劳动者劳动报酬的；（二）低于当地最低工资标准支付劳动者工资的；（三）安排加班不支付加班费的；（四）解除或者终止劳动合同，未依照本法规定向劳动者支付经济补偿的。"

## 案例二十：被拖欠工资长达一年半，包工头离世，公司拒不认账，全晟为家属追回万元工资

### 一、案件信息[1]

2020年5月1日，周大哥受包工头雇佣到A建设公司（以下简称"A公司"）承建的项目工程担任维修工，月工资为5000元。尽管周大哥在项目中勤勤恳恳地工作，但项目完工后，2020年5月至2021年6月长达一年的工资仍未发放。这导致周大哥家庭生活陷入困境，连孩子上学的学费都需向他人借款。

### 二、办案难点

在多次向包工头和A公司讨要工资未果后，周大哥请求劳动保障监察大队的帮助。监察员确认周大哥系包工头聘请的农民工，但建议其通过司法途径维权。此时，包工头因病住院并不幸离世，A公司则以此为由拒不认账，推卸工资支付责任。

### 三、专业应对

本案中，周大哥受A公司承建项目工程的包工头雇佣，包工头因身体不适住院治疗后不幸离世。为讨回工资，只能找负有支付义务、有支付能力的

---

[1]【裁决机构】厦门市劳动人事争议仲裁委员会；【案例索引】厦劳人仲案字［2022］第1797号。

主体。而根据《建设领域农民工工资支付管理暂行办法》第 12 条、《保障农民工工资支付条例》第 30 条以及第 36 条的规定，施工总承包单位对其承包项目拖欠农民工工资承担清偿责任。A 公司作为施工总承包单位，其在周大哥向包工头讨要工资无果后拒不认账的行为显然是不合法的。通过案情分析，全晟特聘律师立刻着手收集案件相关证据和案例，考虑 A 公司前期处理态度以及案件时效问题，以 A 公司作为施工总承包单位负有农民工工资清偿责任为依据，立即启动法律程序。

仲裁以周大哥和 A 公司不存在劳动关系为由驳回申请，案件进入一审。在诉讼过程中，A 公司坚持否认周大哥在项目工作事实以及工资标准，以双方之间不存在劳动关系为抗辩理由，拒绝支付其工资。基于 A 公司管理不规范，周大哥手中证明工作事实的证据仅有 A 公司盖章的《聘请说明》以及部分微信聊天记录，加之包工头身故，周大哥作为农民工已经很难再获取到其他证据。A 公司不仅否认周大哥的全部证据，甚至造谣称该《聘请说明》的盖章为农民工私刻公章所为，并申请了公章真伪鉴定。为力证案件事实，团队特聘律师在疫情高发期间向法院申请调查取证，还亲自到项目公司调取在案涉项目工地使用公章的文件。

最终经鉴定，《聘请说明》公章确属 A 公司的印章。一审支持周大哥的诉讼请求。A 公司不服一审判决提起上诉，并补充提交一系列证据欲证明双方之间不存在劳动关系。最终二审法院以我方自始至终明确的请求依据，驳回了 A 公司的上诉请求。

### 四、完美收官

在全晟团队特聘律师的不懈努力下，仲裁于 2023 年 8 月 16 日作出终审判决，成功为周大哥追回共计 7 万元的拖欠工资。这一胜利不仅为周大哥带来了希望，也为其他被拖欠工资的农民工树立了维权的信心。

全晟团队始终秉持"强悍专业、高效服务、真诚用心"的原则，通过个案推动法治建设，努力为每一位当事人争取最大的合法权益。农民工欠薪问题依然严峻，但全晟团队将继续为每一个需要帮助的劳动者提供坚强后盾，维护他们的合法权益。

## 第四节　经济补偿金

在工伤赔偿处理中，可能同时存在单位未缴纳工伤保险、拖欠工资的情形。实践中，绝大多数职工甚至有许多律师也会忽略这笔款项。职工除可以主张工伤待遇赔偿外，还可以向单位要求支付经济补偿金。当然，经济补偿金的支付需要满足特定条件，各地对法规的理解与适用也存在一定差异。

法律依据：《劳动合同法》第46条规定："有下列情形之一的，用人单位应当向劳动者支付经济补偿：（一）劳动者依照本法第三十八条规定解除劳动合同的；（二）用人单位依照本法第三十六条规定向劳动者提出解除劳动合同并与劳动者协商一致解除劳动合同的；（三）用人单位依照本法第四十条规定解除劳动合同的；（四）用人单位依照本法第四十一条第一款规定解除劳动合同的；（五）除用人单位维持或者提高劳动合同约定条件续订劳动合同，劳动者不同意续订的情形外，依照本法第四十四条第一项规定终止固定期限劳动合同的；（六）依照本法第四十四条第四项、第五项规定终止劳动合同的；（七）法律、行政法规规定的其他情形。"

《劳动合同法》第38条规定："用人单位有下列情形之一的，劳动者可以解除劳动合同：（一）未按照劳动合同约定提供劳动保护或者劳动条件的；（二）未及时足额支付劳动报酬的；（三）未依法为劳动者缴纳社会保险费的；（四）用人单位的规章制度违反法律、法规的规定，损害劳动者权益的；（五）因本法第二十六条第一款规定的情形致使劳动合同无效的；（六）法律、行政法规规定劳动者可以解除劳动合同的其他情形。用人单位以暴力、威胁或者非法限制人身自由的手段强迫劳动者劳动的，或者用人单位违章指挥、强令冒险作业危及劳动者人身安全的，劳动者可以立即解除劳动合同，不需事先告知用人单位。"

## 案例二十一：单位拒不配合认定工伤+8 年未缴社保，全晟助力获工伤赔偿及经济补偿共 32 万余元

### 一、案件信息[1]

胡大哥经朋友介绍到某模具厂工作，主要负责操作锯床。2022 年 10 月 19 日 13 时左右，胡大哥在车间操作锯床时，不慎手套被锯床卡住，左手被拉入锯床中受伤，导致左手拇指不完全离断、指骨和掌骨骨折等严重伤情。尽管胡大哥被立即送往医院治疗，但出院后，公司老板却迟迟不为胡大哥申报工伤。这让胡大哥与老板之间的交涉陷入僵局，问题一直得不到解决。

### 二、办案难点

在与公司交涉过程中，胡大哥得知公司在他工作近 8 年间始终未为其缴纳社会保险。这不仅使工伤申报更为困难，也让胡大哥无法获得相应的社会保障。公司老板的拖延和不作为，让胡大哥的权益受到严重侵害。

### 三、专业应对

2022 年 12 月，全晟团队在抖音普法活动中得知了胡大哥的情况，立即向胡大哥伸出了援手。全晟团队为胡大哥详细分析了公司未缴纳社会保险和拖延不申报工伤的法律后果，并制定了全面的处理策略。胡大哥深受鼓舞，决定委托全晟团队处理后续理赔事宜。

接受委托后，全晟团队迅速成立工作小组，并与特聘律师团队合作，详细分析案件。首先，针对单位拖延不申请工伤认定的问题，全晟团队及时收集胡大哥在公司的工作证据材料，并向人社局提起工伤认定程序和劳动能力鉴定，以确定事故性质，为后期劳动仲裁奠定基础。

其次，针对单位未缴纳社会保险费的问题，全晟团队将经济赔偿金作为诉讼请求，在解除劳动关系的同时争取所有离职的经济赔偿金。全晟团队立即着手收集案件相关证据，并整理材料进行立案。特聘律师提前收集了相关案例并提交法院查看，在庭审中针对案件的合法性、关联性及证明对象进行辩论，最终获得法院的认同。

---

[1]【裁决机构】福建省莆田市中级人民法院；【案例索引】[2023]闽 03 民终 3666 号。

## 四、完美收官

2023年11月9日,经莆田市仙游县人民法院判决,完全采纳全晟特聘律师的观点,判定用人单位需支付胡大哥工伤保险待遇共计224 914.98元。本案中,用人单位未为胡大哥缴纳社会保险费,且在发生事故后迟迟拖延不报工伤,企图逃避责任。然而,在全晟团队及特聘律师的强悍专业和不懈努力下,所有困难一一化解,通过法律途径最终为胡大哥争取到应有的赔偿。

全晟团队始终秉持"强悍专业、高效服务、真诚用心"的原则,致力于为每一位当事人争取最大的合法权益。无论用人单位如何狡猾,全晟必将负责到底,让每位伤者都享受到法律的公平正义。这不仅是全晟的口号,更是全晟办案中的坚守与执着。

# 第六章 工伤待遇赔偿常见问题

## 第一节 单位未缴纳工伤保险，工伤待遇由谁支付？

在全晟团队服务的上万起案件中，经常遇到用人单位未缴纳工伤保险的情形，这也常常导致伤者在工伤事故发生后面临拒赔或少赔的问题，其合法权益受到侵害。在这种情况下，伤者应当如何维护自己的权益呢？

### 一、未缴纳工伤保险，工伤待遇由谁支付？

答：若用人单位未依法缴纳工伤保险，相应的工伤待遇费用应由用人单位承担。

### 二、补缴后的工伤待遇，应由谁支付？

根据《工伤保险条例》第62条第3款规定，用人单位参加工伤保险并补缴应当缴纳的工伤保险费、滞纳金后，由工伤保险基金和用人单位依照本条例的规定支付新发生的费用。根据人力资源和社会保障部《关于执行〈工伤保险条例〉若干问题的意见》第12条规定，《工伤保险条例》第62条第3款规定的"新发生的费用"，是指用人单位职工参加工伤保险前发生工伤的，在参加工伤保险后新发生的费用。

### 三、劳动者已经发生工伤，社保还需要补缴吗？

答：要的，根据《工伤保险条例》规定，劳动者因工致残被鉴定为一级至四级伤残的,由用人单位和劳动者个人以伤残津贴为基数,缴纳基本医疗保险费;劳动者因工致残被鉴定为五级至十级伤残的,仍由用人单位按照规定为其缴纳应缴纳的各项社会保险费。

### 四、购买了意外伤害保险还需要缴纳工伤保险吗?

答:要的,尽管实践中很多用人单位觉得自己给劳动者购买了意外险,就可以不用再买工伤保险。但全晟团队在此提醒各位劳动者,工伤保险是法定强制的社会保险,用人单位即使购买了意外险,仍需要参加工伤保险,且工伤保险和意外险性质不同,保障水平不同,甚至缴费标准也大相径庭,因此,无论什么情形,劳动者都可以要求用人单位依法缴纳工伤保险。

如果用人单位未依法缴纳工伤保险,他们不仅需要补缴工伤保险费,还可能面临滞纳金和罚款的法律责任。为维护自身合法权益,劳动者可直接向人社部门、劳动监察部门投诉,或是通过工会组织维权,也可以直接申请劳动仲裁。

法律依据:《工伤保险条例》第62条第3款规定,用人单位参加工伤保险并补缴应当缴纳的工伤保险费、滞纳金后,由工伤保险基金和用人单位依照本条例的规定支付新发生的费用。

人力资源和社会保障部《关于执行〈工伤保险条例〉若干问题的意见》第12条规定,《工伤保险条例》第62条第3款规定的"新发生的费用",是指用人单位职工参加工伤保险前发生工伤的,在参加工伤保险后新发生的费用。

## 案例二十二:胜诉后单位没钱赔付,又没有工伤保险待遇,全晟顺利争取社保先行赔付

### 一、案件信息[1]

2019年7月,谢大哥入职一家制冷设备公司担任空调安装学徒。然而,工作仅十几天,谢大哥便在一次工伤事故中受伤,导致九级伤残。原以为单

---

[1] 【裁决机构】福建省厦门市湖里区人民法院;【案例索引】[2020] 闽0206民初6298号之一。

位会承担工伤责任，没想到单位不仅没有任何表示，连工资都未足额发放。面对高昂的医药费以及工伤事故所造成的身体、精神、经济多重压力，谢大哥陷入了迷茫。

### 二、办案难点

单位未为谢大哥缴纳工伤保险，且拒不承担工伤赔偿责任，甚至通过程序拖延时间，增加了维权的难度。由于公司未发放工资，谢大哥也难以提供工资标准的证据，更不用说计算赔偿金额了。

### 三、专业应对

在网络上看到全晟团队的成功案例后，谢大哥一家决定求助全晟。全晟团队迅速接手案件，开始收集整理相关材料。特聘律师团队对案件进行深入分析，发现单位未为谢大哥缴纳工伤保险，根据《福建省实施〈工伤保险条例〉办法》第28条，单位应承担全部工伤赔偿款项。

案件很快立案并进入仲裁阶段。仲裁开庭时，单位仅派一名员工出席，对案件情况一无所知，明显想通过拖延时间来逃避责任。面对这一情况，全晟特聘律师团队在庭审中强调用人单位的举证责任及不利后果归属。在律师充分的准备之下，谢大哥毫无悬念地取得了仲裁裁决全胜，各项请求均得到支持。

单位不服仲裁裁决，提起诉讼，但在庭审中缺席被视为撤诉，仲裁裁决生效。全晟团队迅速为谢大哥申请强制执行，然而法院查明单位名下无可执行财产，虽然全晟团队穷尽法律手段执行，但单位仍无分文可赔付的财产。

全晟团队决定依照《社会保险法》第41条规定，要求工伤保险基金先行支付。根据《社会保险基金先行支付暂行办法》第6条，全晟特聘律师团队判断案件满足申请条件，指导谢大哥准备申请材料。尽管申请过程几经波折，前几次均被拒绝，但律师团队多次前往现场沟通，最终成功申请到工伤保险基金的先行支付。

### 四、完美收官

虽然申请社保先行支付的过程并非一帆风顺，但全晟团队特聘律师不懈努力，多次前往相关部门进行沟通协调，最终成功为谢大哥争取到应有的赔偿。即便用人单位没有缴纳工伤保险，谢大哥仍可以要求工伤保险基金先行支付！

本案中，单位未为谢大哥缴纳工伤保险，且在发生事故后迟迟拖延不报工伤，企图逃避责任。然而，在全晟团队及特聘律师的强悍专业和不懈努力下，所有困难一一化解，通过法律途径最终为谢大哥争取到应有的赔偿。

## 案例二十三：五级工伤，单位未缴纳社保，经全晟调解终获赔43万元

### 一、案件信息[1]

2018年4月的一个早晨，苏大哥如往常一般来到同安的工厂上班，尽管前一晚未休息好，但他仍坚守岗位。然而，意外突然降临，他在车间操作冲压机时，不慎被机器压伤了双手和右臂。当他醒来时，已经躺在医院的病床上，面对严重受伤的手臂和心痛的家人，苏大哥感到无比的绝望。

### 二、办案难点

虽然公司在苏大哥住院期间为他垫付了部分医药费用，并安排了护工照顾，但当苏大哥试图与公司协商解决工伤赔偿问题时，发现公司并未如承诺的那样缴纳社保，且在沟通过程中逐渐失去联系。这让苏大哥对公司心灰意冷，不知道该如何维权。

### 三、专业应对

在这困境中，苏大哥遇到了全晟团队。全晟团队了解情况后，迅速介入并接手案件。首要任务是进行工伤认定，这对后续理赔至关重要。全晟团队指导苏大哥收集所需材料，积极与人力资源和社会保障局工伤认定科沟通，最终成功获得工伤认定书。

接下来，全晟团队带领苏大哥进行了劳动能力鉴定，结果显示苏大哥伤情构成五级伤残。尽管全晟团队与公司进行了多次调解，但由于公司并未为苏大哥缴纳社保，调解未能达成一致，案件只能通过劳动仲裁解决。

全晟特聘律师团队专注处理苏大哥的案件，仲裁阶段争取到了近43万

---

[1]【裁决机构】福建省厦门市同安区人民法院；【案例索引】[2019]闽0212民初2652号。

元的赔偿款。然而，公司为了拖延支付时间，向法院提起了一审程序。在一审过程中，全晟特聘律师团队多次与公司沟通协调，最终达成调解协议。根据调解协议，公司同意分期支付赔偿款，并同意设置违约金条款，以确保苏大哥能够如期足额获得赔偿。

**四、完美收官**

经过全晟特聘律师团队的不懈努力，苏大哥最终获得了合计43万元的赔偿款。全晟团队的专业性和尽职尽责，使苏大哥在面对工伤事故后的困境中，看到了希望，并最终争取到了应得的权益。

本案中，全晟团队通过专业的法律知识和不懈的努力，成功帮助苏大哥解决了工伤赔偿问题，体现了全晟团队在处理劳动争议中的卓越能力和高度责任感。

## 第二节 工伤是"私了"赔偿多，还是劳动仲裁赔偿多？

在劳动者与用人单位进行索赔时，他们可以选择协商解决，也可以依法申请调解、劳动仲裁。但在这个过程中，面对用人单位提出的私下和解提议，劳动者可能会感到困惑，不确定是否应该接受协商的金额，以及何时进行协商更为合适。为解答这些疑问，全晟团队整理了劳动者不同处理方式的常见问题和注意事项，以供参考。

### 一、工伤私了注意事项

工伤事故发生后，劳动者与用人单位有可能通过协商达成解决方案，也就是我们常说的"私了"。然而，在协商过程中，用人单位可能仅同意支付医疗费用和误工费，而对伤残赔偿等重要项目避而不谈。即便提供了赔偿，这些赔偿金额往往也低于法律规定的标准。

由于种种原因，许多劳动者倾向于与用人单位签订"私了"协议。这种做法虽然很大程度上省时省事，但赔偿金额却是难以把握，并且在后续治疗费用的覆盖上可能存在不足。因此，全晟团队在此提醒劳动者注意以下几点：

1. "私了"协议签署方必须是单位本身，不能是单位随意指派的个人，因为工伤事故的责任主体本就是单位,与单位签署才能确保协议的法律效力。

2. 进行工伤"私了"的最佳时机应是在工伤认定和劳动能力鉴定完成后,明确伤残等级有助于确定合法合理的赔偿标准。

3. 工伤"私了"不能拖延太长时间,建议在劳动争议仲裁申请的法定时效内完成。这样即使"私了"未果,也不会错失仲裁时限。

4. 如果伤情比较严重,如达到七级以上伤残,若无法预估后续治疗费用,通常不建议选择"私了"。

5. 在"私了"协议中,应尽量明确一次性赔偿的金额和付款时间。若单位坚持分期付款,应在协议中设定违约金条款,以确保按时付款。

"私了"协议的签订并非易事,需要谨慎考虑如何保障协议的法律效力。一旦签订,在没有欺诈、胁迫或显失公平等情形下,协议就难以更改,劳动者也因此可能遭受不利影响。特别提醒,劳动者在考虑"私了"协议解决工伤赔偿问题前,应及时咨询专业人士,或由专业人士拟定协议,以便与单位进行更有利的谈判。

### 二、劳动仲裁流程及注意事项

若用人单位拒绝赔偿、提供的赔偿金额低于法定标准、不配合进行工伤认定或劳动能力鉴定,或者在工伤事故发生后逃避责任,这时劳动者便需要自行申请工伤认定、劳动能力鉴定,再进行劳动仲裁。

那么,劳动仲裁该如何申请呢?

1. 劳动者需向劳动争议仲裁委员会提交书面的仲裁申请书及相关证据材料。

2. 劳动争议仲裁委员会将在收到申请后的 5 日内决定是否受理该案件。劳动者应保持关注,以便及时接收仲裁委的消息。

3. 仲裁委员会在受理申请后会尝试调解。如果调解成功,将制作仲裁调解书并送达当事人。

4. 如果调解失败,案件将进入开庭审理阶段。这一阶段包括陈述仲裁请求、答辩、举证和质证、庭审辩论以及最后陈述等环节。仲裁员可能在庭审中提出询问。

5. 开庭审理后，当事人可以提交书面代理词，仲裁员将根据庭审情况出具裁决书。

6. 劳动争议仲裁实行一裁两审制。如果当事人对仲裁裁决不满，可在接到裁决书 15 日内向人民法院提起诉讼。对一审判决不服的，可在接到判决书 15 日内向中级人民法院上诉。

这就是劳动仲裁的所有程序，需要注意的是，申请仲裁的时效期间为一年，如果超过一年，仲裁委员会会以超过仲裁时效为由不予受理。

工伤索赔无论是通过"私了"还是仲裁，其核心目标是确保劳动者获得应有的赔偿。关于赔偿的周期和金额，并没有统一的标准答案，这需要综合考虑多种因素。因此，劳动者应根据自己的具体情况来决定采取哪种方式。在这个过程中，劳动者最需要做到的便是及时咨询，及时反馈，面对不合理或不明确的情况，应利用法律手段来维护自己的权益，确保获得应得的赔偿。

## 第三节　一次性工伤医疗、伤残就业补助金是否以解除劳动关系为前提？

在职期间的工伤员工不能向工伤保险基金或者用人单位主张一次性工伤医疗补助金和一次性伤残就业补助金，只有离职后工伤员工才能请求赔偿这两笔费用。具体的计算费用以离职年龄为计算依据，也就是越晚离职，赔偿金额越低。

另外还需注意的是，根据《劳动争议调解仲裁法》第 27 条第 1 款的规定，劳动争议申请仲裁的时效期间为 1 年，仲裁时效期间从当事人知道或者应当知道其权利被侵害之日起计算。前述两笔费用受到 1 年仲裁时效限制，如逾期未主张则法院不会支持职工的赔偿请求。

## 第四节　工伤认定后单位提起行政诉讼怎么办？

《工伤保险条例》第 55 条规定："有下列情形之一的，有关单位或者个人可以依法申请行政复议，也可以依法向人民法院提起行政诉讼：（一）申请工伤认定的职工或者其近亲属、该职工所在单位对工伤认定申请不予受理的决定不服的；（二）申请工伤认定的职工或者其近亲属、该职工所在单位对工伤认定结论不服的；（三）用人单位对经办机构确定的单位缴费费率不服的；（四）签订服务协议的医疗机构、辅助器具配置机构认为经办机构未履行有关协议或者规定的；（五）工伤职工或者其近亲属对经办机构核定的工伤保险待遇有异议的。"

因此，各方对工伤认定书都有提起行政诉讼的权利。若单位提起了行政诉讼，更多的目的在于推翻工伤认定书和拖延时间，不用怕，但也不能放任不管，全晟团队在办理此类案件时，都会由特聘律师团队代理伤者一方作为第三人参与诉讼，目的在于加快程序进展，以及确保工伤认定书不被推翻。

### 案例二十四：单位强势拒赔！认定不做、结论不服、提起行政诉讼，全晟介入，全面胜诉

#### 一、案件信息[1]

2022年1月，卢女士像往常一样前往公司上班，不料途中发生交通事故，受伤严重，后经鉴定为九级伤残。康复期间，卢女士失去了收入来源，多次与公司沟通工伤赔偿事宜，但公司消极对待，拒不配合办理工伤认定手续，使得卢女士感到无助与失望。

#### 二、办案难点

公司不仅拒绝为卢女士办理工伤认定，还坚称双方仅为劳务关系，甚至指责卢女士伪造劳动合同。之后，公司又通过行政诉讼途径试图推翻工伤认定，提出卢女士并非从家中出发，而是从母亲住所出发，事故地点也不在上下班常规路线，试图否定工伤认定的合法性。

#### 三、专业应对

在这困境中，卢女士了解到了全晟法律服务团队。全晟团队迅速介入，为卢女士提供详细的工伤认定流程解析，并鼓励她通过法律手段捍卫自身合法权益。卢女士当即决定全权委托全晟团队代理此案。

---

[1]【裁决机构】福建省泉州市中级人民法院；【案例索引】[2024]闽05行终34号。

全晟特聘律师团队首先帮助卢女士向劳动仲裁委员会提起仲裁，确认其与公司的劳动关系。公司则坚称双方仅为劳务关系，甚至指责卢女士伪造劳动合同。然而，特聘律师团队凭借卢女士的劳动合同原件、工资发放记录、微信交流截图等确凿证据，展开强有力的辩论。2023年4月18日，劳动仲裁委员会支持了卢女士的诉求，确认其劳动关系，全晟团队并顺利借此获得工伤认定决定书。

公司并未就此罢休，提起行政诉讼试图推翻人社局的工伤认定决定。公司提出卢女士并非从家中出发，而是从母亲住所出发，且事故地点不在上下班常规路线，不构成"上下班途中"的工伤条件，并列举了5项证据支撑其观点。

面对复杂的争议，全晟特聘律师团队紧密合作，与当地人社局全面搜集和整理相关证据资料，详细梳理了工伤认定全过程的全部证据链，共计囊括了19项相关证据。特聘律师团队还依据类案检索结果和最高人民法院对工伤行政案件的司法解释，精确界定了"上下班途中"的法律内涵，有力反驳了公司的主张。

在一审庭审中，特聘律师团队呈现的完整证据体系和严谨论证得到了法院的肯定，法院于2023年12月27日作出行政判决，驳回了公司的全部诉讼请求。

在二审阶段，公司仍不死心，上诉至二审法院。全晟特聘律师团队从容应对，再次凭借扎实的法律功底和无可挑剔的证据链条，得到了二审法院的全部认可。2024年3月25日，二审法院作出行政判决，驳回了公司的全部诉讼请求。

### 四、完美收官

这一案例充分展现了全晟法律团队的专业素养和卓越能力。在维权道路上，全晟团队帮助卢女士一步步克服难关，最终在仲裁、一审、二审中全面胜诉，得到了公正与公平的法律裁决。全晟团队始终致力于捍卫每一位劳动者的合法权益，通过专业的法律服务，为卢女士争取到了应有的赔偿和正义。

## 第五节　有哪些常见的陷阱需要避免？

在追求工伤待遇的过程中，劳动者可能会遭遇用人单位的一些不当手段，以下是一些需要警惕并避免的常见问题：

1. 有些单位可能误导员工，声称仅有商业保险或意外保险的赔偿，无需进行工伤认定。而这其实是错误的，受伤员工完全有权申请工伤认定，并依法享受工伤保险待遇。

2. 用人单位可能会威胁员工不要申请工伤认定，声称没有社保就无法申请。然而，只要存在事实劳动关系，即便过程较为复杂，员工仍可申请工伤认定并获取相应的工伤保险待遇。

3. 有时单位会拖延员工的治疗时间，企图超过工伤认定的1年时效限制。工伤认定对公司而言时效为1个月，对员工则是1年。超过这个期限，人社局可能就会拒绝受理。因此，员工应及时申请工伤认定，以免错失权益。

### 案例二十五：九级伤残，1个月极速获赔，助力赔偿从0到18万元

#### 一、案例信息

余大哥背井离乡来到厦门务工，以养活家人。2021年11月，余大哥在工作时不幸受伤。然而，由于法律意识的淡薄，余大哥在受伤后近一年仍不知如何处理工伤，甚至对自己的伤情可能评为九级伤残也一无所知，险些错过了诉讼时效。

#### 二、办案难点

余大哥因法律意识薄弱，不知及时维权，致使案件已接近诉讼时效，全案处理变得相当紧迫。同时，单位对给付赔偿态度不明，增加了案件处理的复杂性和紧迫性。

#### 三、专业应对

在工友的推荐下，2022年9月，余大哥找到了全晟团队。在了解余大哥

的情况后，全晟团队立即向他说明了索赔时间的紧迫性，并利用丰富的经验快速预判了余大哥的伤残等级，同时免费为他计算出一套详细的赔偿方案。感受到全晟团队的专业性和高效性，余大哥决定委托全晟团队处理此案。

全晟团队接受委托后，立即指导余大哥准备证据材料，并第一时间为他安排工伤认定申请。团队成员线上逐字逐句为余大哥普法，线下陪同他调取材料，同时准备劳动能力鉴定。在鉴定结论出来后，全晟团队安抚余大哥，鼓励他积极面对生活，并与单位展开耐心地协商沟通。

全晟团队联系单位，详细阐述了余大哥的情况，并以绝对的专业实力与单位进行沟通。最终，单位认可了全晟团队的计算方案，在停工留薪期之外，单位支付了余大哥 16.5 万元的赔偿款。整个索赔过程不到 1 个月！

### 四、完美收官

结案后，不仅余大哥发自内心感谢全晟团队，单位也称赞全晟的高效与真诚。全晟法律服务，让和解更省心，让赔偿更快速。这一案例充分展示了全晟团队在处理劳动争议中的专业素养和高效执行力，成功为余大哥争取到了应有的权益。

全晟团队始终秉持"强悍专业、高效服务、真诚用心"的原则，为每一位当事人争取最大的合法权益。在余大哥的案例中，全晟团队通过快速、高效的处理，让余大哥在最短时间内获得了应得的赔偿，展示了全晟团队在劳动法律服务领域的卓越能力和高度责任感。

## 案例二十六：30 天极速和解，九级伤残赔偿 18.5 万元

### 一、案件信息

2022 年 4 月 13 日，姚大哥在工地厂房接线时不慎从梯子上摔落，全身多处伤残。姚大哥背负着家庭重担，由于高额医药费的支出，他的家庭陷入困境，姚大哥焦急万分。

### 二、办案难点

姚大哥不仅对法律知识缺乏了解，而且高额的医药费给家庭带来了巨大压力。在与单位的赔偿协商中，还涉及包工头承担部分赔偿的问题，增加了

案件的复杂性和调解的难度。

### 三、专业应对

4月29日，在医院的全晟团队第一次见到了姚大哥，主动指导他住院时的注意事项。在交谈中，姚大哥得知可以通过法律手段维护自己的权益，几度哽咽，当场决定委托全晟团队处理此事。接受姚大哥的委托后，全晟团队立即行动，结合案情快速制定索赔方案，收集基本证据材料。在高效地配合下，工伤认定书与劳动能力鉴定书如期而至，确认姚大哥为九级伤残。

对于全晟团队提出的赔偿方案，单位并无异议，但其曾与包工头约定需承担部分赔偿款。这意味着姚大哥需要向多年合作的包工头"拿钱"，一边是家庭的重担，另一边是情谊难开口的为难。全晟团队深知姚大哥的困境，斡旋于单位、包工头和当事人三方之间，以真切的共情能力和高超的调解技巧，成功促成三方和解，并达成一致。从鉴定结论出来后，不到1个月时间，18.5万余元赔偿款顺利到账。

### 四、完美收官

通过全晟团队的专业服务和高效行动，姚大哥在30天内顺利获得了18.5万余元的赔偿款。结案后，姚大哥、单位和包工头对全晟团队的专业性和调解能力给予了高度评价。

# 07 第七章
# 骨折术后康复指南

工伤事故发生后，赔偿事宜固然重要，但好好养伤更是重中之重。常见的骨折愈合，通常需要 3 个月至 6 个月，无论是术后的功能性锻炼，还是饮食习惯的学问，都需要大家时刻注意。全晟团队特此整理了骨折术后康复指南，希望对大家有所帮助。

## 第一节　康复饮食注意事项

钙就像"钢筋混泥土"，构成骨骼、牙齿、维持神经与肌肉活动，影响酶的活性等生理作用，缺钙可能导致骨质疏松、肥胖、高血压、高血脂、心脑血管疾病等。骨折后补钙的重要性更是不言而喻，那么，如何补钙？怎么样会导致缺钙？

### 一、补钙的误区

**误区一**：骨头汤含钙高，多喝骨头汤补钙？
事实上，下面这张图，就可以否定这句话。

| 食品 | 牛奶 | 骨头汤 |
|---|---|---|
| 数量 | 250毫升 | 2斤肉骨头+2斤水高压锅1小时 |
| 含钙 | 250毫克 | 10毫克 |

**误区二**：虾皮素有"钙的仓库"之称，多吃虾皮把钙补？

在食物成分表中 100 克虾皮含钙 991 毫克，含钙量确实秒杀了牛奶、豆腐等食物，那为什么虾皮不适合补钙呢？

## 常见食物的钙含量

单位：毫克/100克

| 海产品 | | 奶、豆制品 | | 蔬菜 | |
| --- | --- | --- | --- | --- | --- |
| 食物名称 | 含量 | 食物名称 | 含量 | 食物名称 | 含量 |
| 虾皮 | 991 | 豆腐干 | 308 | 黑木耳 | 247 |
| 发菜 | 875 | 黄豆 | 191 | 油菜 | 108 |
| 河虾 | 325 | 豆腐花 | 175 | 豌豆 | 97 |
| 紫菜 | 264 | 酸奶 | 118 | 绿豆 | 81 |
| 海虾 | 146 | 牛奶 | 104 | 芹菜 | 80 |
| 鲤鱼 | 50 | 豆浆 | 5 | 大白菜 | 45 |

1. 每天吃的量不够，虾皮很干、很轻，我们通常用虾皮来炒菜或做汤，摄入量可能在 5 克至 10 克左右，吃进去的钙也就不会多。

2. 虾皮的含钠量太高，容易钠摄入超标，增加高血压等疾病的发生率。市面上无盐的虾皮 100 克的虾皮含钠量高达 5058 毫克。

## 二、吃什么、做什么能够补钙

那么，吃什么才能补钙呢？

从上图中可知海产品的钙含量较高，豆、奶制品也不错，蔬菜中黑木耳与油菜、豌豆尤为突出。

（一）补钙之黄金搭档：绿叶蔬菜

除了钙，骨骼健康还需要钾、镁、维生素 D 的帮忙。原因是镁可以提高钙的利用率，钾能够减少尿钙的流失，维生素 D 有促进钙吸收的作用；维生素 K 能帮助钙沉积到骨胶原上。绿叶菜含有丰富的维生素 K、镁、维生素 C 等营养物质，能辅助钙吸收、沉积，影响骨质的质与量。

（二）补钙之超强助攻：运动+太阳

适量地负重和运动会不断对骨质的生长、重建及维持产生积极效应，可促进钙在骨骼内的沉积。多晒太阳，促进钙的吸收。晒太阳是补充维生素 D

的有效方式。上午 10 点到下午 3 点之间,每周 2 次暴露胳膊或腿,晒 5 分钟至 30 分钟通常能获得足够的维生素 D。

注意了,每排出 300 毫克钠,会同排出 20 毫克至 30 毫克钙。少吃盐、限制钠,也相当于多补钙。同时,烟酒会加速骨钙的流失,所以,改变习惯,戒烟戒酒。

## 第二节 骨折术后功能锻炼

功能锻炼对骨折愈合起着促进和推动作用,同时,能够促进消肿、防止关节粘连和僵硬,促进骨折愈合,促进血液循环。那么,到底该如何锻炼,如何制定锻炼计划呢?

### 一、功能锻炼的顺序

首先,我们先来看一下功能锻炼的顺序,分为早期、中期、后期三个阶段。

(一)早期:主要指骨折后 1 周至 2 周以内

此期外伤反应明显,肢体肿胀疼痛较重,一般靠近损伤部位的关节不宜活动,但可尽早开始肌肉的收缩练习(只是肌肉收缩但不活动关节),即使牵引和石膏制动下也进行肌肉收缩练习,而远离损伤部位的肢端未固定关节,则可以活动关节。

如前臂骨折时可做轻微的握拳及手指伸屈活动,也可做前臂及上臂肌肉的收缩练习(腕关节不要活动)。如关节、肌腱粘连的松解手术,手术后应尽早开始功能锻炼;骨折内固定的松解手术,手术后应尽早开始功能锻炼;骨折内固定物如果十分坚固,术后也可早期开始关节的活动。

(二)中期:一般指骨折后 3 周至 6 周

这里损伤反应已消退,肿痛已减轻,骨痂逐步生长。除继续进行患肢肌肉收缩活动外,邻近的关节也可开始活动练习。如上肢肱骨干骨折外固定后,可开始练习肘关节屈伸活动,但动作应缓慢,活动范围由小到大。

(三)后期:一般指外固定去除后

可依据病情进行全面的肌肉和关节的锻炼,以主动活动为主,如需要进行被动活动,则手法必须轻柔,严禁暴力。对有些患者可运用牵引装置辅助活动,以便恢复各关节的正常活动范围。

## 二、常见部位功能锻炼

讲完了骨折术后功能锻炼的顺序,下面我们来讲讲几个常见部位的骨折术后功能锻炼。

(一)锁骨骨折术后功能锻炼

1. 握拳、伸指、分指、腕屈伸、前臂内外旋等主动练习,幅度尽量大,逐渐增加用力程度。

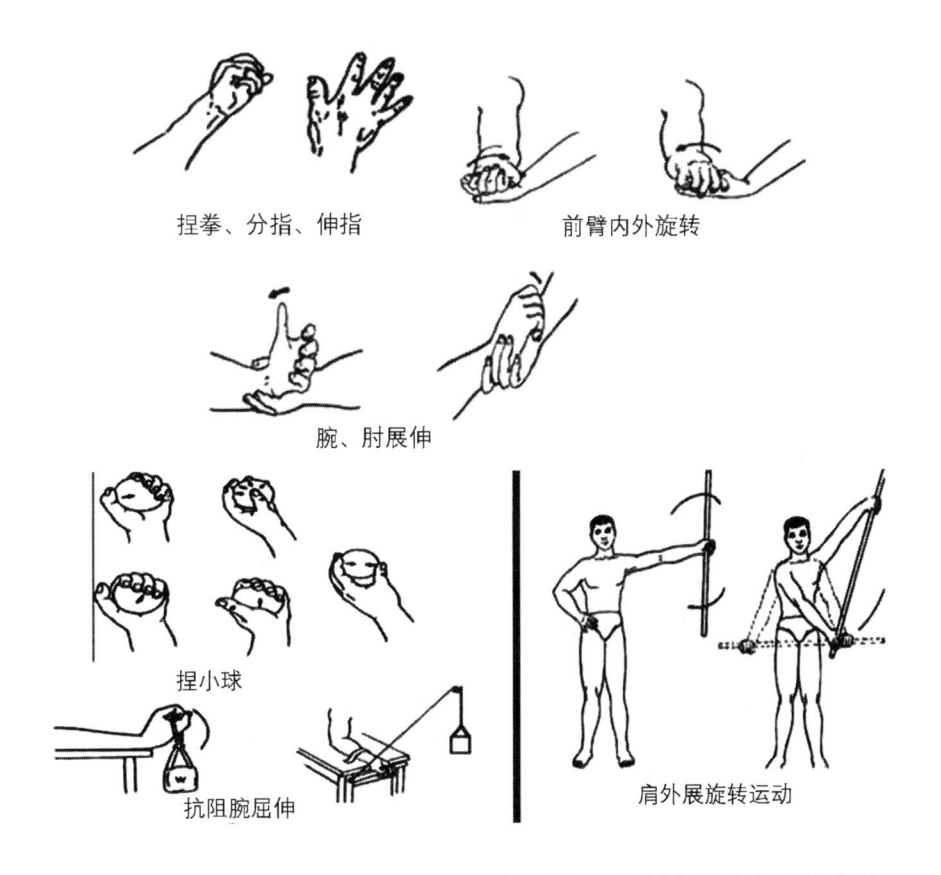

捏拳、分指、伸指　　前臂内外旋转

腕、肘展伸

捏小球

抗阻腕屈伸　　肩外展旋转运动

2. 骨折后2周可增加捏小球,抗阻腕屈伸运动及被动或助力的肩外展、旋转运动等。

3. 骨折后3周可增加抗阻的肘屈伸与前臂内外旋;仰卧位,头与双肘支撑做挺胸练习。

4. 骨折愈合解除外固定后,应开展全面练习肩关节活动练习;站立位上肢向患侧屈,做肩前后的摆动。

双肘支撑、挺胸练习

肩前后摆动

5. 患肢上举爬肩梯,抗阻牵拉肩、肘屈伸练习。

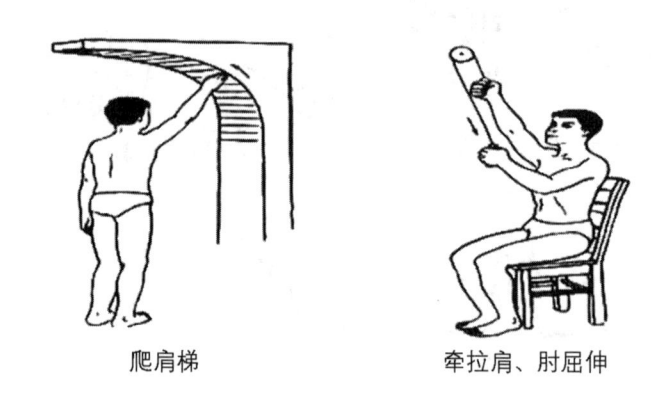

爬肩梯

牵拉肩、肘屈伸

(二) 肱骨干骨折术后功能锻炼

1. 固定后即可做伸屈指、掌、腕关节活动,患肢做主动肌肉收缩活动。

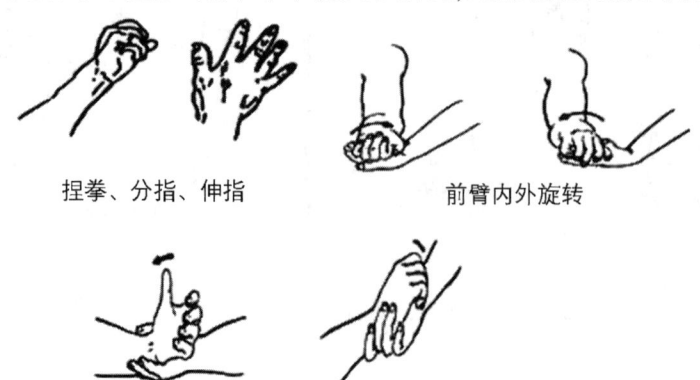

捏拳、分指、伸指

前臂内外旋转

腕、肘展伸

2. 肩、肘关节的活动：伤后 2 周至 4 周除继续以上训练外，应逐渐做肩、肘关节活动，其方法是，将健手托住患肢腕部，做肩、肘前屈、后伸，然后屈曲肘关节，同时上臂后伸。

肩、肘关节前屈后伸

3. 旋转肩关节：病人身体向患侧倾斜，肘关节屈伸 90°以上，健手握住患侧手腕部，做肩关节旋转工作，即划圆圈动作。

肘关节屈曲，旋转肩关节

4. 双臂轮转：患肢屈肘，前臂置于胸前，掌心向后、向上，健侧上肢伸直，外展于体侧，掌心向下。患肢向外上方经外下方再向内划弧圈，回至原处，同时健侧上肢向下经内上方向外划弧圈，回至原处。如此循环往复。此法可使肩、肘、腰、腿、颈部均可得到锻炼。以上锻炼方法每次 15 分钟，每天 2 次至 4 次。

双臂轮转

功能锻炼时要坚持锻炼，活动幅度和力量要循序渐进。在内固定或外固定期间禁做肩关节前屈、内收动作。

(三) 尺桡骨骨折术后功能锻炼

1. 固定后即可做伸屈指、掌、腕关节活动，患肢做主动肌肉收缩活动。

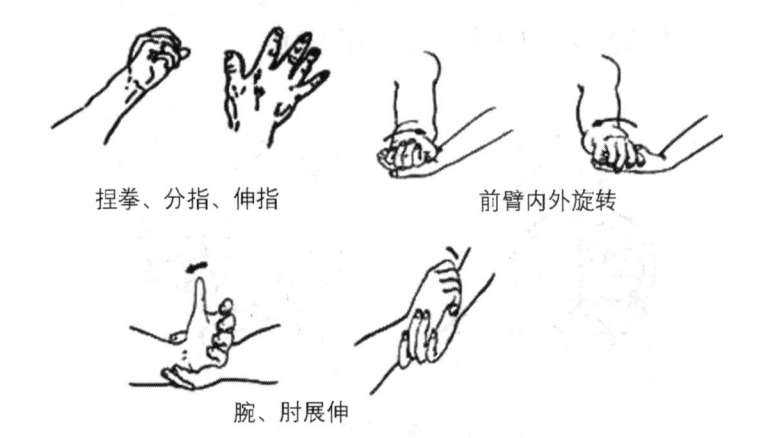

捏拳、分指、伸指　　　前臂内外旋转

腕、肘展伸

2. 肩、肘关节的活动：伤后 2 周至 4 周肿胀消除后除继续以上训练外，应逐渐做肩、肘关节活动，其方法是，将健手托住患肢腕部，做肩、肘前屈、后伸，然后屈曲肘关节，同时上臂后伸。

肘关节前屈、后伸

3. 骨折预后后的锻炼：骨折预后后，增加前臂旋转活动及用手推墙动作，使上、下骨折端产生轴挤压力。

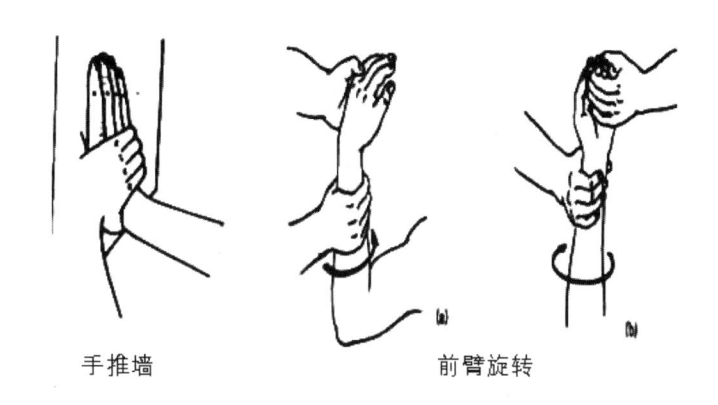

手推墙　　　　前臂旋转

（四）股骨颈骨折术后功能锻炼

1. 骨折复位固定后即可早期做趾与踝关节的主动伸屈、旋转活动练习，股四头肌静止收缩，每天3次至4次，每次10下。

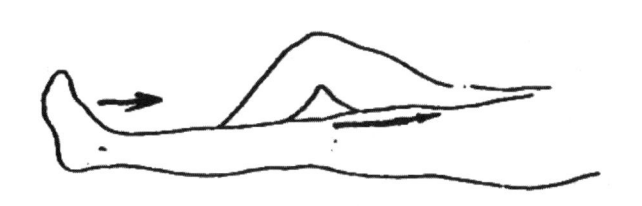

股四头肌静止收缩运动

2. 术后第二周开始在保持股骨不旋转、不内收情况下做髋与膝关节主动屈伸活动。

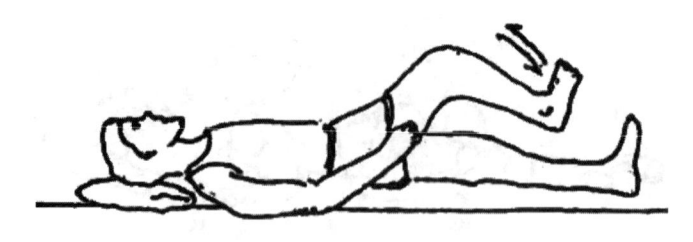

膝屈伸练习

3. 三周后可主动做屈伸患肢练习，方法是坐在床边，小腿下垂，双脚踩地或蹬地，练习用双臂撑起上身和抬起臀部。

双臂撑起上身，抬起臀部

4. 在骨折恢复期，术后 1 个月要加强髋、膝、踝部的肌力，以恢复行走能力，加强下肢的稳定性。主要方法是进行坐位与站位转换活动练习，以锻炼髋关节；踝关节主动屈伸、旋转活动，以及下蹲起立。

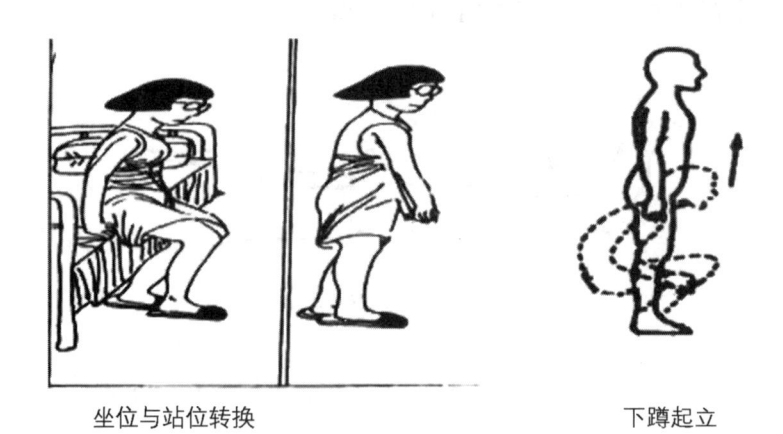

坐位与站位转换　　　　　　　　下蹲起立

(五)股骨干骨折术后功能锻炼

1. 骨折早期,做下肢股四头肌静止收缩,踝关节伸屈活动。

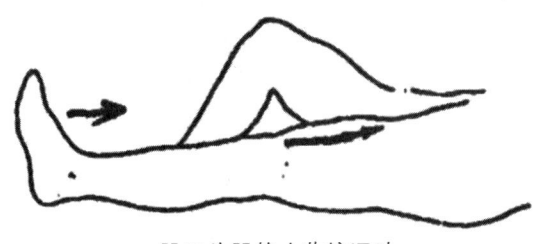

股四头肌静止收缩运动

2. 4周后可以练习坐在床边进行髋、膝、踝部的主动运动(锻炼方法同股骨颈骨折)。

(六)髌骨骨折术后功能锻炼

1. 术后早期疼痛稍减轻后,病人即可开始练习股四头肌静止收缩,髋、膝、踝、趾关节主动运动。

股四头肌静止收缩运动

膝屈伸练习

2. 固定后3天至5天可两腿直腿抬高和膝关节屈伸运动,扶拐进行患肢负重练习。

直腿抬高

扶拐负重行走

3. 石膏固定的病人，4周至8周可去除石膏，此时可做髌骨倾向被动活动，做主动屈膝活动练习，6周至8周可负重行走。

扶栏杆做下蹲练习

（七）胫腓骨骨折术后功能锻炼

1. 外固定后早期，疼痛减轻即可进行股四头肌静止收缩运动，髌骨被动活动及足部趾间关节活动。

股四头肌静止收缩运动

2. 外固定去除后，伤口愈合，可充分练习下肢各个关节活动，并逐步去拐行走。

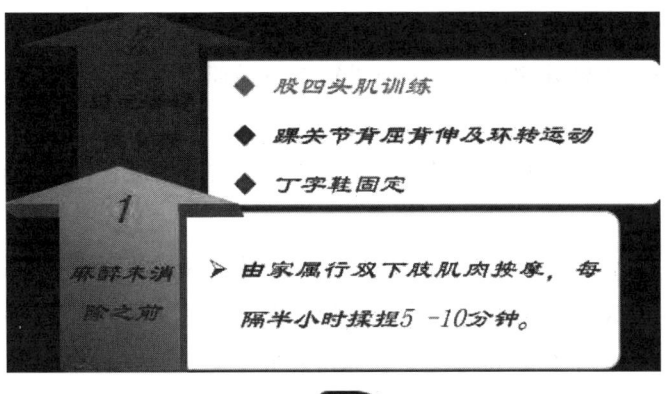

- 股四头肌训练
- 踝关节背屈背伸及环转运动
- 丁字鞋固定

➢ 由家属行双下肢肌肉按摩,每隔半小时揉捏5-10分钟。

肿胀未消除之前

扶拐负重行走

3. 增加髋、膝、踝关节活动练习,可做起立与坐下练习,健肢站立,患肢做髋屈伸、内收、外展活动,膝、踝屈伸活动,踝关节内外翻抗阻活动。

扶栏杆做下蹲练习

需要注意的是,功能锻炼时要坚持锻炼,活动幅度和力量要循序渐进,外固定早期禁止在膝关节伸直的情况下旋转大腿,以免影响骨折稳定。

（八）髋关节置换术后功能锻炼

1. 第一阶段：第1天至3天

（1）麻醉未消除之前：由家属进行双下肢肌肉按摩，每隔半小时揉捏5分钟至10分钟。

（2）自主活动恢复后：股四头肌训练；踝关节背屈背伸及旋转运动；丁字鞋固定。

（3）仰卧位主动进行最大限度屈、伸、环转踝关节。踝关节的活动是预防静脉血栓形成的措施之一，运动时避免髋内外旋，每个动作保持10秒。

（4）用"丁字鞋"将患侧下肢保持外展中立位，以防止人工关节脱位。

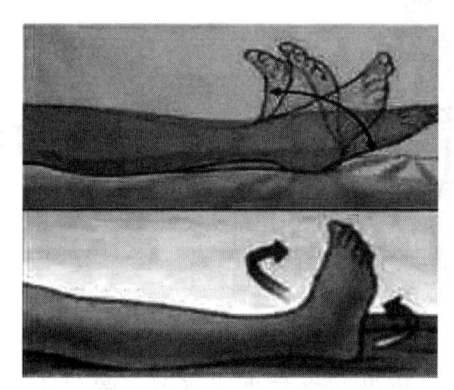

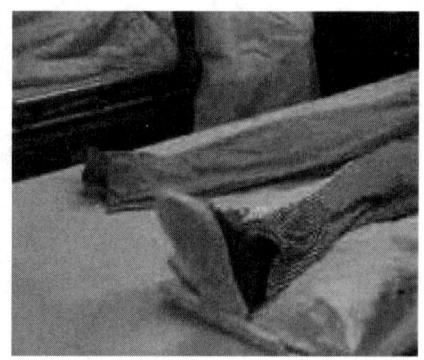

2. 第二阶段：第4天至6天

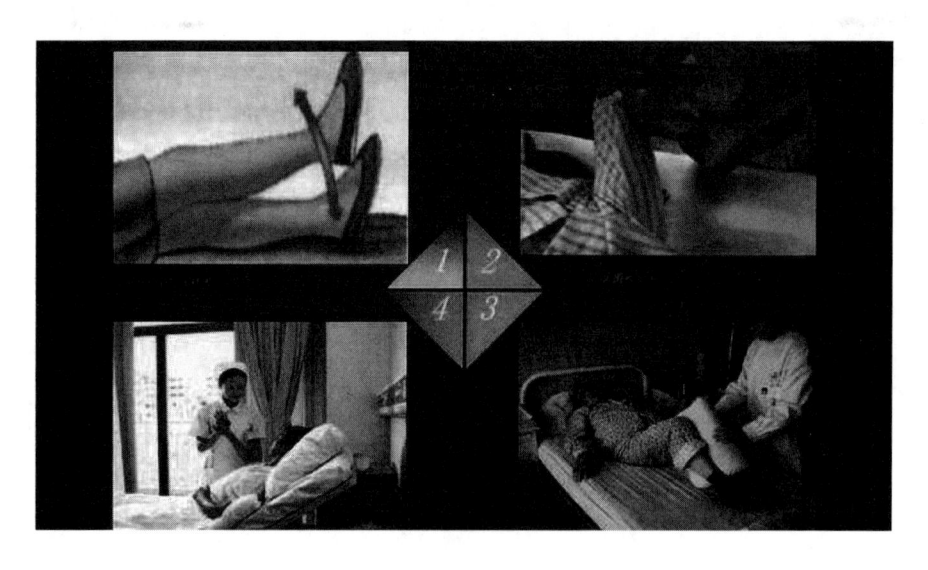

（1）仰卧位直腿抬高运动。下肢伸直抬高，要求足跟离床20厘米，抬高在30度以内，保持时间由15秒开始逐渐增加。

（2）仰卧位屈髋屈膝运动。陪护人员一手托在患者膝下，一手托住足跟，在不引起疼痛的情况下行屈髋、屈膝运动，但屈髋角度不宜大，应小于45度。

（3）仰卧位患肢外展运动。两腿间夹一软枕，在帮助下抗阻主动夹腿内收和外展髋关节，保持3到5秒钟，再缓慢回收。

（4）体位。可变化体位由卧位到半卧位，摇高床头小于90度。

3. 第三阶段：第7天至14天

（1）平卧位—侧卧位。翻身时一手托臀部，一手托膝部，将患肢与身体同时转为侧卧，并在两腿间垫上枕头，禁内收内旋。

（2）卧位—坐位。双手支撑坐起，屈健腿伸患腿，利用双手和健腿支撑力量将患肢移至小腿能自然垂于床边。移动健侧，坐在床旁，注意尽量保持患肢伸直。

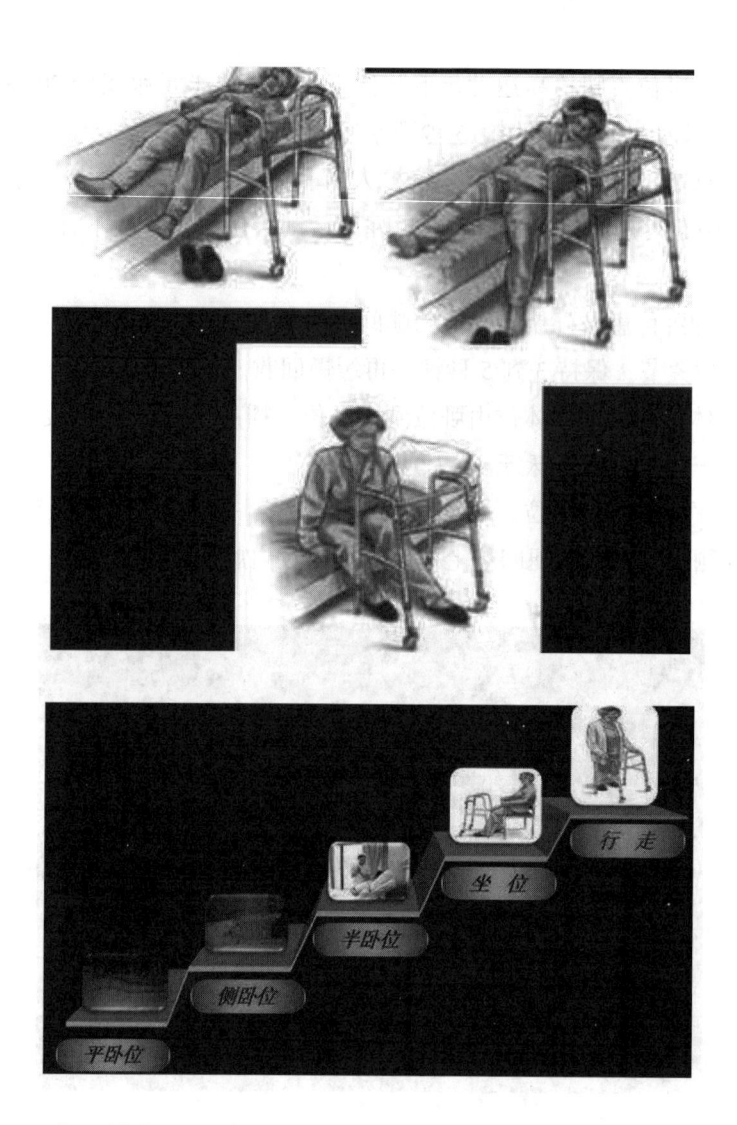

（3）坐位—站位。训练（挂拐、挂助行器）患肢不负重，患者移至床边，健腿着地，患腿在前触地，上肢挂双拐，力量健腿和双拐的支撑力挺髋站立。

（4）站位—坐位。首先伸直患肢，用双上肢在座椅扶手上支撑躯体起立或者坐下。保持膝关节低于或等于髋部，坐时身体向后靠腿向前伸。

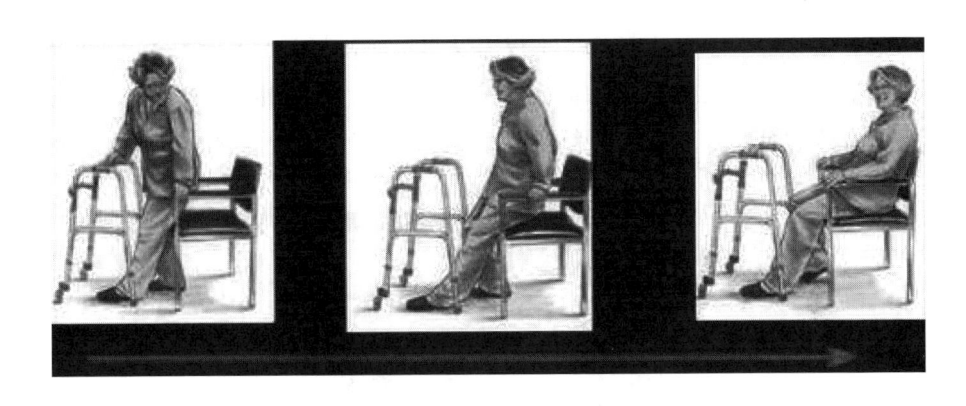

（5）站位—行走。站位到行走训练（拄拐平地行走，患肢逐渐少量负重）：拄拐，健腿先向前，患腿随后，拐杖随后或同时，患腿由不负重到部分负重。

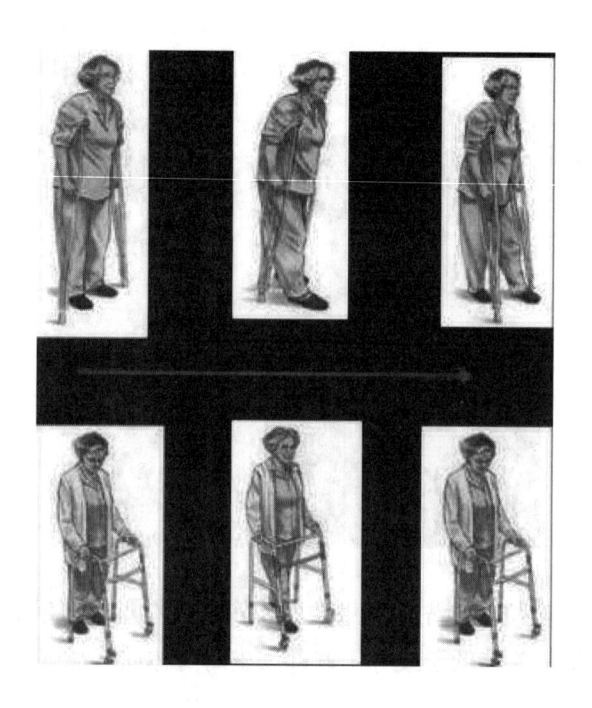

（6）上下台阶。上下楼梯，不仅需要力量而且需要调节能力，开始时必须使用扶手，每次只能上下一级楼梯。上楼梯时，先用健肢，下楼梯时，先用患肢。开始时应有家人陪在旁边，直到力量与活动度已基本恢复。

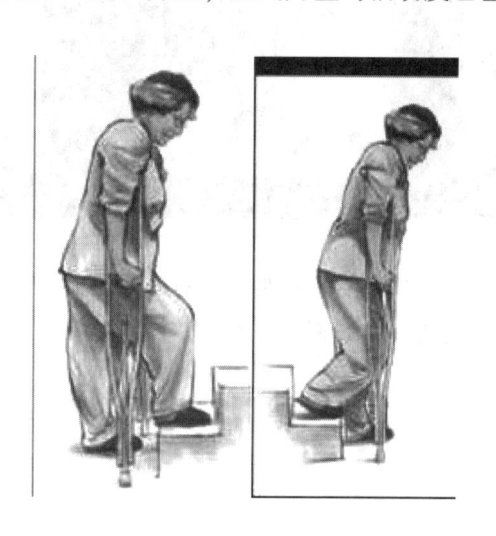

## （九）膝关节镜术后功能锻炼

1. 初级锻炼程序

（1）腘绳肌收缩练习。仰卧或坐位，膝关节弯曲大约10度，用足跟向下蹬踩床面，使大腿后面的肌肉紧张。保持5秒钟，然后放松，重复10次。

（2）股四头肌收缩练习。仰卧位，小腿前方垫一毛巾卷或枕头。用踝关节向下压毛巾卷或枕头，尽量将腿伸直。保持5秒钟，然后放松，重复10次。

（3）直腿抬高练习。仰卧位，健侧膝关节屈曲，患侧膝关节伸直。慢慢抬起患肢，足跟距离床面约12厘米，保持5秒钟。继续抬高12厘米至24厘米，再保持5秒钟。然后与先前的程序相反，放下12厘米，保持5秒钟，再放下12厘米，回到起始位置。重复10次。

**强化练习**：开始练习前在踝关节上放置沙袋等重物，从1千克逐渐增加，4周后最大增至5千克。

（4）提臀练习。仰卧位，收紧臀部肌肉。保持5秒后放松，重复10次。

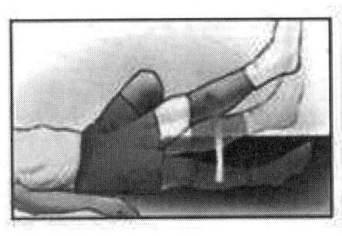

（5）站立直腿抬高练习。站稳，必要时可抓住扶手。慢慢向前抬腿并保持膝关节伸直，再回到起始位置。重复10次。

**强化练习**：开始练习前在踝关节上绑缚沙袋等重物，从1千克逐渐增加，4周后最大增至5千克。

2. 中级锻炼程序

（1）终末伸膝练习。仰卧位，膝关节下方垫一块毛巾卷或枕头。伸直膝关节并保持5秒钟，然后慢慢回到起始位置。重复10次。

**强化练习**：开始练习前在踝关节上绑缚沙袋等重物，从1千克逐渐增加，4周后最大增至5千克。

（2）直腿抬高练习。仰卧位，健侧膝关节屈曲，患侧股四头肌收缩并使膝关节伸直。慢慢抬起患肢至足跟距离床面约12厘米，然后慢慢放回到床面并放松。重复10次，并做5组。

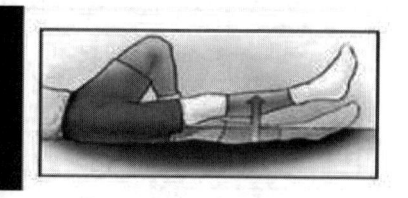

**强化练习**：开始练习前在踝关节上绑缚沙袋等重物，从1千克逐渐增加，4周后最大增至5千克。

（3）半蹲练习。扶住一把结实的椅子或床架，脚距离椅子或床架20厘米左右。背部挺直，慢慢弯曲膝关节向下蹲。不要完全蹲下，也不要超过90度。保持5秒钟至10秒钟，慢慢站直并放松。重复10次。

（4）股四头肌牵拉练习。站立位，患侧膝关节屈曲，将足跟拉向臀部，要感觉到大腿前面受到牵拉。保持 5 秒钟，重复 10 次。

3. 高级锻炼程序

（1）单腿部分屈膝练习。站立位，扶住椅背支撑身体。健侧膝关节弯曲，患侧足部踩平，足趾抓地以保持平衡，慢慢屈膝降低身体，然后再站直回到起始位置，放松。重复 10 次。注意这项练习不能过度。

（2）向前踏步练习。站立位，前方放一 15 厘米的板凳，患侧迈步踏上板凳，健侧腿跟上，再以相反顺序回到起始位置。重复 10 次。随着锻炼强度的增大增加板凳的高度。

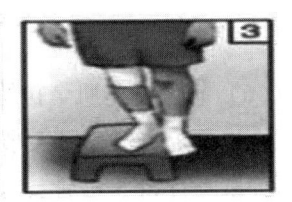

（3）侧向踏步练习。站立位，侧方放一 15 厘米的板凳，患侧迈步踏上板凳，健侧腿跟上，再以相反顺序回到起始位置。重复 10 次。随着锻炼强度的增大增加板凳的高度。

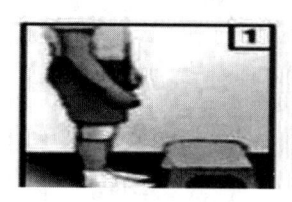

（4）终末伸膝练习。坐位，患侧小腿及足跟放在板凳上。伸直膝关节，保持 5 秒钟，再慢慢回到起始位置，重复 10 次。

（5）腘绳肌牵拉练习。仰卧位，屈曲髋关节，双手在膝关节上方抱住大腿。慢慢伸直膝关节直到感觉膝关节后面紧张。保持 5 秒钟，放松，重复 10 次。再做另外一侧。如果没有感觉到牵拉，就将髋关节再屈曲一些。练习时不能摆动，要保持稳定。延长牵拉时间可获得最好的效果。

（6）靠墙腘绳肌牵拉练习。靠门仰卧，患侧腿抬起，伸直膝关节，将足跟靠在墙面上，健侧膝关节屈曲，使臀部贴向墙壁。当感觉膝关节后面紧张时再伸膝，保持 5 秒钟，放松，重复 10 次。再练习另一侧。身体离墙壁越近,牵拉的效果越好。

(7) 蹬车练习。如果可以进行蹬自行车练习,将座椅调高至足部刚刚能踩到踏板并能完成一次蹬车循环。将阻力定为"轻"并逐渐增加到"重"。可以每天蹬 10 分钟,也可以逐渐增加练习时间,从每天蹬 1 分钟直到每天蹬 20 分钟。

4. 行走与跑步

行走是手术后恢复中期(手术 2 周后)极好的功能锻炼。但为避免膝关节受到冲击和震荡,手术后 6 周至 8 周内不能跑步。行走和跑步都应循序渐进。

(十)腰椎间盘突出症术后功能锻炼

1. 第一阶段:共 3 天至 5 天

(1) 仰卧位直腿抬高运动及下肢屈伸运动。防止神经根粘连,初次由 30°开始,保持时间由 15 秒开始逐渐增加,10 次/组,2~3 组/天。

(2) 踝关节背伸背屈运动。每个动作保持 10 秒，重复 20 次/组，3 至 4 组/天。

2. 第二阶段：主要做腰背肌锻炼

(1) 5 点支撑法。（术后 5 天至 7 天）平卧于硬板床上，用头、双脚、双肘 5 点支撑，将臀部抬起，臀部尽量抬高，保持 10 秒，重复 20 次/组，2 至 3 组/天。

(2) 3 点支撑法。（术后 7 天至 9 天）平卧于硬板床上，用头、双脚 3 点支撑，将臀部抬起，臀部尽量抬高，保持 10 秒，重复 20 次/组，2 至 3 组/天。

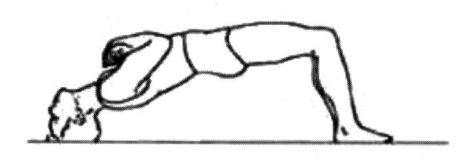

(3) 4 点支撑法。即拱桥支撑法（术后 9 天至 10 天）平卧于硬板床上，用双手、双脚将身体全部撑起，呈拱桥状。保持 10 秒，重复 20 次/组，2 至 3 组/天。

（4）飞燕点水法。（术后10天至15天）仰卧于硬板床上，头、双上肢、双下肢后伸，腹部接触床的面积尽量小，呈飞燕状。保持10秒，重复20次/组，2至3组/天。

**注意**：严重腰椎骨折属于不稳定型骨折，应适当进行腰背肌锻炼，使骨折保持一定程度的复位，最后用腰围等支具下床活动。

3. 第三阶段：术后30天开始

指导患者正确使用腰围支具，避免活动时造成扭曲。选择腰围支具与患者的体型相应，一般上至上肋弓，下至髂嵴下，不宜过紧。在佩戴腰围支具情况下练习下床活动。

站立练习法，即站立时双脚分开与肩同宽，双手叉于腰部，挺胸凸腹，使腰背肌收缩。行走时姿势正确，抬头挺胸收腹，坐位时必须端正，不要弯腰。

### 三、功能锻炼的注意事项

1. 一切活动均需要在医护人员指导下进行，活动范围由小到大，次数由少到多，时间由短到长，强度由弱到强，循序渐进地进行锻炼。
2. 功能锻炼以患者不感到疲惫，骨折部位不发生疼痛为度。
3. 功能锻炼以恢复肢体固有的生理功能为中心。
4. 功能锻炼不能干扰骨折的固定，更不能做不利于骨折愈合的活动。

# 第八章 法院裁判规则大数据报告

## 第一节 工伤和解协议效力大数据报告

### 一、前言

在企业经营与劳动者工作过程中，工伤问题已经成为用人单位和劳动者都最为关心的法律问题之一。当劳动者在工作时间或工作场所内受到事故伤害构成工伤时，用人单位为避免更大的不利后果，通常会主动与劳动者进行和解；而劳动者为免去长时间维权和诉讼的困扰，有时愿意牺牲部分合法权益，接受低于法定工伤待遇标准的和解金额，因此工伤问题常会伴随并通过和解协议予以解决。但双方签订的和解协议其实并非百分百有效且合理，司法实践中经常出现劳动者主张和解协议效力瑕疵的情形，而各地各级法院对工伤和解协议的效力认定问题观点并不统一，裁判思路与裁判理由有时也大相径庭，这为用人单位以及劳动者运用和解协议处理工伤问题带来了很大的不确定性。

为便利劳动者妥善对待工伤和解协议，并能充分保护自己的合法权益，编者团队通过分工合作进行案例检索及梳理，就工伤和解协议问题整理各地各级法院立场，并在此基础上总结归纳主要的裁判逻辑，进而提出相应建议，希望本书能对那些正在处理工伤和解协议（后简称"和解协议"）的劳动者有所帮助。

## 二、案例来源

**案例来源**：Alpha
**检索条件设置**：
1. 裁判时间：2022 年 6 月 1 日—2024 年 6 月 24 日
2. 案由：劳动争议类
3. 检索用关键词："工伤""和解协议""撤销""无效"

**检索结果**：排除重复案件、与和解协议效力无关的案件，最终得到有效案件 42 件。

**数据采集时间**：2024 年 6 月 25 日

## 三、案例简况

（一）法院判决情况

本次案例检索共有 42 件案例涉及和解协议的效力问题，其中 13 件案例中法院判决支持和解协议有效，有 29 件案例认为和解协议存在效力瑕疵，可见法院认定和解协议存在效力瑕疵的情况并不少见。

（二）用人单位主张和解协议效力瑕疵的原因

在 42 件涉及和解协议效力瑕疵问题的案例中，有 37 件案例是劳动者主张和解协议效力瑕疵，有 5 件则是由用人单位提起。由用人单位主张和解协议效力瑕疵的案件数量较少，情况较为特殊，主张理由也各有不同，具体包括：①本应仅确认劳动关系，但仲裁机构错误地进行了调解，进而形成和解协议；②用人单位为其他因素与受害人达成和解协议，现主张受害人并未与用人单位间成立劳动关系；③因劳动者未及时提供相应资料导致用人单位无法通过雇主责任险理赔；④相关诉讼为虚假民事诉讼，并无和解协议的事实。除了上述第四个理由法院认定和解协议违反法律规定而无效，其余理由法院都不予支持，皆认定和解协议有效。

（三）劳动者主张和解协议效力瑕疵的主要理由

根据上述 37 件案例，劳动者主张和解协议无效的理由主要有以下类型：
（1）劳动者签订时未充分知悉和解协议内容；
（2）和解协议赔偿数额与劳动者应享受的工伤待遇差距较大；

（3）和解协议并不能解决工伤后的所有费用；

（4）用人单位方并未完全履行和解协议；

（5）和解协议违反公平理念或者违反法律因而无效。

### 四、法院认定效力瑕疵的裁判理由

（一）乘人之危导致显失公平

1. 概述

部分劳动者会依据《民法典》第151条，主张所签订的和解协议属于乘人之危导致显失公平，即在订立和解协议时用人单位利用劳动者的不良处境（处于危困状态或缺乏判断能力）而与劳动者签订和解协议，而和解协议中的赔偿范围远低于劳动者经由其他正常渠道而应获得的损害赔偿。

具体而言劳动者主张成立需要主观和客观两方面要件，其中客观方面要求显失公平，即双方当事人的权利义务明显失衡、显著不相称，具体的判断时点为和解协议成立时，主观要件则要求劳动者一方处于危困状态、缺乏判断能力等情形，危困状态通常指劳动者因陷入暂时性的急迫困境而对于金钱或其他财产的需求比较迫切，缺乏判断能力则是指劳动者对和解协议的性质、和解协议订立法律后果或者和解协议中特定风险缺乏应有的认知能力。除此之外，还需要用人单位利用劳动者的上述主观状态而订立和解协议。

在劳动者主张和解协议效力瑕疵的37项案例中，有20项是以此为法律依据，其中14项案例中劳动者主张得到法院支持，法院根据《民法典》第151条撤销了和解协议。

2. 法院支持劳动者主张案例及理由

（1）【案例索引】［2023］辽0303民初2555号

【裁判要旨】杜某某签订协议时尚未进行工伤认定和劳动能力鉴定，赔偿金额显失公平，原告作为用人单位，处于优势地位，应对工伤职工享受的工伤保险待遇具有更高的判断能力。

【法院认为】本案中，双方于2021年2月9日签订工伤和解协议，直到2023年2月22日杜某某经鞍山市劳动能力鉴定委员会鉴定为丧失劳动能力九级。考虑到鞍山市某某橱柜加工部相对于职工杜某某处于优势地位，其作为用人单位，相对于一般职工，对于工伤职工应该享受的工伤保险待遇应更具有判断能力。杜某某在缺乏判断能力的情形下，签订的赔偿协议中约定的赔偿数额明显远低于应享受的工伤保险待遇数额，应予撤销。

（2）【案例索引】：［2023］辽0303民初3350号

【裁判要旨】和解协议约定赔偿数额远低于劳动者应享受的工伤保险待遇数额，且法院认为在工伤应得赔偿额的判断上，用人单位相较于劳动者更具优势，因此和解协议应撤销。

【法院认为】通过逄某某与某火公司订立的《一次性工伤和解协议》可知，某火公司认可逄某某的工伤，某火公司相对于逄某某处于优势地位，其作为用人单位，对于工伤职工应该享受的工伤保险待遇应更具有判断能力，该协议是在逄某某未经劳动行政部门依法认定为工伤亦未完成劳动能力鉴定的情况下签订的，且协议中约定参照十级工伤赔偿各项费用，但数额明显低于正常情况下十级工伤保险待遇应享受的数额，应予撤销。

（3）【案例索引】［2022］辽0304民初3189号

【裁判要旨】用人单位相对于员工处于优势地位，劳动者缺乏判断能力，和解协议约定赔偿数额远低于劳动者应享受的工伤保险待遇数额。

【法院认为】本案中立顺公司相对于职工左某方处于优势地位，与左某方订立劳动合同却未按照《工伤保险条例》第2条规定为企业职工缴纳工伤保险费，通过双方订立的《赔偿协议》可知，立顺公司认可左某方送餐过程中发生交通事故受伤构成工伤，另委托鉴定机构进行了工伤鉴定，左某方工伤伤残等级九级，立顺公司作为用人单位，相对于一般职工，对于工伤职工应该享受的工伤保险待遇应更具有判断能力。左某方在缺乏判断能力的情形下，签署的《赔偿协议》中约定的赔偿数额仅相当于立顺公司投保的雇主责任险中伤残保险金和停工留薪工资的赔偿数额，对于左某方其他工伤保险待遇均未予包含在内，《赔偿协议》约定的数额明显远低于左某方应享受的工伤保险待遇数额，应予撤销。

（4）【案例索引】：［2022］渝0109民初9984号

【裁判要旨】和解协议中赔偿额低于劳动者应得工伤保险待遇75%，因此应予撤销。

【法院认为】被告总共应当向原告支付198 195.8元，双方签订的《工伤和解协议书》约定的金额低于75%，应当予以撤销。被告已经支付了70 000元，故被告还应支付128 195.8元。

**3. 法院不支持劳动者主张案例及理由**

（1）【案例索引】：［2023］云 23 民终 1338 号

【裁判要旨】双方民事行为能力正常，劳动者并无缺乏判断能力及危困状态情形，且履行和解协议结果并不会使劳动者获得远低于应得工伤保险待遇的赔偿额。

【法院认为】龚某祥系完全民事行为人，其与四川富都公司的项目负责人郭某签订的《调解协议》已取得四川富都公司的追认，系双方当事人的真实意思表示，龚某祥自愿放弃工伤保险待遇之外的经济损失，属于其对自己权利的自由处分，不违反法律、行政法规的强制性规定，也不违背公序良俗，该《调解协议》合法有效，且不存在可撤销情形，对双方当事人均具有法律约束力。尤其是对于工伤的保险待遇问题，因双方签订《调解协议》已明确约定，龚某祥的工伤被评定为伤残等级后，所享有的工伤保险待遇归其所有，由四川富都公司到工伤保险经办机构为其办理，其收到工伤赔偿款后，不得向四川富都公司申请任何赔偿款。履行和解协议并不会使得龚某祥得到远低于工伤保险待遇的赔偿额。

（2）【案例索引】：［2024］吉 01 民终 869 号

【裁判要旨】劳动者因工伤就医时并不存在危困状态，并且是在劳动者明知工伤认定结果后与用人单位达成的和解协议，因此和解协议真实有效，不应撤销。

【法院认为】张某于 2021 年 8 月 18 日在工作中受伤，随即就医，XX 公司垫付全部医疗费。虽张某称其需要治疗费用，迫于无奈签订案涉《和解协议》，但 XX 公司全额支付医疗费，并不存在张某所述无钱就医的情形，故张某主张被迫签订《和解协议》，无事实依据。张某于 2021 年 9 月 16 日向农安县人力资源和社会保障局提交了工伤认定申请，结合张某委托诉讼代理人二审中的陈述，此次申请已认定张某为工伤，张某在明知其此次受伤为工伤的前提下，于 2021 年 9 月 30 日与 XX 公司签订《和解协议》，应认定为张某对自己权利的处分，现张某要求 XX 公司按照工伤保险待遇补足差额的主张，违背诚信原则，依法不应得到支持。

**4. 裁判观点总结**

值得注意的是，各地各级法院对于《民法典》第 151 条构成要件的把握标准并不统一，大多数法院对于构成要件持宽松把握的态度。上文列出了具有代表性的案例，具体而言：

在客观方面，大多数法院是将劳动者应得工伤保险待遇与和解协议赔偿额相对比，当前者明显低于后者时认为构成显失公平，但在判决书中并不存在具体标准，而是否构成显失公平的严格程度又取决于其他情事，尤其是劳动者在充分知情的情况下签订和解协议部分法院会认为劳动者是在自愿放弃自己的部分权益。只有少数法院会在不考虑其他情事的基础上径直以明确的标准，如75%，判断是否构成显失公平。

对于主观方面，法院更倾向于从缺乏判断能力而非危困状态予以认定：

（1）在少数认定危困状态的案例中，法院的判断方法是比较医疗费用以及劳动者财产的多寡，在这种判断方法下，除非工伤极其严重，否则劳动者较难被认定为处于危困状态；

（2）对于缺乏判断能力的认定，法院做法有二：

部分法院会正面认定劳动者是否缺乏判断能力，由于实践中罕见劳动者签订和解协议时丧失行为能力的情形，因此主要通过劳动者签订时是否知道自己的工伤认定以及劳动能力鉴定等鉴定结果，如果知道，即便和解协议赔偿额低于应得工伤保险待遇，法院也倾向认为这是劳动者出于自身利益考量而处分自身利益。

法院的另一种做法是不正面回应劳动者是否具有判断能力，而是考虑用人单位是否具有更强的判断能力或优势地位。法院隐含的逻辑是，和解协议不合理导致的风险应该由有能力决定和解协议内容的一方承担，由于用人单位更具有决定赔偿数额的判断能力，因此和解协议内容绝大多数由用人单位加以制定，因此如果出现赔偿数额与应得工伤保险待遇的巨大差异，这一不合理内容而带来的不利应由优势方，即用人单位承担，具体体现为法院支持劳动者主张，撤销和解协议。

5. 律师建议

劳动者如要根据《民法典》第151条主张撤销和解协议，应着重考虑以下方面：

（1）如需证明危困状态，需在工伤就医时留存证据以证明劳动者现有财产与医疗花销的比例较低，从而更容易证明劳动者签订和解协议是基于金钱上的压力。

（2）如需证明缺乏判断能力，优先考虑援引签订和解协议时尚不得知工伤认定以及劳动能力鉴定结构，因为如果劳动者不知道最终的工伤等级，自然也不知道应得的工伤待遇，从而对于和解协议中赔偿额是否妥当也就欠缺判断的基础。除此之外还可以强调用人单位在工伤认定过程中的优势地位与专业能力，如工伤认定由用人单位主导，用人单位对于工伤问题有较为充足的经验，从而使得法院认为用人单位相较于劳动者更具有判断的优势，从而提升法院认为劳动者缺乏判断能力的概率。

（3）如需证明数额显失公平，需将自己应得的工伤保险待遇与和解协议赔偿额相对比，如果劳动者所在地法院有按照特定比例进行衡量两者是否失衡的倾向，应结合该特定比例进行对比。

（二）和解协议不成立

1. 概述

当劳动者主张签订和解协议时对和解协议部分不知情时，劳动者可能会进而根据《民法典》第143条主张和解协议不成立。需要注意的是，实践中法院认为和解协议不成立的情形较少，进而仅在和解协议成立条件不成就（如未签字）时认定和解协议不成立。主要原因首先是在劳动者签字后，劳动者意思表示的表示价值通常与和解协议内容一致，从而在和解协议成立的层面上并无障碍，至于劳动者主张的不知情，更多交由意思表示瑕疵（重大误解、欺诈等）予以救济。其次是实践中较少存在双方就和解协议全部内容均无合意的情形，更多的情形是双方就和解协议一部分达成合意，而另一部分并未达成合意。而如果判定和解协议不成立，则和解协议整体均无效力，因此针对劳动者对部分内容不知情的现实，法院更倾向采取法律行为部分撤销的方法进行处理。进而在目前检索案例中，仅有一个比较特殊的情形，法院认定和解协议不成立限于劳动者死亡后部分法定继承人未与用人单位签订和解协议的情形。

2. 代表案例

【案例索引】［2023］黑05民终31号

【裁判要旨】劳动者死亡后，部分劳动者法定继承人未在和解协议上签字，未签字的继承人与用人单位之间并不存在和解协议。

【法院认为】劳动者工亡后，通知朱某英（劳动者妻子）参加诉讼，其明确表示认可龙煤矿山公司的赔偿，对相应的实体权利亦表示放弃，不参加本案诉讼，现张某青（劳动者母亲）主张其份额内的工伤保险待遇，不违反法律规定，再次，张某青没有在赔偿协议书中签字，也没有授权给朱某英，对协议书的签订亦不知情，龙煤矿山公司在与朱某英签订协议时，仅以朱某英承诺赵某某母亲张某青已经同意，但没有与张某青联系进行核实，故协议书不是赵某某全部近亲属的认可，对张某青不发生法律效力

3. 律师建议

劳动者如想使得和解协议发生效力，应按照双方约定在和解协议上签字并完成其他使和解协议成立的条件。反之，劳动者如果想为自己保留更多时间判断是否要成立和解协议，可以与用人单位约定除签字外还需其他条件和解协议才能成立。

（三）意思表示瑕疵：重大误解或欺诈

1. 概述

在和解协议成立的基础上，如果劳动者对和解协议部分内容不知情，劳动者有时会根据《民法典》第 147 条以及第 148 条，主张重大误解或欺诈，进而主张撤销或部分撤销和解协议。如果劳动者主张重大误解，即自己的理解与和解协议内容不一致，劳动者除需要证明理解与内容不一致外，还需要证明自己并非故意制造出该不一致，如果劳动者主张欺诈，劳动者需要证明用人单位存在欺诈行为，欺诈行为导致劳动者产生了错误的认识且该错误认识导致劳动者签订和解协议，用人单位故意实施欺诈行为且故意使劳动者基于错误认识签订和解协议。

2. 法院支持劳动者主张案例及理由

【案例索引】：［2023］辽 0303 民初 319 号

【裁判要旨】：原告主张对和解协议特定部分的理解与内容不一致，法院对该特定部分予以撤销。

【法院认为】现原告主张其并非自愿签订，且对赔偿数额、项目以及协议的法律后果并不知晓，故本院认为该协议中关于医疗费的约定有效，其他应予以撤销，即被告应按照法律规定支付相应的费用。因双方就受伤的医疗费达成了一致意见，故对原告此次要求被告支付医药费的请求不予支持。

3. 法院不支持劳动者主张案例及理由

【案例索引】［2023］陕 01 民终 13401 号

【裁判要旨】劳动者并未能举证证明用人单位的欺诈行为，因此不应撤销和解协议。

【法院认为】宫某某主张 A 公司让其看的和解协议的内容和其所签的和解协议内容不一致，案涉和解协议不是其真实意思表示，但宫某某并未提供证据证明其所主张的事实客观存在，且宫某某作为完全民事行为能力人，其对签字的行为、后果均应有明确的认知，故其辩称理由不能成立，并且案涉协议也不存在无效之情形。

4. 律师建议

如果劳动者要主张用人单位通过提供不同内容的和解协议进行欺诈，劳动者在签订和解协议时应注意留痕，记录协商过程中以及最后签字时的和解协议，避免承担举证不能的风险。

（四）违法无效

1. 概述

法院通常使用违法无效对和解协议中个别条款的效力进行审查，如特定条款违反强制性规范，则该条款无效但不影响和解协议其他部分的效力。正如下文案例所示，在本次检索过程中的违法无效类型主要针对两类强制性规范，一是排除劳动者继续向用人单位请求工伤赔偿的权利，二是排除用人单位给劳动者缴纳社保的义务。需要注意的是，在第二种类型下，如果劳动者与用人单位就劳动者自行缴纳社保的合意有清晰的证明文件，则虽然不影响法院认定该条款无效，但法院会根据劳动者自身的过错将因未缴纳社保造成的损失在双方之间进行分配，从而使得劳动者不能全额请求用人单位赔偿因未缴纳社保造成的损失。

2. 典型案例

（1）【案例索引】：［2022］甘 02 民终 532 号

【裁判要旨】和解协议不能排除劳动者获得补偿金后继续向用人单位主张工伤赔偿的权利，如果存在则因违反《劳动合同法》第 26 条无效。

【法院认为】案涉工伤协议第 3 项约定"在乙方领取了甲方支付的补偿金后，乙方的有关工伤问题均已得到全面妥善解决，乙方不得以任何理由反悔、纠缠和诉讼，也不得再以其他任何理由向甲方提出任何费用和责任要求，更不得向后续新公司（民丰化工公司）就该问题提及任何补偿、赔偿或者其他要求"。依据上述协议条款，常某元领取用人单位支付的补偿金后将丧失再行向用人单位主张工伤赔偿的权利。该协议条款属于《劳动合同法》第 26 条第 1 款第 2 项"用人单位免除自己的法定责任、排除劳动者权利的"情形,应属无效条款。

(2)【案例索引】:[2022]鲁0911民初6772号

【裁判要旨】和解协议中由劳动者自行缴纳社会保险的条款虽然有证据表明是双方真实意思,但由于违反强制性而无效。由于劳动者自身对该条款形成也有过错,法院按照双方过错程度在劳动者与用人单位间分担因劳动者自身未缴纳社保导致的损失。

【法院认为】关于原告主张的因未参加社会保险造成的损失问题。为劳动者参加社会保险系国家法律的强制性规定。原告在被告处工作,被告未给原告参加社会保险,是不对的。被告辩称因原告自己已缴纳社会保险,其向被告申请自愿表示放弃参加社保,并提供了原告出具的自愿不买社保(五险)申请书、自愿放弃缴纳社会保险承诺书等予以证实。经审查,本院认为,原告向被告出具的申请书、承诺书的内容违反了法律、行政法规的强制性规定,是无效的,但系原告的真实意思表示,原告作为完全民事行为能力人应意识到签署放弃社会保险申请书、承诺书的后果,由此可确认被告未能为原告参加社会保险,原告亦负有过错。对因被告未给原告参加社会保险造成的损失,被告应根据其过错程度向原告予以赔偿。综合本案案情,本院酌定被告承担该损失的70%,其余损失,由原告自行承担。关于损失数额的计算,对原告提供的泰安市历年职工社会保险缴纳费基数和比例,被告表示无异议,本院参照该缴纳费基数和比例计算原告的该项损失。

3. 律师建议

(1)如果和解协议中有排除劳动者向用人单位请求工伤赔偿的条款,无论该条款的前提条件为何,无论用人单位为排除该权利给予劳动者何种好处,该条款均无效,劳动者无条件地可以根据《劳动合同法》第26条向用人单位请求工伤赔偿。但即便如此,劳动者仍应注意避免通过法律文件等明确自认放弃该赔偿权利。

(2)劳动者应尽量避免与用人单位达成自行缴纳社保的合意,尤其是避免通过特定法律文件(如承诺书等)表明自己的意愿。因为工伤后如果因社保未及时缴纳造成损失,该损失原则上是由用人单位承担,但如果劳动者明确表达自行缴纳的意愿,法院则倾向于认为劳动者对于社保未及时缴纳而造成损失也存在过错,从而按照过错程度将因未缴纳社保的损失在用人单位和劳动者之间进行分配,最终导致劳动者无法获得全额赔偿。

### 五、结语

通过本次进行的工伤和解协议案例的检索及大数据报告的制作,我们不难发现,各地各级法院对于工伤和解协议的裁判思路以及立场可谓大相径庭,即便是对于某一具体的裁判立场,不同法院在构成要件的把握尺度、构成要件的证明与论证逻辑上也有着细微的变化。这种差异固然部分是因为各地各级法院对法律的理解存在差异,但我们也可以看出,不同的裁判立场根植于当地劳工政策、环境等其他因素,而且受制于具体个案的不同案情。因此虽然裁判立场和逻辑大体保持一致,但不同地域都有其特色,每个案件都有其独特性,没有完全一致的法律事实,也没有放之四海皆准的裁判标准。另需注意的是,和解协议一旦签订,后续仅通过双方合意变更协议内容的概率较低,个人进行协商谈判的空间较小,建议大家必要时寻求专业律师的帮助,争取最大化地维护自己的合法权益!

## 第二节　超过退休年龄劳动者工伤认定问题大数据报告

### 一、前言

随着中国人口老龄化的加速,越来越多的超龄劳动者继续活跃在劳动市场中,尤其是农村地区的老年人。这些农村老年人在退休后往往缺乏其他收入来源,并且大部分人无法享受职工养老保险,主要依赖城乡居民养老保险维持生活。但这种保险保障水平较低,难以满足他们的基本生活需求,因此,他们常常不得不继续从事劳动,尤其是那些安全措施不足、工作环境恶劣且风险较高的体力劳动。一旦发生工伤,由于未缴纳社会保险,这些超龄劳动者无法通过工伤保险获得应有的保障,这无疑加剧了他们的生活困境。

在现行的法律框架下,社会保障的缺失和法律纠纷成为这些劳动者面临的主要挑战。在目前的社会实践中,部分用人单位与超过退休年龄的劳动者签订的是"劳务合同"而非"劳动合同",也存在着许多劳动者到达退休年龄后与单位签署退休返聘合同。此外更有大量的案件存在着未签订任何劳务或者劳动合同的情况,双方之间为劳动关系还是劳务关系存在较大争议,导致劳动者的权益保护存在隐患。而工伤保险的相关法律法规仅适用于劳动关系，在此情形下，是否能够认定工伤在实践中争议较大。部分法院可能会基于公平原则作出有利于劳动者的判决，而有些法院则严格按照法律条文，认定劳务关系下无法享受工伤赔偿。

本调研旨在通过大数据案例分析，探讨司法裁判在超龄劳动者工伤认定案件中的观点与倾向。我们希望通过总结司法实践中的经验，为相关法律实践提供参考，并推动对这一弱势群体的保护与保障措施的完善。

## 二、案例来源

**案例来源**：Alpha

**检索条件设置**：

1. 案由：工伤保险资格或者待遇认定
2. 裁判日期：2021年6月1日至2024年6月1日
3. 审理程序：二审
4. 法院层级：中级人民法院；高级人民法院
5. 关键词：法院认为包含：退休；法院认为包含：工伤

**检索结果**：总133件，排除重复案件、无关案件，最终得到有效案件122件。

**数据采集时间**：2024年7月3日

## 三、案例简况

本次检索的122件案例中，法院最终判决支持劳动者所受伤害构成工伤的有115件，不支持认定工伤的案件共7件。从整体上看，在此类纠纷中，法院整体倾向于劳动者所受事故伤害属于工伤。从地域分布上看，上海市公布的四件案件全部不支持认定工伤，其余三件分别在江苏、重庆与河北。

## 法院判决情况

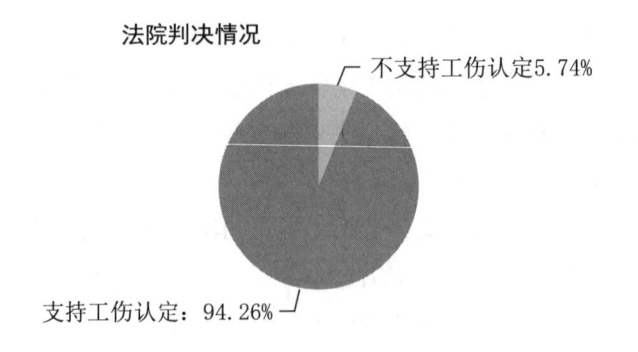

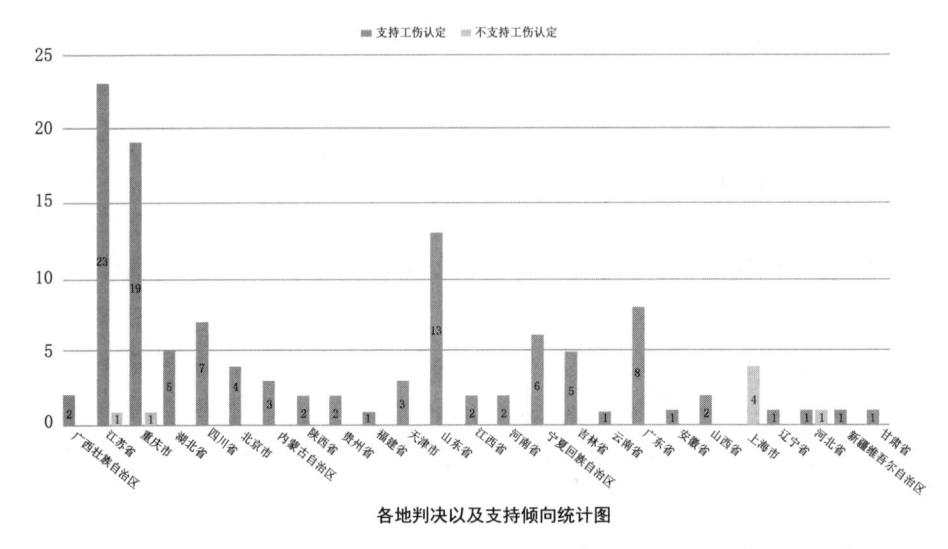

- 不支持工伤认定：5.74%
- 支持工伤认定：94.26%

各地判决以及支持倾向统计图（支持工伤认定／不支持工伤认定）：广西壮族自治区 23/1、江苏省 19/1、重庆市 5、湖北省 7、四川省 4、北京市 3、内蒙古自治区 2、陕西省 1、贵州省 3、福建省 1、天津市 13、山东省 2、江西省 6、河南省 5、宁夏回族自治区 6/1、吉林省 2、云南省 8、广东省 1、安徽省 2、山西省 4、上海市 1/1、辽宁省 1/1、河北省 1、新疆维吾尔自治区 1、甘肃省 1

## 四、超龄劳动者认定工伤裁判理由分析

### （一）支持认定工伤的理由

1. 典型案例摘录

（1）案号：[2023] 桂 12 行终 37 号

【法院认为】本案中，被上诉人吴某凡于 2022 年 3 月 21 日向上诉人宜州区人社局申请工伤认定，并提交了工伤认定申请表、道路交通事故认定书、《劳动合同书》、工资银行交易流水、宜州区某某医院的医疗诊断证明等材料。上诉人宜州区人社局经审查，决定对吴某凡的工伤认定申请不予受理，其主要理由是：根据我国《国务院关于工人退休、退职的暂行办法》[国发（1978）104 号]、《劳动合同法》等法律关于职工退休年龄的相关规

定，被上诉人吴某凡在与宜州市某某公司签订劳动合同时已达到法定退休年龄，双方之间的劳动关系不成立，不符合《工伤保险条例》规定的受理条件。对此，法院认为，《劳动合同法》及《劳动法》只规定了劳动年龄的下限禁止，并未规定上限禁止。《国务院关于工人退休、退职的暂行办法》［国发（1978）104号］中关于职工退休年龄的规定，应理解为对公民履行法定劳务义务的年龄条件限制，而非劳动权利的剥夺，且随着我国人口日益老龄化趋势的发展，达到法定退休年龄的公民继续参与劳动的现象越发趋于普遍，因而在《工伤保险条例》并未明文规定将超过法定退休年龄的人员排除于条例适用范围之外的情况下，将该部分人纳入《工伤保险条例》保障范围，符合《工伤保险条例》第1条"保障因工作遭受事故伤害或者患职业病的职工获得医疗救治和经济补偿"的立法目的。同时，最高人民法院行政审判庭《关于超过法定退休年龄的进城务工农民因工伤亡的，应否适用〈工伤保险条例〉请示的答复》（［2010］行他字第10号）、最高人民法院《关于超过法定退休年龄的进城务工农民在工作时间内因公伤亡的，能否认定工伤的答复》（［2012］行他字第13号）均明确"用人单位聘用的超过法定退休年龄的务工农民，在工作时间内、因工作原因伤亡的，应当适用《工伤保险条例》的有关规定进行工伤认定"。因此，上诉人宜州区人社局以吴某凡达到法定退休年龄，与用人单位之间不再属于劳动关系，对吴某凡的工伤认定申请不予受理的主张不能成立。上诉人宜州市某某公司主张签订合同时吴某凡已达到法定退休年龄，其以与宜州市某某公司存在劳动关系为由申请工伤认定于法无据，该主张因与上述法律规定不符，本院不予支持。

（2）案号［2024］粤06行终281号

【法院认为】从《工伤保险条例》第一条规定可知，该条例的立法目的是保障因工作遭受事故伤害或者患职业病的职工获得医疗救治和经济补偿，促进工伤预防和职业康复，分散用人单位的工伤风险。且从该条例的具体规定来看，亦并未将超过法定退休年龄的劳动者排除在工伤认定的范围之外。同时，无论是作为国务院社会保险行政部门的人力资源和社会保障部发布的人社部发［2016］29号文的有关规定，还是最高人民法院的相关答复，即最高人民法院行政审判庭《关于超过法定退休年龄的进城务工农民因工伤亡的，应否适用〈工伤保险条例〉请示的答复》（［2010］行他字第10号）、最高人民法院《关于超过法定退休年龄的进城务工农民在工作时间内因公伤亡的，能否认定工伤的答复》（［2012］行他字第13号），都对超过法定退休年龄的人员可适用《工伤保险条例》认定工伤进行了详细的解释。而于2021年4月1日开始执行的粤人社规［2020］55号文为用人单位就其聘用的超龄人员参加工伤保险、缴纳工伤保险费提供了政策性支持。粤人社规［2020］55号文规定，对于超过法定退休年龄劳动者，从业单位可为其单项参加工伤保险，其目的是保障该类人员因工作遭受事故伤害获得医疗救治和经济补偿，同时分散用人单位的工伤风险。在用人单位可以为该类人员办理单项参加工伤保险的情况下，却未办理单项工伤保险，依法应承担相应的工伤保险责任。据此，将达到或超过法定退休年龄的人员所受事故伤害或患职业病纳入工伤保障范围，更符合《工伤保险条例》的立法目的。对该类人员发生在2021年4月1日后的事故伤害等情形，不应仅以其超过法定退休年龄为由不予认定为工伤或视同工伤，而应当结合其具体情况予以判定。具体到本案，刘某芬在上诉人长某乙公司工作，其在下班途中受到非本人责任的交通事故伤害的情形，符合《工伤保险条例》第14条第6项的规定和上述相关答复等规范性文件的精神，故顺德民社局据此作出《认定工伤决定书》具有事实和法律依据，本院予以确认。长某乙公司上诉主张，已达法定退休年龄的劳动者受到事故伤害仅限于《工伤保险条例》第14条第1项规定的事故伤害。对此，本院认为，对"事故伤害"的理解应结合《工伤保险条例》相关条款、行为性质和目的、习惯去解释和适用。《工伤保险条例》所规定的"认定工伤"情形和"视同工伤"情形，均被纳入工伤保险责任范围。最高人民法院行政审判庭《关于超过法定退休年龄的进城务工农民因工伤亡的，应否适用〈工伤保险条例〉请示的答复》（［2010］行他字第10号）、最高人民法院《关于超过法定退休年龄的进城务工农民在工作时间内因公伤亡的，能否认定工伤的答复》（［2012］行他字第13号）是就个案的具体情形进行答复，并未排除《工伤保险条例》第14条、第15条规定可以认定或视同工伤的其他情形。人社部发［2016］29号文亦未对劳动者所受事故伤害情形进行限定。故上诉人的该项主张系对相关文件的错误理解，本院不予支持。

（3）案号：［2022］渝05行终781号

【法院认为】根据《工伤保险条例》第5条第5款之规定，巴南区人社局具有作出本案被诉工伤认定决定的法定职权。巴南区人社局出示的工伤认定申请表、受理决定书、限期举证通知书、认定工伤决定书、送达回执、病历资料、调查笔录等系列证据，能够证明其履行了《工伤保险条例》所规定的受理、告知、调查等职责，且在法定期限内作出认定工伤决定并向各方当事人予以送达，程序合法。

重庆市人力资源和社会保障局《关于超过法定退休年龄的劳动者在工作中受伤有关受伤性质认定和待遇问题的通知》（渝人社发［2015］252号）第2条规定，用人单位使用超过法定退休年龄但未办理退休、未享受基本养老保险待遇的劳动者（以下简称超龄人员，不包括经有权机关批准延迟退休的人员）在工作中受到事故伤害或者患职业病的，用人单位、超龄人员及其家属提出工伤认定申请的，社会保险行政部门可以受理，并对用人单位是否承担工伤主体责任进行认定。超龄人员工伤认定和劳动能力鉴定参照《工伤保险条例》有关规定执行。《工伤保险条例》第14条第1项规定，职工在工作时间和工作场所内，因工作原因受到事故伤害的，应当认定为工伤。

（4）案号：［2023］苏12行终219号

【法院认为】：朱某锦虽已超过60周岁，但与其能否认定为工伤，并无必然关系。理由如下：《劳动法》没有规定劳动者的上限年龄，只作了下限的禁止性规定，劳动者只要具备从事相关工作相对应的劳动行为能力，即使超过法定退休年龄仍具有劳动者资格。《工伤保险条例》亦未将达到法定退休年龄后且未享受城镇企业职工基本养老保险的人员排除在适用范围之外。在用人单位已经实际用工，职工所受伤害符合《工伤保险条例》规定情形的情况下，职工的合法权益应当受到保护。最高人民法院行政审判庭《关于超过法定退休年龄的进城务工农民因工伤亡的，应否适用〈工伤保险条例〉请示的答复》（［2010］行他字第10号）明确："用人单位聘用的超过法定退休年龄的务工农民，在工作时间内、因工作原因伤亡的，应当适用《工伤保险条例》的有关规定进行工伤认定。"最高人民法院《关于审理劳动争议案件适用法律若干问题的解释（三）》第7条规定："用人单位与其招用的已经依法享受养老保险待遇或领取退休金的人员发生用工争议，向人民法院提起诉讼的，人民法院应当按劳务关系处理。"根据上述规定，用人单位不承担工伤保险责任的前提条件是，劳动者达到或超过法定退休年龄，且已办理退休手续或依法享受城镇职工基本养老保险待遇。故，朱某锦虽超过法定退休年龄，但作为未享受城镇职工基本养老保险待遇的劳动者，在工作期间因工作原因导致受伤,高新区军人事务局将上述事故认定为工伤,符合法律规定。

2. 律师分析

法院判决支持认定工伤主要有以下几种裁判思路:

(1) 从规范性法律文件上看,对超龄劳动者认定工伤有一定的法律基础。

首先,从工伤相关司法解释来看,最高人民法院曾对超过退休年龄的劳动者是否能够认定工伤的问题,出具过两则答复:

最高人民法院行政审判庭《关于超过法定退休年龄的进城务工农民因工伤亡的,应否适用〈工伤保险条例〉请示的答复》(〔2010〕行他字第10号)及最高人民法院《关于超过法定退休年龄的进城务工农民在工作时间内因公伤亡的,能否认定工伤的答复》(〔2012〕行他字第13号)。此二文件均明确规定:用人单位聘用的超过法定退休年龄的务工农民,在工作时间内、因工作原因伤亡的,应当适用《工伤保险条例》的有关规定进行工伤认定。

其次,人力资源和社会保障部也针对此问题出具过相关的适用意见:

人力资源和社会保障部《关于执行〈工伤保险条例〉若干问题的意见(二)》第2条第1款的规定,达到或超过法定退休年龄,但未办理退休手续或者未依法享受城镇职工基本养老保险待遇,继续在原用人单位工作期间受到事故伤害或患职业病的,用人单位依法承担工伤保险责任。

从规范性文件的内容上来看,最高院的两则答复仅针对超过法定退休年龄的务工农民,且"聘用"的含义也不明晰。而人社部出具的《意见》中,则特别强调"未办理退休手续或依法享受城镇职工基本养老保险待遇",同时此条也强调是职工继续留在原用人单位的情况,实质上是将劳动关系延伸到已超过法定年龄但是未退休的情况。

(2) 从《工伤保险条例》的立法目的上来看,应当对超过退休年龄的劳动者也加以同等的保护与救济。该条例的立法目的是保障因工作遭受事故伤害或者患职业病的职工获得医疗救治和经济补偿,促进工伤预防和职业康复,分散用人单位的工伤风险。且从该条例的具体规定来看,亦并未将超过法定退休年龄的劳动者排除在工伤认定的范围之外。

(3) 从劳动关系构成的条件上看,我国的《劳动法》及相关的劳动法律规范并未禁止超过退休年龄的劳动者与用人单位形成劳动关系。部分法院认为,《劳动合同法》及《劳动法》只规定了劳动年龄的下限禁止,并未规定上限禁止。国务院《关于工人退休、退职的暂行办法》(国发〔1978〕104号)中关于职工退休年龄的规定,应理解为对公民履行法定劳务义务的年龄条件限制,而非劳动权利的剥夺。

因此,对于超过退休年龄的劳动者是否有认定工伤的资格,似乎有明确的论调。然而,在此类案件纠纷中,用人单位仍大量地以不构成双方劳动关系、劳动者已享受养老金待遇等理由抗辩。对此类抗辩仍需要进一步明晰其合理性。

(二)不支持工伤认定的理由

1. 典型案例解析

(1)案号:〔2023〕沪03行终493号

【法院认为】:被上诉人普陀区人社局作为劳动保障行政部门,依法负有受理辖区内工伤认定申请并作出处理的行政职责。本案上诉人王某1入职原审第三人某某公司时已超过了国家规定的女职工退休年龄,依照双方签订的兼职劳动合同及上诉人签署《超龄员工承诺书》内容分析,双方的权利义务不同于典型的劳动合同。上诉人的个人社保账户已转移至安徽省颍上县,原审第三人依照约定亦未按照项目参保方式为上诉人缴纳工伤保险费。《工伤保险条例》第18条第1款规定申请工伤认定应当提交与用人单位存在劳动关系的证明材料。在上诉人未能提交相关生效法律文书等明确证据证明与原审第三人之间存在劳动关系的情形下,被上诉人经补正程序后,综合审查申请材料认定现有证据不足以证明上诉人和原审第三人之间建立有劳动关系,并据此在规定期限内作出被诉不予受理决定,事实认定清楚,程序合法,符合工伤保险制度的宗旨功能和权利义务对等原则,处理并无不当。综上,上诉人的上诉请求和理由不能成立。原审判决驳回其诉讼请求并无不当,依法应予维持。

(2)案号:〔2021〕沪02行终105号

【法院认为】:根据《工伤保险条例》第5条第2款之规定,被上诉人嘉定人社局具有作出工伤认定决定的法定职权。人力资源和社会保障部《关于执行〈工伤保险条例〉若干问题的意见(二)》第2条规定,达到或超过法定退休年龄,但未办理退休手续或者未依法享受城镇职工基本养老保险待遇，继续在原用人单位工作期间受到事故伤害或者患×××疾病的，用人单位依法承担工伤保险责任，用人单位招用已达到、超过法定退休年龄已领取城镇职工基本养老保险待遇的人员，在用工期间因工作原因受到事故伤害或者患×××疾病的，如招用单位已按项目参保等方式为其缴纳工伤保险的，应适用《工伤保险条例》。上诉人向被上诉人提出工伤认定申请，被上诉人经审查认为，上诉人在入职实信公司时，其本身已超过法定退休年龄，其在实信公司工作期间也无按项目参保等方式缴纳工伤保险费记录，认定事实清楚，被上诉人认为上诉人的工伤认定申请不符合受理条件，遂按《上海市工伤保险实施办法》第19条之规定作出不予受理决定，行政程序合法，并无不当。且上诉人也未提供经确认的与实信公司存在劳动关系或者特殊劳动关系的证据材料。上诉人请求撤销工伤认定申请不予受理的上诉请求和理由不能成立，原审判决驳回邵某华的诉讼请求正确，应予维持。

（3）案号：［2023］苏13行终120号

【法院认为】：国务院《工伤保险条例》第18条第1款第2项规定："提出工伤认定申请应当提交下列材料：……（二）与用人单位存在劳动关系（包括事实劳动关系）的证明材料；……"人力资源和社会保障部《工伤认定办法》第6条第1项规定："提出工伤认定申请应当填写《工伤认定申请表》，并提交下列材料：（一）劳动、聘用合同文本复印件或者与用人单位存在劳动关系（包括事实劳动关系）、人事关系的其他证明材料；……"《江苏省实施〈工伤保险条例〉办法》第13条规定："有下列情形之一的，社会保险行政部门应当不予受理工伤认定申请：（一）申请人不具备申请资格的；（二）工伤认定申请超过规定时限且无法定理由的；（三）没有工伤认定管辖权的；（四）法律、法规、规章规定的不予受理的其他情形。"《最高人民法院〈关于审理劳动争议案件适用法律问题的解释（一）〉》第32条第1款规定："用人单位与其招用的已经依法享受养老保险待遇或者领取退休金的人员发生用工争议而提起诉讼的，人民法院应当按劳务关系处理。"本案中，上诉人亲属余某于1962年2月出生，2017年2月办理退休，2017年3月开始享受企业职工养老保险待遇，2017年11月余某到第三人处工作，并签订《劳务聘用协议》，余某与第三人之间应属劳务关系，而非劳动关系。上诉人认为余某与第三人某公司之间系劳动关系，向被上诉人泗阳人社局申请工伤认定，缺乏事实和法律依据，泗阳人社局作出不予受理决定，符合法律规定。原审判决驳回姜某1的诉讼请求,结论正确。上诉人上诉称,余某与某公司之间系劳动关系,缺乏依据,本院不予采信,对其上诉请求亦不予支持。

2. 律师分析

法院判决中不支持工伤认定的理由,一方面是双方不构成劳动关系,另一方面是不符合《工伤保险条例》中的工伤情形。后者并非本书讨论的重点,暂不展开。对于劳动关系的构成,主要有两个层面的问题:

(1) 劳动者与用人单位不足以构成劳动关系。

[2023]沪03行终493号案件中,法院认为双方签署"兼职劳动合同"以及《超龄员工承诺书》,不属于典型的劳动合同;且用人单位未依法为职工缴纳工伤保险费用,不能证明双方存在劳动关系。

且在[2023]沪03行终493号与[2021]沪02行终105号案件中,法院都认为劳动者负有举证劳动关系存在的证明责任。

(2) 劳动者已享受企业职工养老保险待遇。

[2023]苏13行终120号案件中,劳动者在办理退休手续后,且已领取养老金的情况下,应当认为双方之间构成劳务关系,而非劳动关系。

可见,在工伤认定行政诉讼中,争议最大的问题仍在于劳动关系的确认。由于在此类案件中,劳动者往往已经超过法定的退休年龄,根据现行的劳动法及相关法律法规,难以启动仲裁程序来确认劳动者与用人单位之间是否存在劳动关系。因此在行政诉讼阶段,劳动关系的认定便是争议的核心问题之一。然而,根据笔者本次调研的结果来看,关于劳动关系的争议主要在以下三方面:

(1) 部分法院在支持工伤认定的案件中,认定双方存在的关系为"劳动关系"或"事实上的劳动关系";也有部分法院认为,双方即使构成"劳务关系"也可以认定工伤;还有部分法院认为,是否构成"劳动关系"并不影响工伤的认定。

(2) 劳动关系构成的举证责任问题,部分法院认为人社部门有权在职权范围内自行查清并认定劳动关系的存在,而部分法院则认为劳动关系的举证责任在于劳动者。

(3) 由于我国养老保险制度几经变革,曾有新农保、城居保,后又合并为城乡居民养老保险,与企业职工养老保险并行;大量地农民工以及未能缴满社保的城镇职工，在达到退休年龄后享受的是城乡居民养老保险待遇。而最高人民法院《关于审理劳动争议案件适用法律问题的解释（一）》第32条中使用的名词是"养老保险待遇"，并未具体指明是何种养老保险待遇。因此也存在着大量案例中用人单位抗辩，劳动者已享受城乡居民养老保险待遇，应构成劳务关系。

### 五、工伤认定行政诉讼中的劳动关系确认问题

**（一）认定工伤是否以认定"劳动关系"为前提**

1. 典型案例

（1）案号：[2023]陕71行终1336号

【法院认为】：本院二审查明的事实与原审查明认定的事实一致，本院依法予以确认。本院认为，本案在二审期间的焦点问题是被上诉人某局作出的某[2023]039号《认定工伤决定书》是否正确。

根据最高人民法院《关于超过法定退休年龄的进城务工农民在工作时间内因公伤亡的，能否认定工伤的答复》，超过法定退休年龄的进城务工农民与用人单位之间存在用工事实的，应当认定当事人与用人单位之间存在着事实上的劳动关系。工伤保障的本意是保护因工受伤的劳动者的合法权益。鉴于我国目前工伤保障范围在逐步扩大，职工退休年龄有延长的呼声，且农民工进城务工有老龄化的趋势，为了更好地保障依然务工的超过法定退休年龄的人员的合法权益，应当认定超过法定退休年龄的人员与用人单位之间存在着事实劳动关系。本案中，某公司与靳某之间存在着事实上的劳动关系，上诉人称不存在劳动关系的上诉理由不能成立。

（2）案号：[2023]豫03行终00362号

【法院认为】：本案中，虽有生效判决认定原告父亲陈某与新安县城管局之间不存在劳动关系，但根据最高院的上述两个答复，劳动关系是否存在不是本案能否适用《工伤保险条例》认定工伤的前提。根据庭审查明的事实，陈某系农村户口，发生本案事故时年满60周岁，在新安县城管局从事保洁及绿化养护工作，属于上述答复中"超过法定退休年龄的进城务工农民"。被告新安县人社局依据《河南省工伤保险条例》第17条第3项作出洛阳市工伤认定申请不予受理决定属于适用法律错误，应予撤销。

(3) 案号：(2023) 渝 01 行终 107 号

【法院认为】：对于上诉人提出的某物业公司及吕某 1 之间系劳务关系的上诉理由，对此法院认为，在用人单位使用超过法定退休年龄但未办理退休、未享受基本养老保险待遇的劳动者的特殊情形下，工伤认定不必以双方存在劳动关系为前提。故上诉人的该上诉理由不能成立。对于上诉人提出的其他上诉理由缺乏事实和法律依据，法院均不予支持。

(4) 案号：[2024] 苏 02 行终 44 号

【法院认为】：邹平人社局受理工伤认定申请，作出《工伤认定中止通知书》，等待劳动关系确认结果。法院作出 [2021] 鲁 16 民终 3656 号民事判决，确认魏某某生前与上诉人之间不存在劳动关系。根据原审第三人的恢复认定工伤申请，邹平人社局恢复工伤认定程序，符合人力资源和社会保障部《关于执行〈工伤保险条例〉若干问题的意见》（人社部发 [2013] 34 号）第五条的规定。邹平人社局恢复工伤认定程序，作出案涉工伤决定程序合法。虽然魏某某已超过法定退休年龄，不符合劳动法律法规规定的主体资格，不具备建立劳动关系的条件，但参照最高人民法院《关于超过法定退休年龄的进城务工农民在工作时间内因公伤亡的，能否认定工伤的答复》（[2012] 行他字第 13 号）规定，用人单位招录超出法定退休年龄农民工，不具备劳动关系认定主体资格，但并没有剥夺其享有工伤保险待遇的权利。法定退休年龄制度设计的初衷是保护劳动者权益，故不可成为剥夺劳动者劳动权利的借口，更不能成为排除工伤认定的法定事由。最高人民法院《关于超过法定退休年龄的进城务工农民在工作时间内因工伤亡的，能否认定工伤的答复》（[2012] 行他字第 13 号）与最高人民法院行政审判庭《关于超过法定退休年龄的进城务工农民因工伤的应否适用〈工伤保险条例〉请示的答复》（[2010] 行他字第 10 号）规定内容一致，原审法院适用法律正确。根据《行政诉讼法》第 40 条"人民法院有权向有关行政机关以及其他组织、公民调取证据。但是，不得为证明行政行为的合法性调取被告作出行政行为时未收集的证据"的规定，人民法院有权调取证据。原审法院调取证据是查清事实，并非证明行政行为的合法性。上诉人的上诉理由不能成立，本院不予支持。

（5）案号：[2023] 鄂13行终85号

**【法院认为】**：劳动关系是指机关、企事业单位、社会团体和个体经济组织（统称用人单位）与劳动者个人之间，依法签订劳动合同，劳动者接受用人单位的管理，从事用人单位安排的工作，成为用人单位的成员，从用人单位领取报酬和受劳动保护所产生的法律关系。而劳务关系是劳动者与用工者根据口头或书面约定，由劳动者向用工者提供一次性的或者是特定的劳动服务，用工者依约向劳动者支付劳务报酬的一种有偿服务的法律关系。劳动关系中的劳动者与用工单位有隶属关系，接受用人单位的管理，遵守用人单位的规章制度（如考勤、考核等），从事用人单位分配的工作和服从用人单位的人事安排。而劳务关系的双方则是一种平等主体之间的关系，劳动者只是按约提供劳务，用工者也只是按约支付报酬，双方不存在隶属关系，没有管理与被管理、支配与被支配的权利和义务。劳动关系支付报酬的方式多以工资的方式定期支付（一般是按月支付），有规律性。劳务关系多为一次性的即时清结或按阶段批次支付，没有一定的规律。本案中，吴某某和某韩味餐饮店分别提交了劳动合同书、劳务用工合同，但从吴某某实际工作情况可以看出，吴某某接受某韩味餐饮店的劳动管理，从事其安排的有报酬的劳动，且吴某某所从事的劳动为某韩味餐饮店业务的组成部分。因此，吴某某与某韩味餐饮店之间存在劳动关系，而不是某韩味餐饮店所说的劳务关系。

2. 律师分析

对于认定工伤是否需要劳动者与用人单位之间构成劳动关系，有以下两种观点：

（1）劳动者与用人单位之间形成事实上的劳动关系，工伤制度保护事实上的劳动关系。

（2）根据最高人民法院的两则答复，只要用人单位招录超过法定退休年龄的劳动者，即可适用《工伤保险条例》，不需要以双方构成"劳动关系"为前提。

对于上述的两种观点，笔者认为，两者都是对事实上的存在劳动关系是认定工伤的前提的肯定。我国现行的劳动法律制度虽然未明文确认超过法定退休年龄的劳动者仍有构成劳动关系的资格，但也并未排除其构成劳动关系的资格。第二种观点虽然认为不需要以"劳动关系"为前提，但也只是规避了对形式上的劳动关系的肯定。在审理过程中，仍应当区分，双方之间究竟是（事实上的）"劳动关系"或是劳务关系。

［2023］鄂 13 行终 85 号案例中，法院就认为，区分劳动关系或劳务关系的前提应当是判断双方主体之间的关系是平等主体之间的关系，还是存在管理或隶属的关系。后者应当肯定劳动关系的构成。再者，［2023］渝 01 行终 107 号案件的法院裁判部分认为，劳动者已经享受基本养老待遇、已经办理退休的情况下，也应当排除劳动关系的确认。

总之，从目前的法律体系及司法实践出发，对于超过退休年龄的劳动者是否能够适用《工伤保险条例》，仍应当以判断是存在事实上的劳动关系为核心。而判断事实上的劳动关系的存在，应当结合用工形式、劳动者是否享受养老保险待遇综合判断。

（二）劳动关系的举证问题

1. 典型案例

（1）案号：［2023］黔 03 行终 365 号

【法院认为】：关于本案原告某某游乐园与杨某生之间是否存在劳动关系的问题。原告某某游乐园虽然没有与杨某生签订相关的协议，但被告市人社局提交的工作服照片、排班表工资发放流水等证据能够相互印证形成证据锁链证明杨某生在原告某某游乐园上班，从事游乐场所的碰碰船管理的具体工作，属于原告某某游乐园的业务范围，原告某某游乐园与杨某生之间存在管理与被管理的关系，杨某生上班所获得的劳动报酬由原告某某游乐园发放，根据最高人民法院行政审判庭《关于劳动行政部门在工伤认定程序中是否具有劳动关系确认权请示的答复》（［2009］行他字第 12 号）"根据《劳动法》第 9 条和《工伤保险条例》第 5 条、第 18 条的规定，劳动行政部门在工伤认定程序中，具有认定受到伤害的职工与企业之间是否存在劳动关系的职权。"的规定，被告市人社局确定原告某某游乐园与杨某生具有劳动关系或事实劳动关系符合法律法规的规定。

（2）案号：［2023］宁 01 行终 294 号

【法院认为】：被上诉人银川市人社局未将原审第三人排除在工伤保险待遇人群之外，契合相关法律法规的精神。同时，现行法律法规关于工伤认定部门在工伤认定中并未设定需要先行仲裁或者诉讼的前置条件。根据《工伤保险条例》第 5 条、第 18 条及第 19 条的规定，工伤认定部门在工伤认定中不仅有调查取证的权利，亦有职权根据现有证据及已查明的事实直接认定是否构成劳动法律关系。故对上诉人主张被上诉人银川市人社局在工伤认定中直接认定劳动法律关系，系程序违法的上诉意见，本院不予支持。鉴于此，原审第三人在工作时间、工作场所，因工作原因而受伤，符合《工伤保险条例》第14条第1项规定的工伤情形，被上诉人依法作出工伤认定，并无不当。被上诉人银川市人民政府依法维持该工伤认定决定，亦无不当。综上，上诉人的上诉理由不能成立，其上诉请求，本院不予支持。一审判决认定事实清楚、证据确凿、程序合法、内容适当。

2. 律师分析

在工伤认定行政诉讼的，对于事实上劳动关系的举证主要有两种观点：

（1）人社行政部门应当主动调查并核实事实上的劳动关系，如［2023］黔03行终365号案件、［2023］宁01行终294号。

（2）劳动者应当就与用人单位构成劳动关系承担举证责任，如［2021］沪02行终105号案件。

从本次大数据报告的调研结果来看，大多数案件中，只要劳动者达到了初步的举证责任后，人社部门就有权主动进入调查核实并作出工伤认定结论。在超龄的案件中，劳动者难以通过劳动争议的仲裁或者裁判来确认与用人单位之间构成劳动关系，由人社部门直接介入调查有利于直接查清案件事实，维护超龄劳动者这一弱势群体的权益。

（三）认定事实劳动关系中的"享受养老保险待遇"问题

1. 典型案例

（1）案号：［2023］苏12行终210号

【法院认为】：需指出的是，此处的基本养老保险不包含上诉人所提及的城乡居民基本养老保险。在我国现行的社会保险制度中，养老保险目前主要有城镇企业职工基本养老保险、城乡居民基本养老保险两大类。《社会保险法》第10条规定："职工应当参加基本养老保险，由用人单位和职工共同缴纳基本养老保险费。"第16条规定："参加基本养老保险的个人，达到法定退休年龄时累计缴费满十五年的，按月领取基本养老金。"第21条规定："参加新型农村社会养老保险的农村居民，符合国家规定条件的，按月领取新型农村社会养老保险待遇。"第22条规定："国家建立和完善城镇居民社会养老保险制度。省、自治区、直辖市人民政府根据实际情况，可以将城镇居民社会养老保险和新型农村社会养老保险合并实施。"后根据国务院《关于建立统一的城乡居民基本养老保险制度的意见》（国发［2014］8号），将"新农保"和"城居保"两项制度合并实施，在全国范围内建立统一的城乡居民基本养老保险制度。从《社会保险法》的上述法条表述，明显将养老保险分为了"职工"养老保险和"居民"养老保险，领取条件上也有所区分，即"达到法定退休年龄"和"符合国家规定条件"。两类保险在保障对象、强制性、缴费标准、资金筹集渠道、养老金组成结构、领取年龄和领取条件、待遇标准和保障水平等方面均存在较大差异。其中，城乡居民养老保险待遇水平低，保障能力弱，较难保障享受待遇人的基本生活，只能作为年老者基本生活的补充，养老功能尚不完全具备，而这些参保人员仍需通过继续工作来保障和满足基本生活需求。在两类保险的待遇落差短时间内难以改变的情况下，将享受城乡居民养老保险待遇人群排除在工伤保险范围之外，没有事实及法律依据。因此，不能以享受城乡居民基本养老保险待遇为由，作为排除工伤认定的理由。

（2）案号：［2023］津行申681号

【法院认为】：其次，就本案而言，第三人霍某强作为务工人员受聘再审申请人时已超过了法定退休年龄，且已享受养老保险，但第三人霍宝强参加的是城乡居民养老保险，每月领取的养老金数额较低，其享受的城乡居民养老保险待遇无论从性质还是实际获得的保险待遇上，抑或从保障对象、保障强度、保障体系、缴费标准等方面均与城镇企业职工基本养老保险待遇有着较大区别，两者不能等同。故，不能将已享受城乡居民养老保险待遇人群排除在工伤保险之外。另，从《社会保险法》对基本养老保险制度的定义来看，该制度是指缴费达到法定期限并且个人达到法定退休年龄后，国家和社会提供物质帮助以保证年老者稳定、可靠的生活来源的社会保险制度。但从目前的保障情况看，职工基本养老保险制度能为退休劳动者提供稳定、可靠的生活来源，而参保的城乡居民每月可领取的养老金数额相对较低，对其继续从事工作的受到事故伤害的，依法享受工伤保险待遇也符合工伤保险制度的立法本意。

（3）案号：［2023］吉04行终52号

目前，我国新型农村社会养老保险待遇标准还比较低，客观上不能成为其养老的唯一经济来源，因此，因工受伤的农民即使达到退休年龄，享受了农村养老保险待遇，也不能成为限制其享受工伤保险待遇的理由。本案中，关某某系某物业的保洁员,接受该单位的管理并领取报酬,受伤时虽已达到退休年龄并享受城乡居民养老保险待遇,市人社局适用《工伤保险条例》的相关规定对关某某进行工伤认定,事实清楚、程序合法、适用法律正确,某物业公司的诉讼请求依据不足,不予支持。综上,依法判决:驳回某物业的诉讼请求。

2. 律师分析

对于养老保险待遇是否影响工伤认定的结论比较明确,应当区分城乡居民养老保险待遇与企业职工养老保险待遇(或者称为"基本养老保险待遇")。二者在保障对象、保障强度、保障体系、缴费标准等方面都存在着较大的区别,城乡居民养老保险待遇无法成为养老的唯一经济来源。因此,最高人民法院《关于审理劳动争议案件适用法律问题的解释(一)》第32条中的"养老保险待遇"应当指企业职工养老保险待遇。

在劳动者享受城乡居民养老保险待遇的情况下,工伤认定行政诉讼中仍应当肯定双方之间存在的劳动关系。而在劳动者已经享受企业职工养老保险待遇的情况下,如〔2023〕苏13行终120号案件,则应当排除劳动关系的认定。

## 六、结语

本报告调研了过去三年全国各地区关于"超过退休年龄劳动者认定工伤"的行政诉讼案件。对于超过退休年龄的劳动者受到事故伤害能否被认定为工伤,通过大数据来看已经有了较为明确的结论,绝大多数的案件都肯定了工伤认定的合理性。

这类案件的特点在于,在庭审中用人单位普遍以双方之间构成"劳务关系"抗辩。对此,法院通常判断双方是否构成"事实上的劳动关系",审查的要点应当侧重于双方之间的用工形式、劳动者是否办理退休或者已经享受企业职工养老保险待遇。对于劳动关系的确认,劳动者负有初步的举证责任,人社部门在收到工伤认定申请之后,也有权主动进行调查,确认双方之间存在的劳动关系。

通过本报告的分析与研究,我们希望为当前司法实践中的劳动关系认定问题提供具有参考意义的法律见解。尤其是在超龄劳动者工伤认定的纠纷中，如何正确认定劳动关系是关键。我们期望这份报告中的案例分析与法律探讨，能够帮助法官、律师及其他法律从业者在处理类似案件时，更全面地理解劳动关系与工伤认定之间的关联。

同时，我们也希望，通过对典型案例的梳理，能够为超龄劳动者提供更强的法律支持，使他们在发生工伤事故后，能够有效维护自己的合法权益。在用人单位和劳动者关系日益复杂的今天，明确法律适用标准，对于平衡双方权利、促进公平裁判具有重要意义。

# 第九章 人民法院案例库指导性案例解析

## 一、指导性案例94号：重庆市涪陵志大物业管理有限公司诉重庆市涪陵区人力资源和社会保障局劳动和社会保障行政确认案

审理法院：重庆市涪陵区人民法院

案　　号：[2013]涪法行初字第00077号

案　　由：行政确认

裁判日期：2013年9月23日

**全晟简析：**

案情简述如下：罗某均是重庆市涪陵志大物业管理有限公司（以下简称"志大物业公司"）的保安，在值班期间因制止抢劫行为受伤。在执行职务时因阻止抢劫行为而受伤。涪陵区人社局最初认定其受伤为工伤，后因诉讼过程中志大物业公司的异议，涪陵区人社局撤销了工伤认定，但后续经复议和法院裁决，最终确认其受伤属于见义勇为中的视同工伤。法院认为，罗某均的行为符合《工伤保险条例》及《重庆市鼓励公民见义勇为条例》的规定，其见义勇为行为应视同工伤，驳回了物业公司的诉讼请求。

通过本指导案例，法院确立了以下裁判规则：因见义勇为、制止违法犯罪行为而受到伤害的视同工伤，适用《工伤保险条例》第15条第1款第2项职工在抢险救灾等维护国家利益、公共利益活动中受到伤害的，视同工伤的规定。并且《重庆市鼓励公民见义勇为条例》，进一步明确规定见义勇为受伤视同工伤，享受工伤待遇，法院认为该条例上述规定符合《工伤保险条例》的立法精神。

## 判决书原文:

罗某均系重庆市志大物业公司保安。2011年12月24日,罗某均在志大物业公司服务的圆梦园小区上班(24小时值班)。8时30分左右,在兴华中路宏富大厦附近有人对一过往行人实施抢劫,罗某均听到呼喊声后立即拦住抢劫者的去路,要求其交出抢劫的物品,在与抢劫者搏斗的过程中,不慎从22步台阶上摔倒在巷道拐角的平台上受伤。罗某均于2012年6月12日向被告重庆市涪陵区人力资源和社会保障局(以下简称"涪陵区人社局")提出工伤认定申请。涪陵区人社局当日受理后,于2012年6月13日向罗某均发出《认定工伤中止通知书》,要求罗某均补充提交见义勇为的认定材料。2012年7月20日,罗某均补充了见义勇为相关材料。涪陵区人社局核实后,根据《工伤保险条例》第14条第7项之规定,于2012年8月9日作出涪人社伤险认决字〔2012〕676号《认定工伤决定书》,认定罗某均所受之伤属于因工受伤。志大物业公司不服,向法院提起行政诉讼。在诉讼过程中,涪陵区人社局作出《撤销工伤认定决定书》,并于2013年6月25日根据《工伤保险条例》第15条第1款第2项之规定,作出涪人社伤险认决字〔2013〕524号《认定工伤决定书》,认定罗某均受伤属于视同因工受伤。志大物业公司仍然不服,于2013年7月15日向重庆市人力资源和社会保障局申请行政复议,重庆市人力资源和社会保障局于2013年8月21日作出渝人社复决字〔2013〕129号《行政复议决定书》,予以维持。志大物业公司认为涪陵区人社局的认定决定适用法律错误,罗某均所受伤依法不应认定为工伤。遂诉至法院,请求判决撤销《认定工伤决定书》,并责令被告重新作出认定。

另查明,重庆市涪陵区社会管理综合治理委员会对罗某均的行为进行了表彰,并做出了涪综治委发〔2012〕5号《关于表彰罗某均同志见义勇为行为的通报》。

重庆市涪陵区人民法院于2013年9月23日作出〔2013〕涪法行初字第00077号行政判决,驳回志大物业公司要求撤销被告作出的涪人社伤险认决字〔2013〕524号《认定工伤决定书》的诉讼请求。一审宣判后,双方当事人均未上诉,裁判现已发生法律效力。

法院生效裁判认为:被告涪陵区人社局是县级劳动行政主管部门,根据国务院《工伤保险条例》第5条第2款规定,具有受理本行政区域内的工伤认定申请，并根据事实和法律作出是否工伤认定的行政管理职权。被告根据第三人罗某均提供的重庆市涪陵区社会管理综合治理委员会《关于表彰罗某均同志见义勇为行为的通报》，认定罗某均在见义勇为中受伤，事实清楚，证据充分。罗某均不顾个人安危与违法犯罪行为作斗争，既保护了他人的个人财产和生命安全，也维护了社会治安秩序，弘扬了社会正气。法律对于见义勇为，应当予以大力提倡和鼓励。

《工伤保险条例》第15条第1款第2项规定：职工在抢险救灾等维护国家利益、公共利益活动中受到伤害的，视同工伤。据此，虽然职工不是在工作地点、因工作原因受到伤害，但其是在维护国家利益、公共利益活动中受到伤害的，也应当按照工伤处理。公民见义勇为，跟违法犯罪行为作斗争，与抢险救灾一样，同样属于维护社会公共利益的行为，应当予以大力提倡和鼓励。因见义勇为、制止违法犯罪行为而受到伤害的，应当适用《工伤保险条例》第15条第1款第2项的规定，即视同工伤。

另外，《重庆市鼓励公民见义勇为条例》为重庆市地方性法规，其第19条、第21条进一步明确规定，见义勇为受伤视同工伤，享受工伤待遇。该条例上述规定符合《工伤保险条例》的立法精神，有助于最大限度地保障劳动者的合法权益、最大限度地弘扬社会正气，在本案中应当予以适用。

综上，被告涪陵区人社局认定罗某均受伤视同因工受伤，适用法律正确。

## 二、指导性案例69号：王某德诉乐山市人力资源和社会保障局工伤认定案

审理法院：四川省乐山市中级人民法院

案　　号：[2013]乐中行初字第36号

案　　由：劳动和社会保障行政管理（劳动、社会保障）

裁判日期：2013年9月25日

**全晟简析：**

案情简述如下：王某兵是四川嘉宝资产管理集团有限公司（以下简称"嘉宝公司"）峨眉山分公司职工，2013年3月18日因交通事故驾驶摩托

车死亡。公安机关依据《道路交通事故处理程序规定》，出具了道路交通事故证明，确认其驾驶无牌摩托车发生事故后死亡。嘉宝公司申请工伤认定时提交了该证明，但乐山市人社局以公安机关尚未出具交通事故认定书为由，中止了工伤认定程序。王某德（王某兵之父）因此起诉要求撤销该中止通知。法院撤销了乐山市人社局的中止通知，认为中止通知影响了王某德的合法权益，且公安机关已出具道路交通事故证明，足以作为工伤认定的依据。

通过本指导案例，法院确立了以下裁判规则：当事人认为行政机关作出的程序性行政行为侵犯其人身权、财产权等合法权益，对其权利义务产生明显的实际影响，且无法通过提起针对相关的实体性行政行为的诉讼获得救济，而对该程序性行政行为提起行政诉讼的，人民法院应当依法受理。

**判决书原文：**

原告王某德系王某兵之父。王某兵是嘉宝公司峨眉山分公司职工。2013年3月18日，王某兵因交通事故死亡。由于王某兵驾驶摩托车倒地翻覆的原因无法查实，四川省峨眉山市公安局交警大队于同年4月1日依据《道路交通事故处理程序规定》第50条的规定，作出了公交认定〔2013〕第00035号《道路交通事故证明》。该《道路交通事故证明》载明：2013年3月18日，王某兵驾驶无牌"卡迪王"二轮摩托车由峨眉山市大转盘至小转盘方向行驶。1时20分许，当该车行至省道S306线29.3千米处驶入道路右侧与隔离带边缘相擦挂，翻覆于隔离带内，造成车辆受损、王某兵当场死亡的交通事故。2013年4月10日，第三人四川嘉宝公司峨眉山分公司就其职工王某兵因交通事故死亡，向被告乐山市人力资源和社会保障局申请工伤认定，并同时提交了峨眉山市公安局交警大队所作的《道路交通事故证明》等证据。被告以公安机关交通管理部门尚未对本案事故作出交通事故认定书为由，于当日作出乐人社工时〔2013〕05号（峨眉山市）《工伤认定时限中止通知书》（以下简称《中止通知》），并向原告和第三人送达。2013年6月24日，原告通过国内特快专递邮件方式，向被告提交了《恢复工伤认定申请书》，要求被告恢复对王某兵的工伤认定。因被告未恢复对王某兵工伤认定程序，原告遂于同年7月30日向法院提起行政诉讼，请求判决撤销被告作出的《中止通知》。

四川省乐山市市中区人民法院于2013年9月25日作出〔2013〕乐中行

初字第36号判决,撤销被告乐山市人力资源和社会保障局于2013年4月10日作出的乐人社工时［2013］05号《中止通知》。一审宣判后,乐山市人力资源和社会保障局提起了上诉。乐山市中级人民法院二审审理过程中,乐山市人力资源和社会保障局递交撤回上诉申请书。乐山市中级人民法院经审查认为,上诉人自愿申请撤回上诉,属其真实意思表示,符合法律规定,遂裁定准许乐山市人力资源和社会保障局撤回上诉。一审判决已发生法律效力。

法院生效裁判认为,本案争议的焦点有两个:一是《中止通知》是否属于可诉行政行为;二是《中止通知》是否应当予以撤销。①关于《中止通知》是否属于可诉行政行为,问题法院认为,被告作出《中止通知》,属于工伤认定程序中的程序性行政行为,如果该行为不涉及终局性问题,对相对人的权利义务没有实质影响的,属于不成熟的行政行为,不具有可诉性,相对人提起行政诉讼的,不属于人民法院受案范围。但如果该程序性行政行为具有终局性,对相对人权利义务产生实质影响,并且无法通过提起针对相关的实体性行政行为的诉讼获得救济的,则属于可诉行政行为,相对人提起行政诉讼的,属于人民法院行政诉讼受案范围。虽然《道路交通安全法》第73条规定"公安机关交通管理部门应当根据交通事故现场勘验、检查、调查情况和有关的检验、鉴定结论,及时制作交通事故认定书,作为处理交通事故的证据。交通事故认定书应当载明交通事故的基本事实、成因和当事人的责任,并送达当事人。"但是,在现实道路交通事故中,也存在因道路交通事故成因确实无法查清,公安机关交通管理部门不能作出交通事故认定书的情况。对此,《道路交通事故处理程序规定》(2008年)第50条规定:"道路交通事故成因无法查清的,公安机关交通管理部门应当出具道路交通事故证明,载明道路交通事故发生的时间、地点、当事人情况及调查得到的事实,分别送达当事人。"就本案而言,峨眉山市公安局交警大队就王某兵因交通事故死亡,依据所调查的事故情况,只能依法作出《道路交通事故证明》,而无法作出《交通事故认定书》。因此,本案中《道路交通事故证明》已经是公安机关交通管理部门依据《道路交通事故处理程序规定》就事故作出的结论,也就是《工伤保险条例》第20条第3款中规定的工伤认定决定需要的"司法机关或者有关行政主管部门的结论"。除非出现新事实或者法定理由,否则公安机关交通管理部门不会就本案涉及的交通事故作出其他结论。而本案被告在第三人申请认定工伤时已经提交了相关《道路交通事证明》的情况下，仍然作出《中止通知》，并且一直到原告起诉之日，被告仍以工伤认定处于中止中为由，拒绝恢复对王某兵死亡是否属于工伤的认定程序。由此可见，虽然被告作出《中止通知》是工伤认定中的一种程序性行为，但该行为将导致原告的合法权益长期，乃至永久得不到依法救济，直接影响了原告的合法权益，对其权利义务产生实质影响，并且原告也无法通过对相关实体性行政行为提起诉讼以获得救济。因此，被告作出《中止通知》，属于可诉行政行为，人民法院应当依法受理。②关于《中止通知》应否予以撤销问题，法院认为，《工伤保险条例》第20条第3款规定，"作出工伤认定决定需要以司法机关或者有关行政主管部门的结论为依据的，在司法机关或者有关行政主管部门尚未作出结论期间，作出工伤认定决定的时限中止"。如前所述，第三人在向被告就王某兵死亡申请工伤认定时已经提交了《道路交通事故证明》。也就是说，第三人申请工伤认定时，并不存在《工伤保险条例》第20条第3款所规定的依法可以作出中止决定的情形。因此，被告依据《工伤保险条例》第20条规定，作出《中止通知》属于适用法律、法规错误，应当予以撤销。另外，需要指出的是，在人民法院撤销被告作出的《中止通知》判决生效后，被告对涉案职工认定工伤的程序即应予以恢复。

### 三、指导性案例191号：刘某丽诉广东省英德市人民政府行政复议案

审理法院：最高人民法院
案　　号：[2021]最高法行再1号
案　　由：××（行政行为）及行政复议
裁判日期：2020年11月9日

**全晟简析：**

案情简述如下：朱某雄与建安公司签订商住楼工程施工合同，建安公司作为承包单位承担工程施工，并设立了工人工资支付专用账户，户名为陆某峰，实际参与工地管理。尽管没有正式劳动合同，陆某峰与建安公司形成了事实上的工作关系。2017年6月9日，工地负责人梁某某在检查前夕因突发

疾病在工地内死亡。其妻刘某丽向英德市人社局申请工伤认定，认为死亡属于工伤。人社局依据相关规定认定梁某某视同工亡。建安公司不服，申请行政复议，但复议机关撤销了工伤认定。刘某丽不满，提起行政诉讼，要求恢复工伤认定书效力。法院审理后认为，尽管梁某某与建安公司未签订正式劳动合同，但建安公司作为具备用工主体资格的承包单位，允许陆某峰以其资质进行施工，实质上形成了拟制劳动关系，因此应承担工伤保险责任。法院依据劳动和社会保障部门的指导意见以及相关法律规定，特别是《工伤保险条例》等文件，裁定建安公司应为梁某某的工伤保险责任承担者。

通过本指导案例，法院确立了以下裁判规则：建筑工程中，即使未签订正式劳动合同，具备用工主体资格的建筑施工企业允许个体工商户或"包工头"在项目中使用其资质，视为形成了拟制劳动关系，社会保险行政部门可以参照最高人民法院《关于审理工伤保险行政案件若干问题的规定》第3条第1款有关规定认定建筑施工企业为承担工伤保险责任单位。

**判决书原文：**

2016年3月31日，朱某雄与建安公司就朱某雄商住楼工程签订施工合同，发包人为朱某雄，承包人为建安公司。补充协议约定由建安公司设立工人工资支付专用账户，户名为陆某峰。随后，朱某雄商住楼工程以建安公司为施工单位办理了工程报建手续。案涉工程由梁某某组织工人施工，陆某峰亦在现场参与管理。施工现场大门、施工标志牌等多处设施的醒目位置，均标注该工程的承建单位为建安公司。另查明，建安公司为案涉工程投保了施工人员团体人身意外伤害保险，保险单载明被保险人30人，未附人员名单。2017年6月9日，梁某某与陆某峰接到英德市住建部门的检查通知，二人与工地其他人员在出租屋内等待检查。该出租屋系梁某某承租，用于工地开会布置工作和发放工资。当日15时许，梁某某被发现躺在出租屋内，死亡原因为猝死。

梁某某妻子刘某丽向广东省英德市人力资源和社会保障局（以下简称"英德市人社局"）申请工伤认定。英德市人社局作出《关于梁某某视同工亡认定决定书》（以下简称《工亡认定书》），认定梁某某是在工作时间和工作岗位，突发疾病在48小时之内经抢救无效死亡，符合《工伤保险条例》第15条第1款第1项规定的情形，视同因工死亡。建安公司不服，向广东省英德市人民政府（以下简称"英德市政府"）申请行政复议。英德市政府作出《行政复议决定书》，以英德市人社局作出的《工亡认定书》认定事实不清，证据不足，适用依据错误，程序违法为由，予以撤销。刘某丽不服，提起诉讼，请求撤销《行政复议决定书》，恢复《工亡认定书》的效力。

广东省清远市中级人民法院于2018年7月27日作出〔2018〕粤18行初42号行政判决：驳回刘某丽的诉讼请求。刘某丽不服一审判决，提起上诉。广东省高级人民法院于2019年9月29日作出〔2019〕粤行终390号行政判决：驳回上诉，维持原判。刘某丽不服二审判决，向最高人民法院申请再审。最高人民法院于2020年11月9日作出〔2020〕最高法行申5851号行政裁定，提审本案。2021年4月27日，最高人民法院作出〔2021〕最高法行再1号行政判决：①撤销广东省高级人民法院〔2019〕粤行终390号行政判决；②撤销广东省清远市中级人民法院〔2018〕粤18行初42号行政判决；③撤销英德市政府作出的英府复决〔2018〕2号《行政复议决定书》；④恢复英德市人社局作出的英人社工认〔2017〕194号《工亡认定书》的效力。

最高人民法院认为：

**一、建安公司应作为承担工伤保险责任的单位**

作为具备用工主体资格的承包单位，既然享有承包单位的权利，也应当履行承包单位的义务。在工伤保险责任承担方面，建安公司与梁某某之间虽未直接签订转包合同，但其允许梁某某利用其资质并挂靠施工，参照原劳动和社会保障部《关于确立劳动关系有关事项的通知》（劳社部发〔2005〕12号）第4条、人力资源和社会保障部《关于执行〈工伤保险条例〉若干问题的意见》（人社部发〔2013〕34号，以下简称《人社部工伤保险条例意见》）第7点规定以及最高人民法院《关于审理工伤保险行政案件若干问题的规定》（以下简称《工伤保险行政案件规定》）第3条第1款第4项、第5项规定精神，可由建安公司作为承担工伤保险责任的单位。

**二、建安公司应承担梁某某的工伤保险责任**

英德市政府和建安公司认为，根据法律的相关规定，梁某某是不具备用工主体资格的"包工头"，并非其招用的劳动者或聘用的职工，梁某某因工伤亡不应由建安公司承担工伤保险责任。对此，最高人民法院认为，将因工伤亡的"包工头"纳入工伤保险范围，赋予其享受工伤保险待遇的权利，由具备用工主体资格的承包单位承担用人单位依法应承担的工伤保险责任，符合工伤保险制度的建立初衷，也符合《工伤保险条例》及相关规范性文件的立法目的。

首先，建设工程领域具备用工主体资格的承包单位承担其违法转包、分包项目上因工伤亡职工的工伤保险责任，并不以存在法律上劳动关系或事实上劳动关系为前提条件。根据《人社部工伤保险条例意见》第7点规定、《工伤保险行政案件规定》第3条规定，为保障建筑行业中不具备用工主体资格的组织或自然人聘用的职工因工伤亡后的工伤保险待遇，加强对劳动者的倾斜保护和对违法转包、分包单位的惩戒，现行工伤保险制度确立了因工伤亡职工与承包单位之间推定形成拟制劳动关系的规则，即直接将违法转包、分包的承包单位视为用工主体，并由其承担工伤保险责任。

其次，将"包工头"纳入工伤保险范围，符合建筑工程领域工伤保险发展方向。根据国务院办公厅《关于促进建筑业持续健康发展的意见》（国办发［2017］19号）、人力资源和社会保障部办公厅《关于进一步做好建筑业工伤保险工作的通知》（人社厅函［2017］53号）等规范性文件精神，要求完善符合建筑业特点的工伤保险参保政策，大力扩展建筑企业工伤保险参保覆盖面。即针对建筑行业的特点，建筑施工企业对相对固定的职工，应按用人单位参加工伤保险，对不能按用人单位参保、建筑项目使用的建筑业职工特别是农民工，按项目参加工伤保险。因此，为包括"包工头"在内的所有劳动者按项目参加工伤保险，扩展建筑企业工伤保险参保覆盖面，符合建筑工程领域工伤保险制度发展方向。

再次，将"包工头"纳入工伤保险对象范围，符合"应保尽保"的工伤保险制度立法目的。《工伤保险条例》关于"本单位全部职工或者雇工"的规定，并未排除个体工商户、"包工头"等特殊的用工主体自身也应当参加工伤保险。易言之，无论是工伤保险制度的建立本意，还是工伤保险法规的具体规定，均没有也不宜将"包工头"排除在工伤保险范围之外。"包工头"作为劳动者，处于违法转包、分包等行为利益链条的最末端，参与并承担着施工现场的具体管理工作，有的还直接参与具体施工，其同样可能存在工作时间、工作地点因工作原因而伤亡的情形。"包工头"因工伤亡，与其聘用的施工人员因工伤亡，就工伤保险制度和工伤保险责任而言，并不存在本质区别。如人为限缩《工伤保险条例》的适用范围，不将"包工头"纳入工伤保险范围，将形成实质上的不平等，而将"包工头"等特殊主体纳入工伤保险范围，则有利于实现对全体劳动者的倾斜保护，彰显社会主义工伤保险制度的优越性。

最后，"包工头"违法承揽工程的法律责任，与其参加社会保险的权利之间并不冲突。根据《社会保险法》第1条、第33条规定，工伤保险作为社会保险制度的一个重要组成部分，由国家通过立法强制实施，是国家对职工履行的社会责任，也是职工应该享受的基本权利。不能因为"包工头"违法承揽工程违反建筑领域法律规范，而否定其享受社会保险的权利。承包单位以自己的名义和资质承包建设项目，又由不具备资质条件的主体实际施工，从违法转包、分包或者挂靠中获取利益，由其承担相应的工伤保险责任，符合公平正义理念。当然，承包单位依法承担工伤保险责任后，在符合法律规定的情况下，可以依法另行要求相应责任主体承担相应的责任。

### 四、指导性案例40号：孙某兴诉天津新技术产业园区劳动人事局工伤认定案

审理法院：天津市高级人民法院

案　　号：［2005］津高行终字第0034号 ［2013］乐中行初字第36号

案　　由：其他行政行为

裁判日期：2005年7月11日

**全晟简析：**

案情简述如下：孙某兴是中力公司的业务员，2003年6月10日上午，他接到公司指派去北京机场接人的任务。在完成任务后，他返回中力公司所在的商业中心，计划驾车离开。为此，他需要从商业中心八楼的办公室出发，到商业中心一楼的停车处取车。在下楼的过程中，孙某兴在一楼门口的台阶处不慎摔倒，导致严重的身体损伤，包括颈部和四肢。孙某兴提出工伤认定申请，但园区劳动局初次决定认定其摔伤不属于工伤。理由是，他的摔伤并非因工作原因，而是由于个人注意力不集中导致脚底踩空。然而，孙某兴坚持认为，事发地点属于他的工作场所之一，而且他在执行工作任务时摔倒，因此应认定为工伤。法院审理后裁定撤销了园区劳动局的工伤认定决

定。法院认为，孙某兴在商业中心八楼办公室和一楼停车处之间的移动过程，可以视为他的工作场所范围内。孙某兴摔倒在台阶上的行为是在他履行工作任务的过程中发生的，法院认定孙某兴的伤害是因工作原因造成的。法院进一步指出，即使孙某兴在行走时存在疏忽大意，这也不足以排除其摔伤为工伤的认定。

通过本指导案例，法院确立了以下裁判规则：①《工伤保险条例》第14条第1项规定的"工作场所"，是指与职工工作职责相关的场所，有多个工作场所的，还包括工作时间内职工来往于多个工作场所之间的合理区域。②《工伤保险条例》第14条第1项规定的"因工作原因"，是指职工受伤与其从事本职工作之间存在关联关系，即职工受伤与其从事本职工作存在一定关联。③职工在从事本职工作中存在过失，不属于《工伤保险条例》第16条规定的故意犯罪、醉酒或者吸毒、自残或者自杀等排除工伤认定的法定情形，不能阻却职工受伤与其从事本职工作之间的关联关系。

**判决书原文：**

原告孙某兴诉称：其在工作时间、工作地点、因工作原因摔倒致伤，符合《工伤保险条例》规定的情形。天津新技术产业园区劳动人事局（以下简称"园区劳动局"）不认定工伤的决定，认定事实错误，适用法律不当。请求撤销园区劳动局所作的《工伤认定决定书》，并判令园区劳动局重新作出工伤认定行为。

被告园区劳动局辩称：中力公司业务员孙某兴因公外出期间受伤，但受伤不是由于工作原因，而是由于本人注意力不集中，脚底踩空，才在下台阶时摔伤。其受伤结果与其所接受的工作任务没有明显的因果关系，故孙某兴不符合《工伤保险条例》规定的应当认定为工伤的情形。园区劳动局作出的不认定工伤的决定，事实清楚，证据充分，程序合法，应予维持。

第三人中力公司述称：因本公司实行末位淘汰制，孙某兴事发前已被淘汰。但因其原从事本公司的销售工作，还有收回剩余货款的义务，所以才偶尔回公司打电话。事发时，孙某兴已不属于本公司职工，也不是在本公司工作场所范围内摔伤，不符合认定工伤的条件。

法院经审理查明：孙某兴系中力公司员工，2003年6月10日上午受中力公司负责人指派去北京机场接人。其从中力公司所在地天津市南开区华苑产业园区国际商业中心（以下简称"商业中心"）八楼下楼，欲到商业中心院内停放的红旗轿车处去开车，当行至一楼门口台阶处时，孙某兴脚下一滑，从四层台阶处摔倒在地面上，造成四肢不能活动。经医院诊断为颈髓过伸位损伤合并颈部神经根牵拉伤、上唇挫裂伤、左手臂擦伤、左腿皮擦伤。孙某兴向园区劳动局提出工伤认定申请，园区劳动局于2004年3月5日作出〔2004〕0001号《工伤认定决定书》，认为根据受伤职工本人的工伤申请和医疗诊断证明书，结合有关调查材料，依据《工伤保险条例》第14条第5项的工伤认定标准，没有证据表明孙某兴的摔伤事故系由工作原因造成，决定不认定孙某兴摔伤事故为工伤事故。孙某兴不服园区劳动局《工伤认定决定书》，向天津市第一中级人民法院提起行政诉讼。

天津市第一中级人民法院于2005年3月23日作出〔2005〕一中行初字第39号行政判决：①撤销园区劳动局所作〔2004〕0001号《工伤认定决定书》；②限园区劳动局在判决生效后60日内重新作出具体行政行为。园区劳动局提起上诉，天津市高级人民法院于2005年7月11日作出〔2005〕津高行终字第0034号行政判决：驳回上诉，维持原判。

法院生效裁判认为：各方当事人对园区劳动局依法具有本案行政执法主体资格和法定职权，其作出被诉工伤认定决定符合法定程序，以及孙某兴是在工作时间内摔伤，均无异议。本案争议焦点包括：一是孙某兴摔伤地点是否属于其"工作场所"？二是孙某兴是否"因工作原因"摔伤？三是孙某兴工作过程中不够谨慎的过失是否影响工伤认定？

**一、关于孙某兴摔伤地点是否属于其"工作场所"问题**

《工伤保险条例》第14条第1项规定，职工在工作时间和工作场所内，因工作原因受到事故伤害，应当认定为工伤。该规定中的"工作场所"，是指与职工工作职责相关的场所，在有多个工作场所的情形下，还应包括职工来往于多个工作场所之间的合理区域。本案中，位于商业中心八楼的中力公司办公室，是孙某兴的工作场所，而其完成去机场接人的工作任务需驾驶的汽车停车处，是孙某兴的另一处工作场所。汽车停在商业中心一楼的门外，孙某兴要完成开车任务，必须从商业中心八楼下到一楼门外停车处，故从商业中心八楼到停车处是孙某兴来往于两个工作场所之间的合理区域，也应当认定为孙某兴的工作场所。园区劳动局认为孙某兴摔伤地点不属于其工作场所，系将完成工作任务的合理路线排除在工作场所之外，既不符合立法本意，也有悖于生活常识。

## 二、关于孙某兴是否"因工作原因"摔伤的问题

《工伤保险条例》第14条第1项规定的"因工作原因"，指职工受伤与其从事本职工作之间存在关联关系，即职工受伤与其从事本职工作存在一定关联。孙某兴为完成开车接人的工作任务，必须从商业中心八楼的中力公司办公室下到一楼进入汽车驾驶室，该行为与其工作任务密切相关，是孙某兴为完成工作任务客观上必须进行的行为，不属于超出其工作职责范围的其他不相关的个人行为。因此，孙某兴在一楼门口台阶处摔伤，系为完成工作任务所致。园区劳动局主张孙某兴在下楼过程中摔伤，与其开车任务没有直接的因果关系，不符合"因工作原因"致伤，缺乏事实根据。另外，孙某兴接受本单位领导指派的开车接人任务后，从中力公司所在商业中心八楼下到一楼，在前往院内汽车停放处的途中摔倒，孙某兴当时尚未离开公司所在院内，不属于"因公外出"的情形，而是属于在工作时间和工作场所内。

## 三、关于孙某兴工作中不够谨慎的过失是否影响工伤认定的问题

《工伤保险条例》第16条规定了排除工伤认定的三种法定情形，即因故意犯罪、醉酒或者吸毒、自残或者自杀的，不得认定为工伤或者视同工伤。职工从事工作中存在过失，不属于上述排除工伤认定的法定情形，不能阻却职工受伤与其从事本职工作之间的关联关系。工伤事故中，受伤职工有时具有疏忽大意、精力不集中等过失行为，工伤保险正是分担事故风险、提供劳动保障的重要制度。如果将职工个人主观上的过失作为认定工伤的排除条件，违反工伤保险"无过失补偿"的基本原则，不符合《工伤保险条例》保障劳动者合法权益的立法目的。据此，即使孙某兴工作中在行走时确实有失谨慎，也不影响其摔伤系"因工作原因"的认定结论。园区劳动局以导致孙某兴摔伤的原因不是雨、雪天气使台阶地滑，而是因为孙某兴自己精力不集中导致为由，主张孙某兴不属于"因工作原因"摔伤而不予认定工伤，缺乏法律依据。

综上，园区劳动局作出的不予认定孙某兴为工伤的决定，缺乏事实根据，适用法律错误，依法应予撤销。

# 第十章 常用工伤法律法规汇编

## 第一节 法律

### 一、中华人民共和国劳动法

(1994年7月5日第八届全国人民代表大会常务委员会第八次会议通过 根据2009年8月27日第十一届全国人民代表大会常务委员会第十次会议《关于修改部分法律的决定》第一次修正 根据2018年12月29日第十三届全国人民代表大会常务委员会第七次会议《关于修改〈中华人民共和国劳动法〉等七部法律的决定》第二次修正)

#### 第一章 总 则

**第一条** 为了保护劳动者的合法权益,调整劳动关系,建立和维护适应社会主义市场经济的劳动制度,促进经济发展和社会进步,根据宪法,制定本法。

**第二条** 在中华人民共和国境内的企业、个体经济组织(以下统称用人单位)和与之形成劳动关系的劳动者,适用本法。

国家机关、事业组织、社会团体和与之建立劳动合同关系的劳动者,依照本法执行。

**第三条** 劳动者享有平等就业和选择职业的权利、取得劳动报酬的权利、休息休假的权利、获得劳动安全卫生保护的权利、接受职业技能培训的权利、享受社会保险和福利的权利、提请劳动争议处理的权利以及法律规定的其他劳动权利。

劳动者应当完成劳动任务，提高职业技能，执行劳动安全卫生规程，遵守劳动纪律和职业道德。

**第四条** 用人单位应当依法建立和完善规章制度，保障劳动者享有劳动权利和履行劳动义务。

**第五条** 国家采取各种措施，促进劳动就业，发展职业教育，制定劳动标准，调节社会收入，完善社会保险，协调劳动关系，逐步提高劳动者的生活水平。

**第六条** 国家提倡劳动者参加社会义务劳动，开展劳动竞赛和合理化建议活动，鼓励和保护劳动者进行科学研究、技术革新和发明创造，表彰和奖励劳动模范和先进工作者。

**第七条** 劳动者有权依法参加和组织工会。

工会代表和维护劳动者的合法权益，依法独立自主地开展活动。

**第八条** 劳动者依照法律规定，通过职工大会、职工代表大会或者其他形式，参与民主管理或者就保护劳动者合法权益与用人单位进行平等协商。

**第九条** 国务院劳动行政部门主管全国劳动工作。

县级以上地方人民政府劳动行政部门主管本行政区域内的劳动工作。

## 第二章　促进就业

**第十条** 国家通过促进经济和社会发展，创造就业条件，扩大就业机会。

国家鼓励企业、事业组织、社会团体在法律、行政法规规定的范围内兴办产业或者拓展经营，增加就业。

国家支持劳动者自愿组织起来就业和从事个体经营实现就业。

**第十一条** 地方各级人民政府应当采取措施，发展多种类型的职业介绍机构，提供就业服务。

**第十二条** 劳动者就业，不因民族、种族、性别、宗教信仰不同而受歧视。

**第十三条** 妇女享有与男子平等的就业权利。在录用职工时，除国家规定的不适合妇女的工种或者岗位外，不得以性别为由拒绝录用妇女或者提高对妇女的录用标准。

**第十四条** 残疾人、少数民族人员、退出现役的军人的就业，法律、法规有特别规定的，从其规定。

**第十五条** 禁止用人单位招用未满十六周岁的未成年人。

文艺、体育和特种工艺单位招用未满十六周岁的未成年人，必须遵守国家有关规定，并保障其接受义务教育的权利。

## 第三章 劳动合同和集体合同

**第十六条** 劳动合同是劳动者与用人单位确立劳动关系、明确双方权利和义务的协议。

建立劳动关系应当订立劳动合同。

**第十七条** 订立和变更劳动合同，应当遵循平等自愿、协商一致的原则，不得违反法律、行政法规的规定。

劳动合同依法订立即具有法律约束力，当事人必须履行劳动合同规定的义务。

**第十八条** 下列劳动合同无效：

（一）违反法律、行政法规的劳动合同；

（二）采取欺诈、威胁等手段订立的劳动合同。

无效的劳动合同，从订立的时候起，就没有法律约束力。确认劳动合同部分无效的，如果不影响其余部分的效力，其余部分仍然有效。

劳动合同的无效，由劳动争议仲裁委员会或者人民法院确认。

**第十九条** 劳动合同应当以书面形式订立，并具备以下条款：

（一）劳动合同期限；

（二）工作内容；

（三）劳动保护和劳动条件；

（四）劳动报酬；

（五）劳动纪律；

（六）劳动合同终止的条件；

（七）违反劳动合同的责任。

劳动合同除前款规定的必备条款外，当事人可以协商约定其他内容。

**第二十条** 劳动合同的期限分为有固定期限、无固定期限和以完成一定的工作为期限。

劳动者在同一用人单位连续工作满十年以上，当事人双方同意延续劳动合同的，如果劳动者提出订立无固定期限的劳动合同，应当订立无固定期限的劳动合同。

**第二十一条** 劳动合同可以约定试用期。试用期最长不得超过六个月。

**第二十二条** 劳动合同当事人可以在劳动合同中约定保守用人单位商业秘密的有关事项。

**第二十三条** 劳动合同期满或者当事人约定的劳动合同终止条件出现，劳动合同即行终止。

**第二十四条** 经劳动合同当事人协商一致，劳动合同可以解除。

**第二十五条** 劳动者有下列情形之一的，用人单位可以解除劳动合同：

（一）在试用期间被证明不符合录用条件的；

（二）严重违反劳动纪律或者用人单位规章制度的；

（三）严重失职，营私舞弊，对用人单位利益造成重大损害的；

（四）被依法追究刑事责任的。

**第二十六条** 有下列情形之一的，用人单位可以解除劳动合同，但是应当提前三十日以书面形式通知劳动者本人：

（一）劳动者患病或者非因工负伤，医疗期满后，不能从事原工作也不能从事由用人单位另行安排的工作的；

（二）劳动者不能胜任工作，经过培训或者调整工作岗位，仍不能胜任工作的；

（三）劳动合同订立时所依据的客观情况发生重大变化，致使原劳动合同无法履行，经当事人协商不能就变更劳动合同达成协议的。

**第二十七条** 用人单位濒临破产进行法定整顿期间或者生产经营状况发生严重困难，确需裁减人员的，应当提前三十日向工会或者全体职工说明情况，听取工会或者职工的意见，经向劳动行政部门报告后，可以裁减人员。

用人单位依据本条规定裁减人员，在六个月内录用人员的，应当优先录用被裁减的人员。

**第二十八条** 用人单位依据本法第二十四条、第二十六条、第二十七条的规定解除劳动合同的，应当依照国家有关规定给予经济补偿。

**第二十九条** 劳动者有下列情形之一的，用人单位不得依据本法第二十六条、第二十七条的规定解除劳动合同：

（一）患职业病或者因工负伤并被确认丧失或者部分丧失劳动能力的；

（二）患病或者负伤，在规定的医疗期内的；

（三）女职工在孕期、产期、哺乳期内的；

（四）法律、行政法规规定的其他情形。

**第三十条** 用人单位解除劳动合同，工会认为不适当的，有权提出意见。如果用人单位违反法律、法规或者劳动合同，工会有权要求重新处理；劳动者申请仲裁或者提起诉讼的，工会应当依法给予支持和帮助。

**第三十一条** 劳动者解除劳动合同，应当提前三十日以书面形式通知用人单位。

**第三十二条** 有下列情形之一的，劳动者可以随时通知用人单位解除劳动合同：

（一）在试用期内的；

（二）用人单位以暴力、威胁或者非法限制人身自由的手段强迫劳动的；

（三）用人单位未按照劳动合同约定支付劳动报酬或者提供劳动条件的。

**第三十三条** 企业职工一方与企业可以就劳动报酬、工作时间、休息休假、劳动安全卫生、保险福利等事项，签订集体合同。集体合同草案应当提交职工代表大会或者全体职工讨论通过。

集体合同由工会代表职工与企业签订；没有建立工会的企业，由职工推举的代表与企业签订。

**第三十四条** 集体合同签订后应当报送劳动行政部门；劳动行政部门自收到集体合同文本之日起十五日内未提出异议的，集体合同即行生效。

**第三十五条** 依法签订的集体合同对企业和企业全体职工具有约束力。职工个人与企业订立的劳动合同中劳动条件和劳动报酬等标准不得低于集体合同的规定。

## 第四章 工作时间和休息休假

**第三十六条** 国家实行劳动者每日工作时间不超过八小时、平均每周工作时间不超过四十四小时的工时制度。

**第三十七条** 对实行计件工作的劳动者，用人单位应当根据本法第三十六条规定的工时制度合理确定其劳动定额和计件报酬标准。

**第三十八条** 用人单位应当保证劳动者每周至少休息一日。

**第三十九条** 企业因生产特点不能实行本法第三十六条、第三十八条规定的，经劳动行政部门批准，可以实行其他工作和休息办法。

**第四十条** 用人单位在下列节日期间应当依法安排劳动者休假：

（一）元旦；

（二）春节；

（三）国际劳动节；

（四）国庆节；

（五）法律、法规规定的其他休假节日。

**第四十一条** 用人单位由于生产经营需要，经与工会和劳动者协商后可以延长工作时间，一般每日不得超过一小时；因特殊原因需要延长工作时间的，在保障劳动者身体健康的条件下延长工作时间每日不得超过三小时，但是每月不得超过三十六小时。

**第四十二条** 有下列情形之一的，延长工作时间不受本法第四十一条规定的限制：

（一）发生自然灾害、事故或者因其他原因，威胁劳动者生命健康和财产安全，需要紧急处理的；

（二）生产设备、交通运输线路、公共设施发生故障，影响生产和公众利益，必须及时抢修的；

（三）法律、行政法规规定的其他情形。

**第四十三条** 用人单位不得违反本法规定延长劳动者的工作时间。

**第四十四条** 有下列情形之一的，用人单位应当按照下列标准支付高于劳动者正常工作时间工资的工资报酬：

（一）安排劳动者延长工作时间的，支付不低于工资的百分之一百五十的工资报酬；

（二）休息日安排劳动者工作又不能安排补休的，支付不低于工资的百分之二百的工资报酬；

（三）法定休假日安排劳动者工作的，支付不低于工资的百分之三百的工资报酬。

**第四十五条** 国家实行带薪年休假制度。

劳动者连续工作一年以上的，享受带薪年休假。具体办法由国务院规定。

## 第五章　工资

**第四十六条**　工资分配应当遵循按劳分配原则，实行同工同酬。

工资水平在经济发展的基础上逐步提高。国家对工资总量实行宏观调控。

**第四十七条**　用人单位根据本单位的生产经营特点和经济效益，依法自主确定本单位的工资分配方式和工资水平。

**第四十八条**　国家实行最低工资保障制度。最低工资的具体标准由省、自治区、直辖市人民政府规定，报国务院备案。

用人单位支付劳动者的工资不得低于当地最低工资标准。

**第四十九条**　确定和调整最低工资标准应当综合参考下列因素：

（一）劳动者本人及平均赡养人口的最低生活费用；

（二）社会平均工资水平；

（三）劳动生产率；

（四）就业状况；

（五）地区之间经济发展水平的差异。

**第五十条**　工资应当以货币形式按月支付给劳动者本人。不得克扣或者无故拖欠劳动者的工资。

**第五十一条**　劳动者在法定休假日和婚丧假期间以及依法参加社会活动期间，用人单位应当依法支付工资。

## 第六章　劳动安全卫生

**第五十二条**　用人单位必须建立、健全劳动安全卫生制度，严格执行国家劳动安全卫生规程和标准，对劳动者进行劳动安全卫生教育，防止劳动过程中的事故，减少职业危害。

**第五十三条**　劳动安全卫生设施必须符合国家规定的标准。

新建、改建、扩建工程的劳动安全卫生设施必须与主体工程同时设计、同时施工、同时投入生产和使用。

**第五十四条**　用人单位必须为劳动者提供符合国家规定的劳动安全卫生条件和必要的劳动防护用品，对从事有职业危害作业的劳动者应当定期进行健康检查。

**第五十五条** 从事特种作业的劳动者必须经过专门培训并取得特种作业资格。

**第五十六条** 劳动者在劳动过程中必须严格遵守安全操作规程。

劳动者对用人单位管理人员违章指挥、强令冒险作业,有权拒绝执行;对危害生命安全和身体健康的行为,有权提出批评、检举和控告。

**第五十七条** 国家建立伤亡事故和职业病统计报告和处理制度。县级以上各级人民政府劳动行政部门、有关部门和用人单位应当依法对劳动者在劳动过程中发生的伤亡事故和劳动者的职业病状况,进行统计、报告和处理。

## 第七章 女职工和未成年工特殊保护

**第五十八条** 国家对女职工和未成年工实行特殊劳动保护。

未成年工是指年满十六周岁未满十八周岁的劳动者。

**第五十九条** 禁止安排女职工从事矿山井下、国家规定的第四级体力劳动强度的劳动和其他禁忌从事的劳动。

**第六十条** 不得安排女职工在经期从事高处、低温、冷水作业和国家规定的第三级体力劳动强度的劳动。

**第六十一条** 不得安排女职工在怀孕期间从事国家规定的第三级体力劳动强度的劳动和孕期禁忌从事的劳动。对怀孕七个月以上的女职工,不得安排其延长工作时间和夜班劳动。

**第六十二条** 女职工生育享受不少于九十天的产假。

**第六十三条** 不得安排女职工在哺乳未满一周岁的婴儿期间从事国家规定的第三级体力劳动强度的劳动和哺乳期禁忌从事的其他劳动,不得安排其延长工作时间和夜班劳动。

**第六十四条** 不得安排未成年工从事矿山井下、有毒有害、国家规定的第四级体力劳动强度的劳动和其他禁忌从事的劳动。

**第六十五条** 用人单位应当对未成年工定期进行健康检查。

## 第八章 职业培训

**第六十六条** 国家通过各种途径,采取各种措施,发展职业培训事业,开发劳动者的职业技能,提高劳动者素质,增强劳动者的就业能力和工作能力。

**第六十七条** 各级人民政府应当把发展职业培训纳入社会经济发展的规划，鼓励和支持有条件的企业、事业组织、社会团体和个人进行各种形式的职业培训。

**第六十八条** 用人单位应当建立职业培训制度，按照国家规定提取和使用职业培训经费，根据本单位实际，有计划地对劳动者进行职业培训。

从事技术工种的劳动者，上岗前必须经过培训。

**第六十九条** 国家确定职业分类，对规定的职业制定职业技能标准，实行职业资格证书制度，由经备案的考核鉴定机构负责对劳动者实施职业技能考核鉴定。

## 第九章　社会保险和福利

**第七十条** 国家发展社会保险事业，建立社会保险制度，设立社会保险基金，使劳动者在年老、患病、工伤、失业、生育等情况下获得帮助和补偿。

**第七十一条** 社会保险水平应当与社会经济发展水平和社会承受能力相适应。

**第七十二条** 社会保险基金按照保险类型确定资金来源，逐步实行社会统筹。用人单位和劳动者必须依法参加社会保险，缴纳社会保险费。

**第七十三条** 劳动者在下列情形下，依法享受社会保险待遇：

（一）退休；

（二）患病、负伤；

（三）因工伤残或者患职业病；

（四）失业；

（五）生育。

劳动者死亡后，其遗属依法享受遗属津贴。

劳动者享受社会保险待遇的条件和标准由法律、法规规定。

劳动者享受的社会保险金必须按时足额支付。

**第七十四条** 社会保险基金经办机构依照法律规定收支、管理和运营社会保险基金，并负有使社会保险基金保值增值的责任。

社会保险基金监督机构依照法律规定，对社会保险基金的收支、管理和运营实施监督。

社会保险基金经办机构和社会保险基金监督机构的设立和职能由法律规定。

任何组织和个人不得挪用社会保险基金。

**第七十五条** 国家鼓励用人单位根据本单位实际情况为劳动者建立补充保险。

国家提倡劳动者个人进行储蓄性保险。

**第七十六条** 国家发展社会福利事业，兴建公共福利设施，为劳动者休息、休养和疗养提供条件。

用人单位应当创造条件，改善集体福利，提高劳动者的福利待遇。

## 第十章 劳动争议

**第七十七条** 用人单位与劳动者发生劳动争议，当事人可以依法申请调解、仲裁、提起诉讼，也可以协商解决。

调解原则适用于仲裁和诉讼程序。

**第七十八条** 解决劳动争议，应当根据合法、公正、及时处理的原则，依法维护劳动争议当事人的合法权益。

**第七十九条** 劳动争议发生后，当事人可以向本单位劳动争议调解委员会申请调解；调解不成，当事人一方要求仲裁的，可以向劳动争议仲裁委员会申请仲裁。当事人一方也可以直接向劳动争议仲裁委员会申请仲裁。对仲裁裁决不服的，可以向人民法院提起诉讼。

**第八十条** 在用人单位内，可以设立劳动争议调解委员会。劳动争议调解委员会由职工代表、用人单位代表和工会代表组成。劳动争议调解委员会主任由工会代表担任。

劳动争议经调解达成协议的，当事人应当履行。

**第八十一条** 劳动争议仲裁委员会由劳动行政部门代表、同级工会代表、用人单位方面的代表组成。劳动争议仲裁委员会主任由劳动行政部门代表担任。

**第八十二条** 提出仲裁要求的一方应当自劳动争议发生之日起六十日内向劳动争议仲裁委员会提出书面申请。仲裁裁决一般应在收到仲裁申请的六十日内作出。对仲裁裁决无异议的，当事人必须履行。

**第八十三条** 劳动争议当事人对仲裁裁决不服的，可以自收到仲裁裁决书之日起十五日内向人民法院提起诉讼。一方当事人在法定期限内不起诉又不履行仲裁裁决的，另一方当事人可以申请人民法院强制执行。

**第八十四条** 因签订集体合同发生争议，当事人协商解决不成的，当地人民政府劳动行政部门可以组织有关各方协调处理。

因履行集体合同发生争议，当事人协商解决不成的，可以向劳动争议仲裁委员会申请仲裁；对仲裁裁决不服的，可以自收到仲裁裁决书之日起十五日内向人民法院提起诉讼。

## 第十一章 监督检查

**第八十五条** 县级以上各级人民政府劳动行政部门依法对用人单位遵守劳动法律、法规的情况进行监督检查，对违反劳动法律、法规的行为有权制止，并责令改正。

**第八十六条** 县级以上各级人民政府劳动行政部门监督检查人员执行公务，有权进入用人单位了解执行劳动法律、法规的情况，查阅必要的资料，并对劳动场所进行检查。

县级以上各级人民政府劳动行政部门监督检查人员执行公务，必须出示证件，秉公执法并遵守有关规定。

**第八十七条** 县级以上各级人民政府有关部门在各自职责范围内，对用人单位遵守劳动法律、法规的情况进行监督。

**第八十八条** 各级工会依法维护劳动者的合法权益，对用人单位遵守劳动法律、法规的情况进行监督。

任何组织和个人对于违反劳动法律、法规的行为有权检举和控告。

## 第十二章 法律责任

**第八十九条** 用人单位制定的劳动规章制度违反法律、法规规定的，由劳动行政部门给予警告，责令改正；对劳动者造成损害的，应当承担赔偿责任。

**第九十条** 用人单位违反本法规定，延长劳动者工作时间的，由劳动行政部门给予警告，责令改正，并可以处以罚款。

**第九十一条** 用人单位有下列侵害劳动者合法权益情形之一的，由劳动行政部门责令支付劳动者的工资报酬、经济补偿，并可以责令支付赔偿金：

（一）克扣或者无故拖欠劳动者工资的；

（二）拒不支付劳动者延长工作时间工资报酬的；

（三）低于当地最低工资标准支付劳动者工资的；

（四）解除劳动合同后，未依照本法规定给予劳动者经济补偿的。

**第九十二条** 用人单位的劳动安全设施和劳动卫生条件不符合国家规定或者未向劳动者提供必要的劳动防护用品和劳动保护设施的，由劳动行政部门或者有关部门责令改正，可以处以罚款；情节严重的，提请县级以上人民政府决定责令停产整顿；对事故隐患不采取措施，致使发生重大事故，造成劳动者生命和财产损失的，对责任人员依照刑法有关规定追究刑事责任。

**第九十三条** 用人单位强令劳动者违章冒险作业，发生重大伤亡事故，造成严重后果的，对责任人员依法追究刑事责任。

**第九十四条** 用人单位非法招用未满十六周岁的未成年人的，由劳动行政部门责令改正，处以罚款；情节严重的，由市场监督管理部门吊销营业执照。

**第九十五条** 用人单位违反本法对女职工和未成年工的保护规定，侵害其合法权益的，由劳动行政部门责令改正，处以罚款；对女职工或者未成年工造成损害的，应当承担赔偿责任。

**第九十六条** 用人单位有下列行为之一，由公安机关对责任人员处以十五日以下拘留、罚款或者警告；构成犯罪的，对责任人员依法追究刑事责任：

（一）以暴力、威胁或者非法限制人身自由的手段强迫劳动的；

（二）侮辱、体罚、殴打、非法搜查和拘禁劳动者的。

**第九十七条** 由于用人单位的原因订立的无效合同，对劳动者造成损害的，应当承担赔偿责任。

**第九十八条** 用人单位违反本法规定的条件解除劳动合同或者故意拖延不订立劳动合同的，由劳动行政部门责令改正；对劳动者造成损害的，应当承担赔偿责任。

**第九十九条** 用人单位招用尚未解除劳动合同的劳动者，对原用人单位造成经济损失的，该用人单位应当依法承担连带赔偿责任。

**第一百条** 用人单位无故不缴纳社会保险费的，由劳动行政部门责令其限期缴纳；逾期不缴的，可以加收滞纳金。

**第一百零一条** 用人单位无理阻挠劳动行政部门、有关部门及其工作人员行使监督检查权，打击报复举报人员的，由劳动行政部门或者有关部门处以罚款；构成犯罪的，对责任人员依法追究刑事责任。

**第一百零二条** 劳动者违反本法规定的条件解除劳动合同或者违反劳动合同中约定的保密事项，对用人单位造成经济损失的，应当依法承担赔偿责任。

**第一百零三条** 劳动行政部门或者有关部门的工作人员滥用职权、玩忽职守、徇私舞弊，构成犯罪的，依法追究刑事责任；不构成犯罪的，给予行政处分。

**第一百零四条** 国家工作人员和社会保险基金经办机构的工作人员挪用社会保险基金，构成犯罪的，依法追究刑事责任。

**第一百零五条** 违反本法规定侵害劳动者合法权益，其他法律、行政法规已规定处罚的，依照该法律、行政法规的规定处罚。

## 第十三章 附则

**第一百零六条** 省、自治区、直辖市人民政府根据本法和本地区的实际情况，规定劳动合同制度的实施步骤，报国务院备案。

**第一百零七条** 本法自1995年1月1日起施行。

## 二、中华人民共和国劳动合同法

（2007年6月29日第十届全国人民代表大会常务委员会第二十八次会议通过 根据2012年12月28日第十一届全国人民代表大会常务委员会第三十次会议《关于修改〈中华人民共和国劳动合同法〉的决定》修正）

## 第一章 总则

**第一条** 为了完善劳动合同制度，明确劳动合同双方当事人的权利和义务，保护劳动者的合法权益，构建和发展和谐稳定的劳动关系，制定本法。

**第二条** 中华人民共和国境内的企业、个体经济组织、民办非企业单位等组织（以下称用人单位）与劳动者建立劳动关系，订立、履行、变更、解除或者终止劳动合同，适用本法。

国家机关、事业单位、社会团体和与其建立劳动关系的劳动者，订立、履行、变更、解除或者终止劳动合同，依照本法执行。

**第三条** 订立劳动合同，应当遵循合法、公平、平等自愿、协商一致、诚实信用的原则。

依法订立的劳动合同具有约束力，用人单位与劳动者应当履行劳动合同约定的义务。

**第四条** 用人单位应当依法建立和完善劳动规章制度，保障劳动者享有劳动权利、履行劳动义务。

用人单位在制定、修改或者决定有关劳动报酬、工作时间、休息休假、劳动安全卫生、保险福利、职工培训、劳动纪律以及劳动定额管理等直接涉及劳动者切身利益的规章制度或者重大事项时，应当经职工代表大会或者全体职工讨论，提出方案和意见，与工会或者职工代表平等协商确定。

在规章制度和重大事项决定实施过程中，工会或者职工认为不适当的，有权向用人单位提出，通过协商予以修改完善。

用人单位应当将直接涉及劳动者切身利益的规章制度和重大事项决定公示，或者告知劳动者。

**第五条** 县级以上人民政府劳动行政部门会同工会和企业方面代表，建立健全协调劳动关系三方机制，共同研究解决有关劳动关系的重大问题。

**第六条** 工会应当帮助、指导劳动者与用人单位依法订立和履行劳动合同，并与用人单位建立集体协商机制，维护劳动者的合法权益。

## 第二章 劳动合同的订立

**第七条** 用人单位自用工之日起即与劳动者建立劳动关系。用人单位应当建立职工名册备查。

**第八条** 用人单位招用劳动者时，应当如实告知劳动者工作内容、工作条件、工作地点、职业危害、安全生产状况、劳动报酬，以及劳动者要求了解的其他情况；用人单位有权了解劳动者与劳动合同直接相关的基本情况，劳动者应当如实说明。

**第九条** 用人单位招用劳动者，不得扣押劳动者的居民身份证和其他证件，不得要求劳动者提供担保或者以其他名义向劳动者收取财物。

**第十条** 建立劳动关系，应当订立书面劳动合同。

已建立劳动关系，未同时订立书面劳动合同的，应当自用工之日起一个月内订立书面劳动合同。

用人单位与劳动者在用工前订立劳动合同的，劳动关系自用工之日起建立。

**第十一条** 用人单位未在用工的同时订立书面劳动合同，与劳动者约定的劳动报酬不明确的，新招用的劳动者的劳动报酬按照集体合同规定的标准执行；没有集体合同或者集体合同未规定的，实行同工同酬。

**第十二条** 劳动合同分为固定期限劳动合同、无固定期限劳动合同和以完成一定工作任务为期限的劳动合同。

**第十三条** 固定期限劳动合同，是指用人单位与劳动者约定合同终止时间的劳动合同。

用人单位与劳动者协商一致，可以订立固定期限劳动合同。

**第十四条** 无固定期限劳动合同，是指用人单位与劳动者约定无确定终止时间的劳动合同。

用人单位与劳动者协商一致，可以订立无固定期限劳动合同。有下列情形之一，劳动者提出或者同意续订、订立劳动合同的，除劳动者提出订立固定期限劳动合同外，应当订立无固定期限劳动合同：

（一）劳动者在该用人单位连续工作满十年的；

（二）用人单位初次实行劳动合同制度或者国有企业改制重新订立劳动合同时，劳动者在该用人单位连续工作满十年且距法定退休年龄不足十年的；

（三）连续订立二次固定期限劳动合同，且劳动者没有本法第三十九条和第四十条第一项、第二项规定的情形，续订劳动合同的。

用人单位自用工之日起满一年不与劳动者订立书面劳动合同的，视为用人单位与劳动者已订立无固定期限劳动合同。

**第十五条** 以完成一定工作任务为期限的劳动合同，是指用人单位与劳动者约定以某项工作的完成为合同期限的劳动合同。

用人单位与劳动者协商一致，可以订立以完成一定工作任务为期限的劳动合同。

**第十六条** 劳动合同由用人单位与劳动者协商一致，并经用人单位与劳动者在劳动合同文本上签字或者盖章生效。

劳动合同文本由用人单位和劳动者各执一份。

**第十七条** 劳动合同应当具备以下条款：

（一）用人单位的名称、住所和法定代表人或者主要负责人；

（二）劳动者的姓名、住址和居民身份证或者其他有效身份证件号码；

（三）劳动合同期限；

（四）工作内容和工作地点；

（五）工作时间和休息休假；

（六）劳动报酬；

（七）社会保险；

（八）劳动保护、劳动条件和职业危害防护；

（九）法律、法规规定应当纳入劳动合同的其他事项。

劳动合同除前款规定的必备条款外，用人单位与劳动者可以约定试用期、培训、保守秘密、补充保险和福利待遇等其他事项。

**第十八条** 劳动合同对劳动报酬和劳动条件等标准约定不明确，引发争议的，用人单位与劳动者可以重新协商；协商不成的，适用集体合同规定；没有集体合同或者集体合同未规定劳动报酬的，实行同工同酬；没有集体合同或者集体合同未规定劳动条件等标准的，适用国家有关规定。

**第十九条** 劳动合同期限三个月以上不满一年的，试用期不得超过一个月；劳动合同期限一年以上不满三年的，试用期不得超过二个月；三年以上固定期限和无固定期限的劳动合同，试用期不得超过六个月。

同一用人单位与同一劳动者只能约定一次试用期。

以完成一定工作任务为期限的劳动合同或者劳动合同期限不满三个月的，不得约定试用期。

试用期包含在劳动合同期限内。劳动合同仅约定试用期的，试用期不成立，该期限为劳动合同期限。

**第二十条** 劳动者在试用期的工资不得低于本单位相同岗位最低档工资或者劳动合同约定工资的百分之八十，并不得低于用人单位所在地的最低工资标准。

**第二十一条** 在试用期中，除劳动者有本法第三十九条和第四十条第一项、第二项规定的情形外，用人单位不得解除劳动合同。用人单位在试用期解除劳动合同的，应当向劳动者说明理由。

**第二十二条** 用人单位为劳动者提供专项培训费用，对其进行专业技术培训的，可以与该劳动者订立协议，约定服务期。

劳动者违反服务期约定的，应当按照约定向用人单位支付违约金。违约金的数额不得超过用人单位提供的培训费用。用人单位要求劳动者支付的违约金不得超过服务期尚未履行部分所应分摊的培训费用。

用人单位与劳动者约定服务期的，不影响按照正常的工资调整机制提高劳动者在服务期期间的劳动报酬。

**第二十三条** 用人单位与劳动者可以在劳动合同中约定保守用人单位的商业秘密和与知识产权相关的保密事项。

对负有保密义务的劳动者，用人单位可以在劳动合同或者保密协议中与劳动者约定竞业限制条款，并约定在解除或者终止劳动合同后，在竞业限制期限内按月给予劳动者经济补偿。劳动者违反竞业限制约定的，应当按照约定向用人单位支付违约金。

**第二十四条** 竞业限制的人员限于用人单位的高级管理人员、高级技术人员和其他负有保密义务的人员。竞业限制的范围、地域、期限由用人单位与劳动者约定，竞业限制的约定不得违反法律、法规的规定。

在解除或者终止劳动合同后，前款规定的人员到与本单位生产或者经营同类产品、从事同类业务的有竞争关系的其他用人单位，或者自己开业生产或者经营同类产品、从事同类业务的竞业限制期限，不得超过二年。

**第二十五条** 除本法第二十二条和第二十三条规定的情形外，用人单位不得与劳动者约定由劳动者承担违约金。

**第二十六条** 下列劳动合同无效或者部分无效：

（一）以欺诈、胁迫的手段或者乘人之危，使对方在违背真实意思的情况下订立或者变更劳动合同的；

（二）用人单位免除自己的法定责任、排除劳动者权利的；

（三）违反法律、行政法规强制性规定的。

对劳动合同的无效或者部分无效有争议的，由劳动争议仲裁机构或者人民法院确认。

**第二十七条** 劳动合同部分无效，不影响其他部分效力的，其他部分仍然有效。

**第二十八条** 劳动合同被确认无效，劳动者已付出劳动的，用人单位应当向劳动者支付劳动报酬。劳动报酬的数额,参照本单位相同或者相近岗位劳动者的劳动报酬确定。

## 第三章 劳动合同的履行和变更

**第二十九条** 用人单位与劳动者应当按照劳动合同的约定,全面履行各自的义务。

**第三十条** 用人单位应当按照劳动合同约定和国家规定,向劳动者及时足额支付劳动报酬。

用人单位拖欠或者未足额支付劳动报酬的,劳动者可以依法向当地人民法院申请支付令,人民法院应当依法发出支付令。

**第三十一条** 用人单位应当严格执行劳动定额标准,不得强迫或者变相强迫劳动者加班。用人单位安排加班的,应当按照国家有关规定向劳动者支付加班费。

**第三十二条** 劳动者拒绝用人单位管理人员违章指挥、强令冒险作业的,不视为违反劳动合同。

劳动者对危害生命安全和身体健康的劳动条件,有权对用人单位提出批评、检举和控告。

**第三十三条** 用人单位变更名称、法定代表人、主要负责人或者投资人等事项,不影响劳动合同的履行。

**第三十四条** 用人单位发生合并或者分立等情况,原劳动合同继续有效,劳动合同由承继其权利和义务的用人单位继续履行。

**第三十五条** 用人单位与劳动者协商一致,可以变更劳动合同约定的内容。变更劳动合同,应当采用书面形式。

变更后的劳动合同文本由用人单位和劳动者各执一份。

## 第四章 劳动合同的解除和终止

**第三十六条** 用人单位与劳动者协商一致,可以解除劳动合同。

**第三十七条** 劳动者提前三十日以书面形式通知用人单位,可以解除劳动合同。劳动者在试用期内提前三日通知用人单位,可以解除劳动合同。

**第三十八条** 用人单位有下列情形之一的,劳动者可以解除劳动合同:

(一)未按照劳动合同约定提供劳动保护或者劳动条件的;

（二）未及时足额支付劳动报酬的；
（三）未依法为劳动者缴纳社会保险费的；
（四）用人单位的规章制度违反法律、法规的规定，损害劳动者权益的；
（五）因本法第二十六条第一款规定的情形致使劳动合同无效的；
（六）法律、行政法规规定劳动者可以解除劳动合同的其他情形。

用人单位以暴力、威胁或者非法限制人身自由的手段强迫劳动者劳动的，或者用人单位违章指挥、强令冒险作业危及劳动者人身安全的，劳动者可以立即解除劳动合同，不需事先告知用人单位。

**第三十九条** 劳动者有下列情形之一的，用人单位可以解除劳动合同：
（一）在试用期间被证明不符合录用条件的；
（二）严重违反用人单位的规章制度的；
（三）严重失职，营私舞弊，给用人单位造成重大损害的；
（四）劳动者同时与其他用人单位建立劳动关系，对完成本单位的工作任务造成严重影响，或者经用人单位提出，拒不改正的；
（五）因本法第二十六条第一款第一项规定的情形致使劳动合同无效的；
（六）被依法追究刑事责任的。

**第四十条** 有下列情形之一的，用人单位提前三十日以书面形式通知劳动者本人或者额外支付劳动者一个月工资后，可以解除劳动合同：
（一）劳动者患病或者非因工负伤，在规定的医疗期满后不能从事原工作，也不能从事由用人单位另行安排的工作的；
（二）劳动者不能胜任工作，经过培训或者调整工作岗位，仍不能胜任工作的；
（三）劳动合同订立时所依据的客观情况发生重大变化，致使劳动合同无法履行，经用人单位与劳动者协商，未能就变更劳动合同内容达成协议的。

**第四十一条** 有下列情形之一，需要裁减人员二十人以上或者裁减不足二十人但占企业职工总数百分之十以上的，用人单位提前三十日向工会或者全体职工说明情况，听取工会或者职工的意见后，裁减人员方案经向劳动行政部门报告，可以裁减人员：
（一）依照企业破产法规定进行重整的；
（二）生产经营发生严重困难的；

（三）企业转产、重大技术革新或者经营方式调整，经变更劳动合同后，仍需裁减人员的；

（四）其他因劳动合同订立时所依据的客观经济情况发生重大变化，致使劳动合同无法履行的。

裁减人员时，应当优先留用下列人员：

（一）与本单位订立较长期限的固定期限劳动合同的；

（二）与本单位订立无固定期限劳动合同的；

（三）家庭无其他就业人员，有需要扶养的老人或者未成年人的。

用人单位依照本条第一款规定裁减人员，在六个月内重新招用人员的，应当通知被裁减的人员，并在同等条件下优先招用被裁减的人员。

第四十二条　劳动者有下列情形之一的，用人单位不得依照本法第四十条、第四十一条的规定解除劳动合同：

（一）从事接触职业病危害作业的劳动者未进行离岗前职业健康检查，或者疑似职业病病人在诊断或者医学观察期间的；

（二）在本单位患职业病或者因工负伤并被确认丧失或者部分丧失劳动能力的；

（三）患病或者非因工负伤，在规定的医疗期内的；

（四）女职工在孕期、产期、哺乳期的；

（五）在本单位连续工作满十五年，且距法定退休年龄不足五年的；

（六）法律、行政法规规定的其他情形。

第四十三条　用人单位单方解除劳动合同，应当事先将理由通知工会。用人单位违反法律、行政法规规定或者劳动合同约定的，工会有权要求用人单位纠正。用人单位应当研究工会的意见，并将处理结果书面通知工会。

第四十四条　有下列情形之一的，劳动合同终止：

（一）劳动合同期满的；

（二）劳动者开始依法享受基本养老保险待遇的；

（三）劳动者死亡，或者被人民法院宣告死亡或者宣告失踪的；

（四）用人单位被依法宣告破产的；

（五）用人单位被吊销营业执照、责令关闭、撤销或者用人单位决定提前解散的；

（六）法律、行政法规规定的其他情形。

**第四十五条** 劳动合同期满，有本法第四十二条规定情形之一的，劳动合同应当续延至相应的情形消失时终止。但是，本法第四十二条第二项规定丧失或者部分丧失劳动能力劳动者的劳动合同的终止，按照国家有关工伤保险的规定执行。

**第四十六条** 有下列情形之一的，用人单位应当向劳动者支付经济补偿：

（一）劳动者依照本法第三十八条规定解除劳动合同的；

（二）用人单位依照本法第三十六条规定向劳动者提出解除劳动合同并与劳动者协商一致解除劳动合同的；

（三）用人单位依照本法第四十条规定解除劳动合同的；

（四）用人单位依照本法第四十一条第一款规定解除劳动合同的；

（五）除用人单位维持或者提高劳动合同约定条件续订劳动合同，劳动者不同意续订的情形外，依照本法第四十四条第一项规定终止固定期限劳动合同的；

（六）依照本法第四十四条第四项、第五项规定终止劳动合同的；

（七）法律、行政法规规定的其他情形。

**第四十七条** 经济补偿按劳动者在本单位工作的年限，每满一年支付一个月工资的标准向劳动者支付。六个月以上不满一年的，按一年计算；不满六个月的，向劳动者支付半个月工资的经济补偿。

劳动者月工资高于用人单位所在直辖市、设区的市级人民政府公布的本地区上年度职工月平均工资三倍的，向其支付经济补偿的标准按职工月平均工资三倍的数额支付，向其支付经济补偿的年限最高不超过十二年。

本条所称月工资是指劳动者在劳动合同解除或者终止前十二个月的平均工资。

**第四十八条** 用人单位违反本法规定解除或者终止劳动合同，劳动者要求继续履行劳动合同的，用人单位应当继续履行；劳动者不要求继续履行劳动合同或者劳动合同已经不能继续履行的，用人单位应当依照本法第八十七条规定支付赔偿金。

**第四十九条** 国家采取措施，建立健全劳动者社会保险关系跨地区转移接续制度。

**第五十条** 用人单位应当在解除或者终止劳动合同时出具解除或者终止

劳动合同的证明，并在十五日内为劳动者办理档案和社会保险关系转移手续。

劳动者应当按照双方约定，办理工作交接。用人单位依照本法有关规定应当向劳动者支付经济补偿的，在办结工作交接时支付。

用人单位对已经解除或者终止的劳动合同的文本，至少保存二年备查。

## 第五章　特别规定

### 第一节　集体合同

**第五十一条**　企业职工一方与用人单位通过平等协商，可以就劳动报酬、工作时间、休息休假、劳动安全卫生、保险福利等事项订立集体合同。集体合同草案应当提交职工代表大会或者全体职工讨论通过。

集体合同由工会代表企业职工一方与用人单位订立；尚未建立工会的用人单位，由上级工会指导劳动者推举的代表与用人单位订立。

**第五十二条**　企业职工一方与用人单位可以订立劳动安全卫生、女职工权益保护、工资调整机制等专项集体合同。

**第五十三条**　在县级以下区域内，建筑业、采矿业、餐饮服务业等行业可以由工会与企业方面代表订立行业性集体合同，或者订立区域性集体合同。

**第五十四条**　集体合同订立后，应当报送劳动行政部门；劳动行政部门自收到集体合同文本之日起十五日内未提出异议的，集体合同即行生效。

依法订立的集体合同对用人单位和劳动者具有约束力。行业性、区域性集体合同对当地本行业、本区域的用人单位和劳动者具有约束力。

**第五十五条**　集体合同中劳动报酬和劳动条件等标准不得低于当地人民政府规定的最低标准；用人单位与劳动者订立的劳动合同中劳动报酬和劳动条件等标准不得低于集体合同规定的标准。

**第五十六条**　用人单位违反集体合同，侵犯职工劳动权益的，工会可以依法要求用人单位承担责任；因履行集体合同发生争议，经协商解决不成的，工会可以依法申请仲裁、提起诉讼。

### 第二节　劳务派遣

**第五十七条**　经营劳务派遣业务应当具备下列条件：

（一）注册资本不得少于人民币二百万元；
（二）有与开展业务相适应的固定的经营场所和设施；
（三）有符合法律、行政法规规定的劳务派遣管理制度；
（四）法律、行政法规规定的其他条件。

经营劳务派遣业务，应当向劳动行政部门依法申请行政许可；经许可的，依法办理相应的公司登记。未经许可，任何单位和个人不得经营劳务派遣业务。

**第五十八条** 劳务派遣单位是本法所称用人单位，应当履行用人单位对劳动者的义务。劳务派遣单位与被派遣劳动者订立的劳动合同，除应当载明本法第十七条规定的事项外，还应当载明被派遣劳动者的用工单位以及派遣期限、工作岗位等情况。

劳务派遣单位应当与被派遣劳动者订立二年以上的固定期限劳动合同，按月支付劳动报酬；被派遣劳动者在无工作期间，劳务派遣单位应当按照所在地人民政府规定的最低工资标准，向其按月支付报酬。

**第五十九条** 劳务派遣单位派遣劳动者应当与接受以劳务派遣形式用工的单位（以下称用工单位）订立劳务派遣协议。劳务派遣协议应当约定派遣岗位和人员数量、派遣期限、劳动报酬和社会保险费的数额与支付方式以及违反协议的责任。

用工单位应当根据工作岗位的实际需要与劳务派遣单位确定派遣期限，不得将连续用工期限分割订立数个短期劳务派遣协议。

**第六十条** 劳务派遣单位应当将劳务派遣协议的内容告知被派遣劳动者。

劳务派遣单位不得克扣用工单位按照劳务派遣协议支付给被派遣劳动者的劳动报酬。

劳务派遣单位和用工单位不得向被派遣劳动者收取费用。

**第六十一条** 劳务派遣单位跨地区派遣劳动者的，被派遣劳动者享有的劳动报酬和劳动条件，按照用工单位所在地的标准执行。

**第六十二条** 用工单位应当履行下列义务：
（一）执行国家劳动标准，提供相应的劳动条件和劳动保护；
（二）告知被派遣劳动者的工作要求和劳动报酬；
（三）支付加班费、绩效奖金，提供与工作岗位相关的福利待遇；

（四）对在岗被派遣劳动者进行工作岗位所必需的培训；

（五）连续用工的，实行正常的工资调整机制。

用工单位不得将被派遣劳动者再派遣到其他用人单位。

**第六十三条** 被派遣劳动者享有与用工单位的劳动者同工同酬的权利。用工单位应当按照同工同酬原则，对被派遣劳动者与本单位同类岗位的劳动者实行相同的劳动报酬分配办法。用工单位无同类岗位劳动者的，参照用工单位所在地相同或者相近岗位劳动者的劳动报酬确定。

劳务派遣单位与被派遣劳动者订立的劳动合同和与用工单位订立的劳务派遣协议，载明或者约定的向被派遣劳动者支付的劳动报酬应当符合前款规定。

**第六十四条** 被派遣劳动者有权在劳务派遣单位或者用工单位依法参加或者组织工会，维护自身的合法权益。

**第六十五条** 被派遣劳动者可以依照本法第三十六条、第三十八条的规定与劳务派遣单位解除劳动合同。

被派遣劳动者有本法第三十九条和第四十条第一项、第二项规定情形的，用工单位可以将劳动者退回劳务派遣单位，劳务派遣单位依照本法有关规定，可以与劳动者解除劳动合同。

**第六十六条** 劳动合同用工是我国的企业基本用工形式。劳务派遣用工是补充形式，只能在临时性、辅助性或者替代性的工作岗位上实施。

前款规定的临时性工作岗位是指存续时间不超过六个月的岗位；辅助性工作岗位是指为主营业务岗位提供服务的非主营业务岗位；替代性工作岗位是指用工单位的劳动者因脱产学习、休假等原因无法工作的一定期间内，可以由其他劳动者替代工作的岗位。

用工单位应当严格控制劳务派遣用工数量，不得超过其用工总量的一定比例，具体比例由国务院劳动行政部门规定。

**第六十七条** 用人单位不得设立劳务派遣单位向本单位或者所属单位派遣劳动者。

### 第三节 非全日制用工

**第六十八条** 非全日制用工，是指以小时计酬为主，劳动者在同一用人单位一般平均每日工作时间不超过四小时，每周工作时间累计不超过二十四小时的用工形式。

**第六十九条** 非全日制用工双方当事人可以订立口头协议。

从事非全日制用工的劳动者可以与一个或者一个以上用人单位订立劳动合同；但是，后订立的劳动合同不得影响先订立的劳动合同的履行。

**第七十条** 非全日制用工双方当事人不得约定试用期。

**第七十一条** 非全日制用工双方当事人任何一方都可以随时通知对方终止用工。终止用工，用人单位不向劳动者支付经济补偿。

**第七十二条** 非全日制用工小时计酬标准不得低于用人单位所在地人民政府规定的最低小时工资标准。

非全日制用工劳动报酬结算支付周期最长不得超过十五日。

## 第六章 监督检查

**第七十三条** 国务院劳动行政部门负责全国劳动合同制度实施的监督管理。

县级以上地方人民政府劳动行政部门负责本行政区域内劳动合同制度实施的监督管理。

县级以上各级人民政府劳动行政部门在劳动合同制度实施的监督管理工作中，应当听取工会、企业方面代表以及有关行业主管部门的意见。

**第七十四条** 县级以上地方人民政府劳动行政部门依法对下列实施劳动合同制度的情况进行监督检查：

（一）用人单位制定直接涉及劳动者切身利益的规章制度及其执行的情况；

（二）用人单位与劳动者订立和解除劳动合同的情况；

（三）劳务派遣单位和用工单位遵守劳务派遣有关规定的情况；

（四）用人单位遵守国家关于劳动者工作时间和休息休假规定的情况；

（五）用人单位支付劳动合同约定的劳动报酬和执行最低工资标准的情况；

（六）用人单位参加各项社会保险和缴纳社会保险费的情况；

（七）法律、法规规定的其他劳动监察事项。

**第七十五条** 县级以上地方人民政府劳动行政部门实施监督检查时，有权查阅与劳动合同、集体合同有关的材料，有权对劳动场所进行实地检查，用人单位和劳动者都应当如实提供有关情况和材料。

劳动行政部门的工作人员进行监督检查，应当出示证件，依法行使职权，文明执法。

**第七十六条** 县级以上人民政府建设、卫生、安全生产监督管理等有关主管部门在各自职责范围内，对用人单位执行劳动合同制度的情况进行监督管理。

**第七十七条** 劳动者合法权益受到侵害的，有权要求有关部门依法处理，或者依法申请仲裁、提起诉讼。

**第七十八条** 工会依法维护劳动者的合法权益，对用人单位履行劳动合同、集体合同的情况进行监督。用人单位违反劳动法律、法规和劳动合同、集体合同的，工会有权提出意见或者要求纠正；劳动者申请仲裁、提起诉讼的，工会依法给予支持和帮助。

**第七十九条** 任何组织或者个人对违反本法的行为都有权举报，县级以上人民政府劳动行政部门应当及时核实、处理，并对举报有功人员给予奖励。

## 第七章　法律责任

**第八十条** 用人单位直接涉及劳动者切身利益的规章制度违反法律、法规规定的，由劳动行政部门责令改正，给予警告；给劳动者造成损害的，应当承担赔偿责任。

**第八十一条** 用人单位提供的劳动合同文本未载明本法规定的劳动合同必备条款或者用人单位未将劳动合同文本交付劳动者的，由劳动行政部门责令改正；给劳动者造成损害的，应当承担赔偿责任。

**第八十二条** 用人单位自用工之日起超过一个月不满一年未与劳动者订立书面劳动合同的，应当向劳动者每月支付二倍的工资。

用人单位违反本法规定不与劳动者订立无固定期限劳动合同的，自应当订立无固定期限劳动合同之日起向劳动者每月支付二倍的工资。

**第八十三条** 用人单位违反本法规定与劳动者约定试用期的，由劳动行政部门责令改正；违法约定的试用期已经履行的，由用人单位以劳动者试用期满月工资为标准，按已经履行的超过法定试用期的期间向劳动者支付赔偿金。

**第八十四条** 用人单位违反本法规定，扣押劳动者居民身份证等证件的，由劳动行政部门责令限期退还劳动者本人，并依照有关法律规定给予处罚。

用人单位违反本法规定，以担保或者其他名义向劳动者收取财物的，由劳动行政部门责令限期退还劳动者本人，并以每人五百元以上二千元以下的标准处以罚款；给劳动者造成损害的，应当承担赔偿责任。

劳动者依法解除或者终止劳动合同，用人单位扣押劳动者档案或者其他物品的，依照前款规定处罚。

**第八十五条** 用人单位有下列情形之一的，由劳动行政部门责令限期支付劳动报酬、加班费或者经济补偿；劳动报酬低于当地最低工资标准的，应当支付其差额部分；逾期不支付的，责令用人单位按应付金额百分之五十以上百分之一百以下的标准向劳动者加付赔偿金：

（一）未按照劳动合同的约定或者国家规定及时足额支付劳动者劳动报酬的；

（二）低于当地最低工资标准支付劳动者工资的；

（三）安排加班不支付加班费的；

（四）解除或者终止劳动合同，未依照本法规定向劳动者支付经济补偿的。

**第八十六条** 劳动合同依照本法第二十六条规定被确认无效，给对方造成损害的，有过错的一方应当承担赔偿责任。

**第八十七条** 用人单位违反本法规定解除或者终止劳动合同的，应当依照本法第四十七条规定的经济补偿标准的二倍向劳动者支付赔偿金。

**第八十八条** 用人单位有下列情形之一的，依法给予行政处罚；构成犯罪的，依法追究刑事责任；给劳动者造成损害的，应当承担赔偿责任：

（一）以暴力、威胁或者非法限制人身自由的手段强迫劳动的；

（二）违章指挥或者强令冒险作业危及劳动者人身安全的；

（三）侮辱、体罚、殴打、非法搜查或者拘禁劳动者的；

（四）劳动条件恶劣、环境污染严重，给劳动者身心健康造成严重损害的。

**第八十九条** 用人单位违反本法规定未向劳动者出具解除或者终止劳动合同的书面证明，由劳动行政部门责令改正；给劳动者造成损害的，应当承担赔偿责任。

第九十条　劳动者违反本法规定解除劳动合同，或者违反劳动合同中约定的保密义务或者竞业限制，给用人单位造成损失的，应当承担赔偿责任。

第九十一条　用人单位招用与其他用人单位尚未解除或者终止劳动合同的劳动者，给其他用人单位造成损失的，应当承担连带赔偿责任。

第九十二条　违反本法规定，未经许可，擅自经营劳务派遣业务的，由劳动行政部门责令停止违法行为，没收违法所得，并处违法所得一倍以上五倍以下的罚款；没有违法所得的，可以处五万元以下的罚款。

劳务派遣单位、用工单位违反本法有关劳务派遣规定的，由劳动行政部门责令限期改正；逾期不改正的，以每人五千元以上一万元以下的标准处以罚款，对劳务派遣单位，吊销其劳务派遣业务经营许可证。用工单位给被派遣劳动者造成损害的，劳务派遣单位与用工单位承担连带赔偿责任。

第九十三条　对不具备合法经营资格的用人单位的违法犯罪行为，依法追究法律责任；劳动者已经付出劳动的，该单位或者其出资人应当依照本法有关规定向劳动者支付劳动报酬、经济补偿、赔偿金；给劳动者造成损害的，应当承担赔偿责任。

第九十四条　个人承包经营违反本法规定招用劳动者，给劳动者造成损害的，发包的组织与个人承包经营者承担连带赔偿责任。

第九十五条　劳动行政部门和其他有关主管部门及其工作人员玩忽职守、不履行法定职责，或者违法行使职权，给劳动者或者用人单位造成损害的，应当承担赔偿责任；对直接负责的主管人员和其他直接责任人员，依法给予行政处分；构成犯罪的，依法追究刑事责任。

## 第八章　附则

第九十六条　事业单位与实行聘用制的工作人员订立、履行、变更、解除或者终止劳动合同，法律、行政法规或者国务院另有规定的，依照其规定；未作规定的，依照本法有关规定执行。

第九十七条　本法施行前已依法订立且在本法施行之日存续的劳动合同，继续履行；本法第十四条第二款第三项规定连续订立固定期限劳动合同的次数，自本法施行后续订固定期限劳动合同时开始计算。

本法施行前已建立劳动关系，尚未订立书面劳动合同的，应当自本法施行之日起一个月内订立。

本法施行之日存续的劳动合同在本法施行后解除或者终止，依照本法第四十六条规定应当支付经济补偿的，经济补偿年限自本法施行之日起计算；本法施行前按照当时有关规定，用人单位应当向劳动者支付经济补偿的，按照当时有关规定执行。

**第九十八条** 本法自2008年1月1日起施行。

## 三、中华人民共和国社会保险法

### 第一章 总 则

**第一条** 为了规范社会保险关系，维护公民参加社会保险和享受社会保险待遇的合法权益，使公民共享发展成果，促进社会和谐稳定，根据宪法，制定本法。

**第二条** 国家建立基本养老保险、基本医疗保险、工伤保险、失业保险、生育保险等社会保险制度，保障公民在年老、疾病、工伤、失业、生育等情况下依法从国家和社会获得物质帮助的权利。

**第三条** 社会保险制度坚持广覆盖、保基本、多层次、可持续的方针，社会保险水平应当与经济社会发展水平相适应。

**第四条** 中华人民共和国境内的用人单位和个人依法缴纳社会保险费，有权查询缴费记录、个人权益记录，要求社会保险经办机构提供社会保险咨询等相关服务。

个人依法享受社会保险待遇，有权监督本单位为其缴费情况。

**第五条** 县级以上人民政府将社会保险事业纳入国民经济和社会发展规划。

国家多渠道筹集社会保险资金。县级以上人民政府对社会保险事业给予必要的经费支持。

国家通过税收优惠政策支持社会保险事业。

**第六条** 国家对社会保险基金实行严格监管。

国务院和省、自治区、直辖市人民政府建立健全社会保险基金监督管理制度，保障社会保险基金安全、有效运行。

县级以上人民政府采取措施，鼓励和支持社会各方面参与社会保险基金的监督。

**第七条** 国务院社会保险行政部门负责全国的社会保险管理工作，国务院其他有关部门在各自的职责范围内负责有关的社会保险工作。

县级以上地方人民政府社会保险行政部门负责本行政区域的社会保险管理工作，县级以上地方人民政府其他有关部门在各自的职责范围内负责有关的社会保险工作。

**第八条** 社会保险经办机构提供社会保险服务，负责社会保险登记、个人权益记录、社会保险待遇支付等工作。

**第九条** 工会依法维护职工的合法权益，有权参与社会保险重大事项的研究，参加社会保险监督委员会，对与职工社会保险权益有关的事项进行监督。

## 第二章　基本养老保险

**第十条** 职工应当参加基本养老保险，由用人单位和职工共同缴纳基本养老保险费。

无雇工的个体工商户、未在用人单位参加基本养老保险的非全日制从业人员以及其他灵活就业人员可以参加基本养老保险，由个人缴纳基本养老保险费。

公务员和参照公务员法管理的工作人员养老保险的办法由国务院规定。

**第十一条** 基本养老保险实行社会统筹与个人账户相结合。

基本养老保险基金由用人单位和个人缴费以及政府补贴等组成。

**第十二条** 用人单位应当按照国家规定的本单位职工工资总额的比例缴纳基本养老保险费，记入基本养老保险统筹基金。

职工应当按照国家规定的本人工资的比例缴纳基本养老保险费，记入个人账户。

无雇工的个体工商户、未在用人单位参加基本养老保险的非全日制从业人员以及其他灵活就业人员参加基本养老保险的，应当按照国家规定缴纳基本养老保险费，分别记入基本养老保险统筹基金和个人账户。

**第十三条** 国有企业、事业单位职工参加基本养老保险前，视同缴费年限期间应当缴纳的基本养老保险费由政府承担。

基本养老保险基金出现支付不足时，政府给予补贴。

**第十四条** 个人账户不得提前支取，记账利率不得低于银行定期存款利率，免征利息税。个人死亡的，个人账户余额可以继承。

**第十五条** 基本养老金由统筹养老金和个人账户养老金组成。

基本养老金根据个人累计缴费年限、缴费工资、当地职工平均工资、个人账户金额、城镇人口平均预期寿命等因素确定。

**第十六条** 参加基本养老保险的个人，达到法定退休年龄时累计缴费满十五年的，按月领取基本养老金。

参加基本养老保险的个人，达到法定退休年龄时累计缴费不足十五年的，可以缴费至满十五年，按月领取基本养老金；也可以转入新型农村社会养老保险或者城镇居民社会养老保险，按照国务院规定享受相应的养老保险待遇。

**第十七条** 参加基本养老保险的个人，因病或者非因工死亡的，其遗属可以领取丧葬补助金和抚恤金；在未达到法定退休年龄时因病或者非因工致残完全丧失劳动能力的，可以领取病残津贴。所需资金从基本养老保险基金中支付。

**第十八条** 国家建立基本养老金正常调整机制。根据职工平均工资增长、物价上涨情况，适时提高基本养老保险待遇水平。

**第十九条** 个人跨统筹地区就业的，其基本养老保险关系随本人转移，缴费年限累计计算。个人达到法定退休年龄时，基本养老金分段计算、统一支付。具体办法由国务院规定。

**第二十条** 国家建立和完善新型农村社会养老保险制度。

新型农村社会养老保险实行个人缴费、集体补助和政府补贴相结合。

**第二十一条** 新型农村社会养老保险待遇由基础养老金和个人账户养老金组成。

参加新型农村社会养老保险的农村居民，符合国家规定条件的，按月领取新型农村社会养老保险待遇。

**第二十二条** 国家建立和完善城镇居民社会养老保险制度。

省、自治区、直辖市人民政府根据实际情况，可以将城镇居民社会养老保险和新型农村社会养老保险合并实施。

## 第三章 基本医疗保险

**第二十三条** 职工应当参加职工基本医疗保险，由用人单位和职工按照国家规定共同缴纳基本医疗保险费。

无雇工的个体工商户、未在用人单位参加职工基本医疗保险的非全日制从业人员以及其他灵活就业人员可以参加职工基本医疗保险，由个人按照国家规定缴纳基本医疗保险费。

**第二十四条** 国家建立和完善新型农村合作医疗制度。

新型农村合作医疗的管理办法，由国务院规定。

**第二十五条** 国家建立和完善城镇居民基本医疗保险制度。

城镇居民基本医疗保险实行个人缴费和政府补贴相结合。

享受最低生活保障的人、丧失劳动能力的残疾人、低收入家庭六十周岁以上的老年人和未成年人等所需个人缴费部分，由政府给予补贴。

**第二十六条** 职工基本医疗保险、新型农村合作医疗和城镇居民基本医疗保险的待遇标准按照国家规定执行。

**第二十七条** 参加职工基本医疗保险的个人，达到法定退休年龄时累计缴费达到国家规定年限的，退休后不再缴纳基本医疗保险费，按照国家规定享受基本医疗保险待遇；未达到国家规定年限的，可以缴费至国家规定年限。

**第二十八条** 符合基本医疗保险药品目录、诊疗项目、医疗服务设施标准以及急诊、抢救的医疗费用，按照国家规定从基本医疗保险基金中支付。

**第二十九条** 参保人员医疗费用中应当由基本医疗保险基金支付的部分，由社会保险经办机构与医疗机构、药品经营单位直接结算。

社会保险行政部门和卫生行政部门应当建立异地就医医疗费用结算制度，方便参保人员享受基本医疗保险待遇。

**第三十条** 下列医疗费用不纳入基本医疗保险基金支付范围：

（一）应当从工伤保险基金中支付的；

（二）应当由第三人负担的；

（三）应当由公共卫生负担的；

（四）在境外就医的。

医疗费用依法应当由第三人负担，第三人不支付或者无法确定第三人的，由基本医疗保险基金先行支付。基本医疗保险基金先行支付后，有权向第三人追偿。

**第三十一条** 社会保险经办机构根据管理服务的需要，可以与医疗机构、药品经营单位签订服务协议，规范医疗服务行为。

医疗机构应当为参保人员提供合理、必要的医疗服务。

**第三十二条** 个人跨统筹地区就业的，其基本医疗保险关系随本人转移，缴费年限累计计算。

## 第四章 工伤保险

**第三十三条** 职工应当参加工伤保险，由用人单位缴纳工伤保险费，职工不缴纳工伤保险费。

**第三十四条** 国家根据不同行业的工伤风险程度确定行业的差别费率，并根据使用工伤保险基金、工伤发生率等情况在每个行业内确定费率档次。行业差别费率和行业内费率档次由国务院社会保险行政部门制定，报国务院批准后公布施行。

社会保险经办机构根据用人单位使用工伤保险基金、工伤发生率和所属行业费率档次等情况，确定用人单位缴费费率。

**第三十五条** 用人单位应当按照本单位职工工资总额，根据社会保险经办机构确定的费率缴纳工伤保险费。

**第三十六条** 职工因工作原因受到事故伤害或者患职业病，且经工伤认定的，享受工伤保险待遇；其中，经劳动能力鉴定丧失劳动能力的，享受伤残待遇。

工伤认定和劳动能力鉴定应当简捷、方便。

**第三十七条** 职工因下列情形之一导致本人在工作中伤亡的，不认定为工伤：

（一）故意犯罪；

（二）醉酒或者吸毒；

（三）自残或者自杀；

（四）法律、行政法规规定的其他情形。

**第三十八条** 因工伤发生的下列费用，按照国家规定从工伤保险基金中支付：

（一）治疗工伤的医疗费用和康复费用；

（二）住院伙食补助费；

（三）到统筹地区以外就医的交通食宿费；

（四）安装配置伤残辅助器具所需费用；

（五）生活不能自理的，经劳动能力鉴定委员会确认的生活护理费；

（六）一次性伤残补助金和一至四级伤残职工按月领取的伤残津贴；

（七）终止或者解除劳动合同时，应当享受的一次性医疗补助金；

（八）因工死亡的，其遗属领取的丧葬补助金、供养亲属抚恤金和因工死亡补助金；

（九）劳动能力鉴定费。

第三十九条　因工伤发生的下列费用，按照国家规定由用人单位支付：

（一）治疗工伤期间的工资福利；

（二）五级、六级伤残职工按月领取的伤残津贴；

（三）终止或者解除劳动合同时，应当享受的一次性伤残就业补助金。

第四十条　工伤职工符合领取基本养老金条件的，停发伤残津贴，享受基本养老保险待遇。基本养老保险待遇低于伤残津贴的，从工伤保险基金中补足差额。

第四十一条　职工所在用人单位未依法缴纳工伤保险费，发生工伤事故的，由用人单位支付工伤保险待遇。用人单位不支付的，从工伤保险基金中先行支付。

从工伤保险基金中先行支付的工伤保险待遇应当由用人单位偿还。用人单位不偿还的，社会保险经办机构可以依照本法第六十三条的规定追偿。

第四十二条　由于第三人的原因造成工伤，第三人不支付工伤医疗费用或者无法确定第三人的，由工伤保险基金先行支付。工伤保险基金先行支付后，有权向第三人追偿。

第四十三条　工伤职工有下列情形之一的，停止享受工伤保险待遇：

（一）丧失享受待遇条件的；

（二）拒不接受劳动能力鉴定的；

（三）拒绝治疗的。

## 第五章 失业保险

**第四十四条** 职工应当参加失业保险，由用人单位和职工按照国家规定共同缴纳失业保险费。

**第四十五条** 失业人员符合下列条件的，从失业保险基金中领取失业保险金：

（一）失业前用人单位和本人已经缴纳失业保险费满一年的；

（二）非因本人意愿中断就业的；

（三）已经进行失业登记，并有求职要求的。

**第四十六条** 失业人员失业前用人单位和本人累计缴费满一年不足五年的，领取失业保险金的期限最长为十二个月；累计缴费满五年不足十年的，领取失业保险金的期限最长为十八个月；累计缴费十年以上的，领取失业保险金的期限最长为二十四个月。重新就业后，再次失业的，缴费时间重新计算，领取失业保险金的期限与前次失业应当领取而尚未领取的失业保险金的期限合并计算，最长不超过二十四个月。

**第四十七条** 失业保险金的标准，由省、自治区、直辖市人民政府确定，不得低于城市居民最低生活保障标准。

**第四十八条** 失业人员在领取失业保险金期间，参加职工基本医疗保险，享受基本医疗保险待遇。

失业人员应当缴纳的基本医疗保险费从失业保险基金中支付，个人不缴纳基本医疗保险费。

**第四十九条** 失业人员在领取失业保险金期间死亡的，参照当地对在职职工死亡的规定，向其遗属发给一次性丧葬补助金和抚恤金。所需资金从失业保险基金中支付。

个人死亡同时符合领取基本养老保险丧葬补助金、工伤保险丧葬补助金和失业保险丧葬补助金条件的，其遗属只能选择领取其中的一项。

**第五十条** 用人单位应当及时为失业人员出具终止或者解除劳动关系的证明，并将失业人员的名单自终止或者解除劳动关系之日起十五日内告知社会保险经办机构。

失业人员应当持本单位为其出具的终止或者解除劳动关系的证明，及时到指定的公共就业服务机构办理失业登记。

失业人员凭失业登记证明和个人身份证明，到社会保险经办机构办理领取失业保险金的手续。失业保险金领取期限自办理失业登记之日起计算。

第五十一条　失业人员在领取失业保险金期间有下列情形之一的，停止领取失业保险金，并同时停止享受其他失业保险待遇：

（一）重新就业的；

（二）应征服兵役的；

（三）移居境外的；

（四）享受基本养老保险待遇的；

（五）无正当理由，拒不接受当地人民政府指定部门或者机构介绍的适当工作或者提供的培训的。

第五十二条　职工跨统筹地区就业的，其失业保险关系随本人转移，缴费年限累计计算。

## 第六章　生育保险

第五十三条　职工应当参加生育保险，由用人单位按照国家规定缴纳生育保险费，职工不缴纳生育保险费。

第五十四条　用人单位已经缴纳生育保险费的，其职工享受生育保险待遇；职工未就业配偶按照国家规定享受生育医疗费用待遇。所需资金从生育保险基金中支付。

生育保险待遇包括生育医疗费用和生育津贴。

第五十五条　生育医疗费用包括下列各项：

（一）生育的医疗费用；

（二）计划生育的医疗费用；

（三）法律、法规规定的其他项目费用。

第五十六条　职工有下列情形之一的，可以按照国家规定享受生育津贴：

（一）女职工生育享受产假；

（二）享受计划生育手术休假；

（三）法律、法规规定的其他情形。

生育津贴按照职工所在用人单位上年度职工月平均工资计发。

## 第七章　社会保险费征缴

**第五十七条**　用人单位应当自成立之日起三十日内凭营业执照、登记证书或者单位印章，向当地社会保险经办机构申请办理社会保险登记。社会保险经办机构应当自收到申请之日起十五日内予以审核，发给社会保险登记证件。

用人单位的社会保险登记事项发生变更或者用人单位依法终止的，应当自变更或者终止之日起三十日内，到社会保险经办机构办理变更或者注销社会保险登记。

市场监督管理部门、民政部门和机构编制管理机关应当及时向社会保险经办机构通报用人单位的成立、终止情况，公安机关应当及时向社会保险经办机构通报个人的出生、死亡以及户口登记、迁移、注销等情况。

**第五十八条**　用人单位应当自用工之日起三十日内为其职工向社会保险经办机构申请办理社会保险登记。未办理社会保险登记的，由社会保险经办机构核定其应当缴纳的社会保险费。

自愿参加社会保险的无雇工的个体工商户、未在用人单位参加社会保险的非全日制从业人员以及其他灵活就业人员，应当向社会保险经办机构申请办理社会保险登记。

国家建立全国统一的个人社会保障号码。个人社会保障号码为公民身份号码。

**第五十九条**　县级以上人民政府加强社会保险费的征收工作。

社会保险费实行统一征收，实施步骤和具体办法由国务院规定。

**第六十条**　用人单位应当自行申报、按时足额缴纳社会保险费，非因不可抗力等法定事由不得缓缴、减免。职工应当缴纳的社会保险费由用人单位代扣代缴，用人单位应当按月将缴纳社会保险费的明细情况告知本人。

无雇工的个体工商户、未在用人单位参加社会保险的非全日制从业人员以及其他灵活就业人员，可以直接向社会保险费征收机构缴纳社会保险费。

**第六十一条**　社会保险费征收机构应当依法按时足额征收社会保险费，并将缴费情况定期告知用人单位和个人。

**第六十二条**　用人单位未按规定申报应当缴纳的社会保险费数额的，按照该单位上月缴费额的百分之一百一十确定应当缴纳数额；缴费单位补办申报手续后，由社会保险费征收机构按照规定结算。

**第六十三条** 用人单位未按时足额缴纳社会保险费的，由社会保险费征收机构责令其限期缴纳或者补足。

用人单位逾期仍未缴纳或者补足社会保险费的，社会保险费征收机构可以向银行和其他金融机构查询其存款账户；并可以申请县级以上有关行政部门作出划拨社会保险费的决定，书面通知其开户银行或者其他金融机构划拨社会保险费。用人单位账户余额少于应当缴纳的社会保险费的，社会保险费征收机构可以要求该用人单位提供担保，签订延期缴费协议。

用人单位未足额缴纳社会保险费且未提供担保的，社会保险费征收机构可以申请人民法院扣押、查封、拍卖其价值相当于应当缴纳社会保险费的财产，以拍卖所得抵缴社会保险费。

## 第八章 社会保险基金

**第六十四条** 社会保险基金包括基本养老保险基金、基本医疗保险基金、工伤保险基金、失业保险基金和生育保险基金。除基本医疗保险基金与生育保险基金合并建账及核算外，其他各项社会保险基金按照社会保险险种分别建账，分账核算。社会保险基金执行国家统一的会计制度。

社会保险基金专款专用，任何组织和个人不得侵占或者挪用。

基本养老保险基金逐步实行全国统筹，其他社会保险基金逐步实行省级统筹，具体时间、步骤由国务院规定。

**第六十五条** 社会保险基金通过预算实现收支平衡。

县级以上人民政府在社会保险基金出现支付不足时，给予补贴。

**第六十六条** 社会保险基金按照统筹层次设立预算。除基本医疗保险基金与生育保险基金预算合并编制外，其他社会保险基金预算按照社会保险项目分别编制。

**第六十七条** 社会保险基金预算、决算草案的编制、审核和批准，依照法律和国务院规定执行。

**第六十八条** 社会保险基金存入财政专户，具体管理办法由国务院规定。

**第六十九条** 社会保险基金在保证安全的前提下，按照国务院规定投资运营实现保值增值。

社会保险基金不得违规投资运营，不得用于平衡其他政府预算，不得用于兴建、改建办公场所和支付人员经费、运行费用、管理费用，或者违反法律、行政法规规定挪作其他用途。

**第七十条** 社会保险经办机构应当定期向社会公布参加社会保险情况以及社会保险基金的收入、支出、结余和收益情况。

**第七十一条** 国家设立全国社会保障基金，由中央财政预算拨款以及国务院批准的其他方式筹集的资金构成，用于社会保障支出的补充、调剂。全国社会保障基金由全国社会保障基金管理运营机构负责管理运营，在保证安全的前提下实现保值增值。

全国社会保障基金应当定期向社会公布收支、管理和投资运营的情况。国务院财政部门、社会保险行政部门、审计机关对全国社会保障基金的收支、管理和投资运营情况实施监督。

## 第九章　社会保险经办

**第七十二条** 统筹地区设立社会保险经办机构。社会保险经办机构根据工作需要，经所在地的社会保险行政部门和机构编制管理机关批准，可以在本统筹地区设立分支机构和服务网点。

社会保险经办机构的人员经费和经办社会保险发生的基本运行费用、管理费用，由同级财政按照国家规定予以保障。

**第七十三条** 社会保险经办机构应当建立健全业务、财务、安全和风险管理制度。

社会保险经办机构应当按时足额支付社会保险待遇。

**第七十四条** 社会保险经办机构通过业务经办、统计、调查获取社会保险工作所需的数据，有关单位和个人应当及时、如实提供。

社会保险经办机构应当及时为用人单位建立档案，完整、准确地记录参加社会保险的人员、缴费等社会保险数据，妥善保管登记、申报的原始凭证和支付结算的会计凭证。

社会保险经办机构应当及时、完整、准确地记录参加社会保险的个人缴费和用人单位为其缴费，以及享受社会保险待遇等个人权益记录，定期将个人权益记录单免费寄送本人。

用人单位和个人可以免费向社会保险经办机构查询、核对其缴费和享受社会保险待遇记录，要求社会保险经办机构提供社会保险咨询等相关服务。

**第七十五条** 全国社会保险信息系统按照国家统一规划，由县级以上人民政府按照分级负责的原则共同建设。

## 第十章 社会保险监督

**第七十六条** 各级人民代表大会常务委员会听取和审议本级人民政府对社会保险基金的收支、管理、投资运营以及监督检查情况的专项工作报告，组织对本法实施情况的执法检查等，依法行使监督职权。

**第七十七条** 县级以上人民政府社会保险行政部门应当加强对用人单位和个人遵守社会保险法律、法规情况的监督检查。

社会保险行政部门实施监督检查时，被检查的用人单位和个人应当如实提供与社会保险有关的资料，不得拒绝检查或者谎报、瞒报。

**第七十八条** 财政部门、审计机关按照各自职责，对社会保险基金的收支、管理和投资运营情况实施监督。

**第七十九条** 社会保险行政部门对社会保险基金的收支、管理和投资运营情况进行监督检查，发现存在问题的，应当提出整改建议，依法作出处理决定或者向有关行政部门提出处理建议。社会保险基金检查结果应当定期向社会公布。

社会保险行政部门对社会保险基金实施监督检查，有权采取下列措施：

（一）查阅、记录、复制与社会保险基金收支、管理和投资运营相关的资料，对可能被转移、隐匿或者灭失的资料予以封存；

（二）询问与调查事项有关的单位和个人，要求其对与调查事项有关的问题作出说明、提供有关证明材料；

（三）对隐匿、转移、侵占、挪用社会保险基金的行为予以制止并责令改正。

**第八十条** 统筹地区人民政府成立由用人单位代表、参保人员代表，以及工会代表、专家等组成的社会保险监督委员会，掌握、分析社会保险基金的收支、管理和投资运营情况，对社会保险工作提出咨询意见和建议，实施社会监督。

社会保险经办机构应当定期向社会保险监督委员会汇报社会保险基金的收支、管理和投资运营情况。社会保险监督委员会可以聘请会计师事务所对社会保险基金的收支、管理和投资运营情况进行年度审计和专项审计。审计结果应当向社会公开。

社会保险监督委员会发现社会保险基金收支、管理和投资运营中存在问题的，有权提出改正建议；对社会保险经办机构及其工作人员的违法行为，有权向有关部门提出依法处理建议。

**第八十一条** 社会保险行政部门和其他有关行政部门、社会保险经办机构、社会保险费征收机构及其工作人员，应当依法为用人单位和个人的信息保密，不得以任何形式泄露。

**第八十二条** 任何组织或者个人有权对违反社会保险法律、法规的行为进行举报、投诉。

社会保险行政部门、卫生行政部门、社会保险经办机构、社会保险费征收机构和财政部门、审计机关对属于本部门、本机构职责范围的举报、投诉，应当依法处理；对不属于本部门、本机构职责范围的，应当书面通知并移交有权处理的部门、机构处理。有权处理的部门、机构应当及时处理，不得推诿。

**第八十三条** 用人单位或者个人认为社会保险费征收机构的行为侵害自己合法权益的，可以依法申请行政复议或者提起行政诉讼。

用人单位或者个人对社会保险经办机构不依法办理社会保险登记、核定社会保险费、支付社会保险待遇、办理社会保险转移接续手续或者侵害其他社会保险权益的行为，可以依法申请行政复议或者提起行政诉讼。

个人与所在用人单位发生社会保险争议的，可以依法申请调解、仲裁，提起诉讼。用人单位侵害个人社会保险权益的，个人也可以要求社会保险行政部门或者社会保险费征收机构依法处理。

## 第十一章 法律责任

**第八十四条** 用人单位不办理社会保险登记的，由社会保险行政部门责令限期改正；逾期不改正的，对用人单位处应缴社会保险费数额一倍以上三倍以下的罚款，对其直接负责的主管人员和其他直接责任人员处五百元以上三千元以下的罚款。

**第八十五条** 用人单位拒不出具终止或者解除劳动关系证明的，依照《中华人民共和国劳动合同法》的规定处理。

**第八十六条** 用人单位未按时足额缴纳社会保险费的,由社会保险费征收机构责令限期缴纳或者补足,并自欠缴之日起,按日加收万分之五的滞纳金;逾期仍不缴纳的,由有关行政部门处欠缴数额一倍以上三倍以下的罚款。

**第八十七条** 社会保险经办机构以及医疗机构、药品经营单位等社会保险服务机构以欺诈、伪造证明材料或者其他手段骗取社会保险基金支出的,由社会保险行政部门责令退回骗取的社会保险金,处骗取金额二倍以上五倍以下的罚款;属于社会保险服务机构的,解除服务协议;直接负责的主管人员和其他直接责任人员有执业资格的,依法吊销其执业资格。

**第八十八条** 以欺诈、伪造证明材料或者其他手段骗取社会保险待遇的,由社会保险行政部门责令退回骗取的社会保险金,处骗取金额二倍以上五倍以下的罚款。

**第八十九条** 社会保险经办机构及其工作人员有下列行为之一的,由社会保险行政部门责令改正;给社会保险基金、用人单位或者个人造成损失的,依法承担赔偿责任;对直接负责的主管人员和其他直接责任人员依法给予处分:

(一) 未履行社会保险法定职责的;

(二) 未将社会保险基金存入财政专户的;

(三) 克扣或者拒不按时支付社会保险待遇的;

(四) 丢失或者篡改缴费记录、享受社会保险待遇记录等社会保险数据、个人权益记录的;

(五) 有违反社会保险法律、法规的其他行为的。

**第九十条** 社会保险费征收机构擅自更改社会保险费缴费基数、费率,导致少收或者多收社会保险费的,由有关行政部门责令其追缴应当缴纳的社会保险费或者退还不应当缴纳的社会保险费;对直接负责的主管人员和其他直接责任人员依法给予处分。

**第九十一条** 违反本法规定,隐匿、转移、侵占、挪用社会保险基金或者违规投资运营的,由社会保险行政部门、财政部门、审计机关责令追回;有违法所得的,没收违法所得;对直接负责的主管人员和其他直接责任人员依法给予处分。

**第九十二条** 社会保险行政部门和其他有关行政部门、社会保险经办机构、社会保险费征收机构及其工作人员泄露用人单位和个人信息的,对直接负责的主管人员和其他直接责任人员依法给予处分;给用人单位或者个人造成损失的,应当承担赔偿责任。

**第九十三条** 国家工作人员在社会保险管理、监督工作中滥用职权、玩忽职守、徇私舞弊的,依法给予处分。

**第九十四条** 违反本法规定,构成犯罪的,依法追究刑事责任。

## 第十二章　附则

**第九十五条** 进城务工的农村居民依照本法规定参加社会保险。

**第九十六条** 征收农村集体所有的土地,应当足额安排被征地农民的社会保险费,按照国务院规定将被征地农民纳入相应的社会保险制度。

**第九十七条** 外国人在中国境内就业的,参照本法规定参加社会保险。

**第九十八条** 本法自2011年7月1日起施行。

## 第二节　行政法规

### 四、工伤保险条例(2010年修订)

(2003年4月27日中华人民共和国国务院令第375号公布　根据2010年12月20日《国务院关于修改〈工伤保险条例〉的决定》修订)

#### 第一章　总　则

**第一条** 为了保障因工作遭受事故伤害或者患职业病的职工获得医疗救治和经济补偿,促进工伤预防和职业康复,分散用人单位的工伤风险,制定本条例。

**第二条** 中华人民共和国境内的企业、事业单位、社会团体、民办非企业单位、基金会、律师事务所、会计师事务所等组织和有雇工的个体工商户(以下称用人单位)应当依照本条例规定参加工伤保险,为本单位全部职工或者雇工(以下称职工)缴纳工伤保险费。

中华人民共和国境内的企业、事业单位、社会团体、民办非企业单位、基金会、律师事务所、会计师事务所等组织的职工和个体工商户的雇工，均有依照本条例的规定享受工伤保险待遇的权利。

第三条　工伤保险费的征缴按照《社会保险费征缴暂行条例》关于基本养老保险费、基本医疗保险费、失业保险费的征缴规定执行。

第四条　用人单位应当将参加工伤保险的有关情况在本单位内公示。

用人单位和职工应当遵守有关安全生产和职业病防治的法律法规，执行安全卫生规程和标准，预防工伤事故发生，避免和减少职业病危害。

职工发生工伤时，用人单位应当采取措施使工伤职工得到及时救治。

第五条　国务院社会保险行政部门负责全国的工伤保险工作。

县级以上地方各级人民政府社会保险行政部门负责本行政区域内的工伤保险工作。

社会保险行政部门按照国务院有关规定设立的社会保险经办机构（以下称经办机构）具体承办工伤保险事务。

第六条　社会保险行政部门等部门制定工伤保险的政策、标准，应当征求工会组织、用人单位代表的意见。

## 第二章　工伤保险基金

第七条　工伤保险基金由用人单位缴纳的工伤保险费、工伤保险基金的利息和依法纳入工伤保险基金的其他资金构成。

第八条　工伤保险费根据以支定收、收支平衡的原则，确定费率。

国家根据不同行业的工伤风险程度确定行业的差别费率，并根据工伤保险费使用、工伤发生率等情况在每个行业内确定若干费率档次。行业差别费率及行业内费率档次由国务院社会保险行政部门制定，报国务院批准后公布施行。

统筹地区经办机构根据用人单位工伤保险费使用、工伤发生率等情况，适用所属行业内相应的费率档次确定单位缴费费率。

第九条　国务院社会保险行政部门应当定期了解全国各统筹地区工伤保险基金收支情况，及时提出调整行业差别费率及行业内费率档次的方案，报国务院批准后公布施行。

第十条　用人单位应当按时缴纳工伤保险费。职工个人不缴纳工伤保险费。

用人单位缴纳工伤保险费的数额为本单位职工工资总额乘以单位缴费费率之积。

对难以按照工资总额缴纳工伤保险费的行业，其缴纳工伤保险费的具体方式，由国务院社会保险行政部门规定。

**第十一条** 工伤保险基金逐步实行省级统筹。

跨地区、生产流动性较大的行业，可以采取相对集中的方式异地参加统筹地区的工伤保险。具体办法由国务院社会保险行政部门会同有关行业的主管部门制定。

**第十二条** 工伤保险基金存入社会保障基金财政专户，用于本条例规定的工伤保险待遇，劳动能力鉴定，工伤预防的宣传、培训等费用，以及法律、法规规定的用于工伤保险的其他费用的支付。

工伤预防费用的提取比例、使用和管理的具体办法，由国务院社会保险行政部门会同国务院财政、卫生行政、安全生产监督管理等部门规定。

任何单位或者个人不得将工伤保险基金用于投资运营、兴建或者改建办公场所、发放奖金，或者挪作其他用途。

**第十三条** 工伤保险基金应当留有一定比例的储备金，用于统筹地区重大事故的工伤保险待遇支付；储备金不足支付的，由统筹地区的人民政府垫付。储备金占基金总额的具体比例和储备金的使用办法，由省、自治区、直辖市人民政府规定。

## 第三章　　工伤认定

**第十四条** 职工有下列情形之一的，应当认定为工伤：

（一）在工作时间和工作场所内，因工作原因受到事故伤害的；

（二）工作时间前后在工作场所内，从事与工作有关的预备性或者收尾性工作受到事故伤害的；

（三）在工作时间和工作场所内，因履行工作职责受到暴力等意外伤害的；

（四）患职业病的；

（五）因工外出期间，由于工作原因受到伤害或者发生事故下落不明的；

（六）在上下班途中，受到非本人主要责任的交通事故或者城市轨道交通、客运轮渡、火车事故伤害的；

（七）法律、行政法规规定应当认定为工伤的其他情形。

第十五条　职工有下列情形之一的，视同工伤：

（一）在工作时间和工作岗位，突发疾病死亡或者在48小时之内经抢救无效死亡的；

（二）在抢险救灾等维护国家利益、公共利益活动中受到伤害的；

（三）职工原在军队服役，因战、因公负伤致残，已取得革命伤残军人证，到用人单位后旧伤复发的。

职工有前款第（一）项、第（二）项情形的，按照本条例的有关规定享受工伤保险待遇；职工有前款第（三）项情形的，按照本条例的有关规定享受除一次性伤残补助金以外的工伤保险待遇。

第十六条　职工符合本条例第十四条、第十五条的规定，但是有下列情形之一的，不得认定为工伤或者视同工伤：

（一）故意犯罪的；

（二）醉酒或者吸毒的；

（三）自残或者自杀的。

第十七条　职工发生事故伤害或者按照职业病防治法规定被诊断、鉴定为职业病，所在单位应当自事故伤害发生之日或者被诊断、鉴定为职业病之日起30日内，向统筹地区社会保险行政部门提出工伤认定申请。遇有特殊情况，经报社会保险行政部门同意，申请时限可以适当延长。

用人单位未按前款规定提出工伤认定申请的，工伤职工或者其近亲属、工会组织在事故伤害发生之日或者被诊断、鉴定为职业病之日起1年内，可以直接向用人单位所在地统筹地区社会保险行政部门提出工伤认定申请。

按照本条第一款规定应当由省级社会保险行政部门进行工伤认定的事项，根据属地原则由用人单位所在地的设区的市级社会保险行政部门办理。

用人单位未在本条第一款规定的时限内提交工伤认定申请，在此期间发生符合本条例规定的工伤待遇等有关费用由该用人单位负担。

第十八条　提出工伤认定申请应当提交下列材料：

（一）工伤认定申请表；

（二）与用人单位存在劳动关系（包括事实劳动关系）的证明材料；

（三）医疗诊断证明或者职业病诊断证明书（或者职业病诊断鉴定书）。

工伤认定申请表应当包括事故发生的时间、地点、原因以及职工伤害程度等基本情况。

工伤认定申请人提供材料不完整的,社会保险行政部门应当一次性书面告知工伤认定申请人需要补正的全部材料。申请人按照书面告知要求补正材料后,社会保险行政部门应当受理。

**第十九条** 社会保险行政部门受理工伤认定申请后,根据审核需要可以对事故伤害进行调查核实,用人单位、职工、工会组织、医疗机构以及有关部门应当予以协助。职业病诊断和诊断争议的鉴定,依照职业病防治法的有关规定执行。对依法取得职业病诊断证明书或者职业病诊断鉴定书的,社会保险行政部门不再进行调查核实。

职工或者其近亲属认为是工伤,用人单位不认为是工伤的,由用人单位承担举证责任。

**第二十条** 社会保险行政部门应当自受理工伤认定申请之日起 60 日内作出工伤认定的决定,并书面通知申请工伤认定的职工或者其近亲属和该职工所在单位。

社会保险行政部门对受理的事实清楚、权利义务明确的工伤认定申请,应当在 15 日内作出工伤认定的决定。

作出工伤认定决定需要以司法机关或者有关行政主管部门的结论为依据的,在司法机关或者有关行政主管部门尚未作出结论期间,作出工伤认定决定的时限中止。

社会保险行政部门工作人员与工伤认定申请人有利害关系的,应当回避。

## 第四章 劳动能力鉴定

**第二十一条** 职工发生工伤,经治疗伤情相对稳定后存在残疾、影响劳动能力的,应当进行劳动能力鉴定。

**第二十二条** 劳动能力鉴定是指劳动功能障碍程度和生活自理障碍程度的等级鉴定。

劳动功能障碍分为十个伤残等级,最重的为一级,最轻的为十级。

生活自理障碍分为三个等级:生活完全不能自理、生活大部分不能自理和生活部分不能自理。

劳动能力鉴定标准由国务院社会保险行政部门会同国务院卫生行政部门

等部门制定。

第二十三条　劳动能力鉴定由用人单位、工伤职工或者其近亲属向设区的市级劳动能力鉴定委员会提出申请，并提供工伤认定决定和职工工伤医疗的有关资料。

第二十四条　省、自治区、直辖市劳动能力鉴定委员会和设区的市级劳动能力鉴定委员会分别由省、自治区、直辖市和设区的市级社会保险行政部门、卫生行政部门、工会组织、经办机构代表以及用人单位代表组成。

劳动能力鉴定委员会建立医疗卫生专家库。列入专家库的医疗卫生专业技术人员应当具备下列条件：

（一）具有医疗卫生高级专业技术职务任职资格；

（二）掌握劳动能力鉴定的相关知识；

（三）具有良好的职业品德。

第二十五条　设区的市级劳动能力鉴定委员会收到劳动能力鉴定申请后，应当从其建立的医疗卫生专家库中随机抽取 3 名或者 5 名相关专家组成专家组，由专家组提出鉴定意见。设区的市级劳动能力鉴定委员会根据专家组的鉴定意见作出工伤职工劳动能力鉴定结论；必要时，可以委托具备资格的医疗机构协助进行有关的诊断。

设区的市级劳动能力鉴定委员会应当自收到劳动能力鉴定申请之日起 60 日内作出劳动能力鉴定结论，必要时，作出劳动能力鉴定结论的期限可以延长 30 日。劳动能力鉴定结论应当及时送达申请鉴定的单位和个人。

第二十六条　申请鉴定的单位或者个人对设区的市级劳动能力鉴定委员会作出的鉴定结论不服的，可以在收到该鉴定结论之日起 15 日内向省、自治区、直辖市劳动能力鉴定委员会提出再次鉴定申请。省、自治区、直辖市劳动能力鉴定委员会作出的劳动能力鉴定结论为最终结论。

第二十七条　劳动能力鉴定工作应当客观、公正。劳动能力鉴定委员会组成人员或者参加鉴定的专家与当事人有利害关系的，应当回避。

第二十八条　自劳动能力鉴定结论作出之日起 1 年后，工伤职工或者其近亲属、所在单位或者经办机构认为伤残情况发生变化的，可以申请劳动能力复查鉴定。

第二十九条　劳动能力鉴定委员会依照本条例第二十六条和第二十八条的规定进行再次鉴定和复查鉴定的期限，依照本条例第二十五条第二款的规定执行。

## 第五章　工伤保险待遇

**第三十条**　职工因工作遭受事故伤害或者患职业病进行治疗，享受工伤医疗待遇。

职工治疗工伤应当在签订服务协议的医疗机构就医，情况紧急时可以先到就近的医疗机构急救。

治疗工伤所需费用符合工伤保险诊疗项目目录、工伤保险药品目录、工伤保险住院服务标准的，从工伤保险基金支付。工伤保险诊疗项目目录、工伤保险药品目录、工伤保险住院服务标准，由国务院社会保险行政部门会同国务院卫生行政部门、食品药品监督管理部门等部门规定。

职工住院治疗工伤的伙食补助费，以及经医疗机构出具证明，报经办机构同意，工伤职工到统筹地区以外就医所需的交通、食宿费用从工伤保险基金支付，基金支付的具体标准由统筹地区人民政府规定。

工伤职工治疗非工伤引发的疾病，不享受工伤医疗待遇，按照基本医疗保险办法处理。

工伤职工到签订服务协议的医疗机构进行工伤康复的费用，符合规定的，从工伤保险基金支付。

**第三十一条**　社会保险行政部门作出认定为工伤的决定后发生行政复议、行政诉讼的，行政复议和行政诉讼期间不停止支付工伤职工治疗工伤的医疗费用。

**第三十二条**　工伤职工因日常生活或者就业需要，经劳动能力鉴定委员会确认，可以安装假肢、矫形器、假眼、假牙和配置轮椅等辅助器具，所需费用按照国家规定的标准从工伤保险基金支付。

**第三十三条**　职工因工作遭受事故伤害或者患职业病需要暂停工作接受工伤医疗的，在停工留薪期内，原工资福利待遇不变，由所在单位按月支付。

停工留薪期一般不超过12个月。伤情严重或者情况特殊，经设区的市级劳动能力鉴定委员会确认，可以适当延长，但延长不得超过12个月。工伤职工评定伤残等级后，停发原待遇，按照本章的有关规定享受伤残待遇。工伤职工在停工留薪期满后仍需治疗的，继续享受工伤医疗待遇。

生活不能自理的工伤职工在停工留薪期需要护理的，由所在单位负责。

第三十四条　工伤职工已经评定伤残等级并经劳动能力鉴定委员会确认需要生活护理的，从工伤保险基金按月支付生活护理费。

生活护理费按照生活完全不能自理、生活大部分不能自理或者生活部分不能自理3个不同等级支付，其标准分别为统筹地区上年度职工月平均工资的50%、40%或者30%。

第三十五条　职工因工致残被鉴定为一级至四级伤残的，保留劳动关系，退出工作岗位，享受以下待遇：

（一）从工伤保险基金按伤残等级支付一次性伤残补助金，标准为：一级伤残为27个月的本人工资，二级伤残为25个月的本人工资，三级伤残为23个月的本人工资，四级伤残为21个月的本人工资；

（二）从工伤保险基金按月支付伤残津贴，标准为：一级伤残为本人工资的90%，二级伤残为本人工资的85%，三级伤残为本人工资的80%，四级伤残为本人工资的75%。伤残津贴实际金额低于当地最低工资标准的，由工伤保险基金补足差额；

（三）工伤职工达到退休年龄并办理退休手续后，停发伤残津贴，按照国家有关规定享受基本养老保险待遇。基本养老保险待遇低于伤残津贴的，由工伤保险基金补足差额。

职工因工致残被鉴定为一级至四级伤残的，由用人单位和职工个人以伤残津贴为基数，缴纳基本医疗保险费。

第三十六条　职工因工致残被鉴定为五级、六级伤残的，享受以下待遇：

（一）从工伤保险基金按伤残等级支付一次性伤残补助金，标准为：五级伤残为18个月的本人工资，六级伤残为16个月的本人工资；

（二）保留与用人单位的劳动关系，由用人单位安排适当工作。难以安排工作的，由用人单位按月发给伤残津贴，标准为：五级伤残为本人工资的70%，六级伤残为本人工资的60%，并由用人单位按照规定为其缴纳应缴纳的各项社会保险费。伤残津贴实际金额低于当地最低工资标准的，由用人单位补足差额。

经工伤职工本人提出，该职工可以与用人单位解除或者终止劳动关系，由工伤保险基金支付一次性工伤医疗补助金，由用人单位支付一次性伤残就业补助金。一次性工伤医疗补助金和一次性伤残就业补助金的具体标准由省、自治区、直辖市人民政府规定。

**第三十七条** 职工因工致残被鉴定为七级至十级伤残的,享受以下待遇:

(一)从工伤保险基金按伤残等级支付一次性伤残补助金,标准为:七级伤残为13个月的本人工资,八级伤残为11个月的本人工资,九级伤残为9个月的本人工资,十级伤残为7个月的本人工资;

(二)劳动、聘用合同期满终止,或者职工本人提出解除劳动、聘用合同的,由工伤保险基金支付一次性工伤医疗补助金,由用人单位支付一次性伤残就业补助金。一次性工伤医疗补助金和一次性伤残就业补助金的具体标准由省、自治区、直辖市人民政府规定。

**第三十八条** 工伤职工工伤复发,确认需要治疗的,享受本条例第三十条、第三十二条和第三十三条规定的工伤待遇。

**第三十九条** 职工因工死亡,其近亲属按照下列规定从工伤保险基金领取丧葬补助金、供养亲属抚恤金和一次性工亡补助金:

(一)丧葬补助金为6个月的统筹地区上年度职工月平均工资;

(二)供养亲属抚恤金按照职工本人工资的一定比例发给由因工死亡职工生前提供主要生活来源、无劳动能力的亲属。标准为:配偶每月40%,其他亲属每人每月30%,孤寡老人或者孤儿每人每月在上述标准的基础上增加10%。核定的各供养亲属的抚恤金之和不应高于因工死亡职工生前的工资。供养亲属的具体范围由国务院社会保险行政部门规定;

(三)一次性工亡补助金标准为上一年度全国城镇居民人均可支配收入的20倍。

伤残职工在停工留薪期内因工伤导致死亡的,其近亲属享受本条第一款规定的待遇。

一级至四级伤残职工在停工留薪期满后死亡的,其近亲属可以享受本条第一款第(一)项、第(二)项规定的待遇。

**第四十条** 伤残津贴、供养亲属抚恤金、生活护理费由统筹地区社会保险行政部门根据职工平均工资和生活费用变化等情况适时调整。调整办法由省、自治区、直辖市人民政府规定。

**第四十一条** 职工因工外出期间发生事故或者在抢险救灾中下落不明

的，从事故发生当月起 3 个月内照发工资，从第 4 个月起停发工资，由工伤保险基金向其供养亲属按月支付供养亲属抚恤金。生活有困难的，可以预支一次性工亡补助金的 50%。职工被人民法院宣告死亡的，按照本条例第三十九条职工因工死亡的规定处理。

**第四十二条** 工伤职工有下列情形之一的，停止享受工伤保险待遇：

（一）丧失享受待遇条件的；

（二）拒不接受劳动能力鉴定的；

（三）拒绝治疗的。

**第四十三条** 用人单位分立、合并、转让的，承继单位应当承担原用人单位的工伤保险责任；原用人单位已经参加工伤保险的，承继单位应当到当地经办机构办理工伤保险变更登记。

用人单位实行承包经营的，工伤保险责任由职工劳动关系所在单位承担。

职工被借调期间受到工伤事故伤害的，由原用人单位承担工伤保险责任，但原用人单位与借调单位可以约定补偿办法。

企业破产的，在破产清算时依法拨付应当由单位支付的工伤保险待遇费用。

**第四十四条** 职工被派遣出境工作，依据前往国家或者地区的法律应当参加当地工伤保险的，参加当地工伤保险，其国内工伤保险关系中止；不能参加当地工伤保险的，其国内工伤保险关系不中止。

**第四十五条** 职工再次发生工伤，根据规定应当享受伤残津贴的，按照新认定的伤残等级享受伤残津贴待遇。

## 第六章 监督管理

**第四十六条** 经办机构具体承办工伤保险事务，履行下列职责：

（一）根据省、自治区、直辖市人民政府规定，征收工伤保险费；

（二）核查用人单位的工资总额和职工人数，办理工伤保险登记，并负责保存用人单位缴费和职工享受工伤保险待遇情况的记录；

（三）进行工伤保险的调查、统计；

（四）按照规定管理工伤保险基金的支出；

（五）按照规定核定工伤保险待遇；

（六）为工伤职工或者其近亲属免费提供咨询服务。

第四十七条　经办机构与医疗机构、辅助器具配置机构在平等协商的基础上签订服务协议，并公布签订服务协议的医疗机构、辅助器具配置机构的名单。具体办法由国务院社会保险行政部门分别会同国务院卫生行政部门、民政部门等部门制定。

第四十八条　经办机构按照协议和国家有关目录、标准对工伤职工医疗费用、康复费用、辅助器具费用的使用情况进行核查，并按时足额结算费用。

第四十九条　经办机构应当定期公布工伤保险基金的收支情况，及时向社会保险行政部门提出调整费率的建议。

第五十条　社会保险行政部门、经办机构应当定期听取工伤职工、医疗机构、辅助器具配置机构以及社会各界对改进工伤保险工作的意见。

第五十一条　社会保险行政部门依法对工伤保险费的征缴和工伤保险基金的支付情况进行监督检查。

财政部门和审计机关依法对工伤保险基金的收支、管理情况进行监督。

第五十二条　任何组织和个人对有关工伤保险的违法行为，有权举报。社会保险行政部门对举报应当及时调查，按照规定处理，并为举报人保密。

第五十三条　工会组织依法维护工伤职工的合法权益，对用人单位的工伤保险工作实行监督。

第五十四条　职工与用人单位发生工伤待遇方面的争议，按照处理劳动争议的有关规定处理。

第五十五条　有下列情形之一的，有关单位或者个人可以依法申请行政复议，也可以依法向人民法院提起行政诉讼：

（一）申请工伤认定的职工或者其近亲属、该职工所在单位对工伤认定申请不予受理的决定不服的；

（二）申请工伤认定的职工或者其近亲属、该职工所在单位对工伤认定结论不服的；

（三）用人单位对经办机构确定的单位缴费费率不服的；

（四）签订服务协议的医疗机构、辅助器具配置机构认为经办机构未履行有关协议或者规定的；

（五）工伤职工或者其近亲属对经办机构核定的工伤保险待遇有异议的。

## 第七章　法律责任

**第五十六条**　单位或者个人违反本条例第十二条规定挪用工伤保险基金，构成犯罪的，依法追究刑事责任；尚不构成犯罪的，依法给予处分或者纪律处分。被挪用的基金由社会保险行政部门追回，并入工伤保险基金；没收的违法所得依法上缴国库。

**第五十七条**　社会保险行政部门工作人员有下列情形之一的，依法给予处分；情节严重，构成犯罪的，依法追究刑事责任：

（一）无正当理由不受理工伤认定申请，或者弄虚作假将不符合工伤条件的人员认定为工伤职工的；

（二）未妥善保管申请工伤认定的证据材料，致使有关证据灭失的；

（三）收受当事人财物的。

**第五十八条**　经办机构有下列行为之一的，由社会保险行政部门责令改正，对直接负责的主管人员和其他责任人员依法给予纪律处分；情节严重，构成犯罪的，依法追究刑事责任；造成当事人经济损失的，由经办机构依法承担赔偿责任：

（一）未按规定保存用人单位缴费和职工享受工伤保险待遇情况记录的；

（二）不按规定核定工伤保险待遇的；

（三）收受当事人财物的。

**第五十九条**　医疗机构、辅助器具配置机构不按服务协议提供服务的，经办机构可以解除服务协议。

经办机构不按时足额结算费用的，由社会保险行政部门责令改正；医疗机构、辅助器具配置机构可以解除服务协议。

**第六十条**　用人单位、工伤职工或者其近亲属骗取工伤保险待遇，医疗机构、辅助器具配置机构骗取工伤保险基金支出的，由社会保险行政部门责令退还，处骗取金额2倍以上5倍以下的罚款；情节严重，构成犯罪的，依法追究刑事责任。

**第六十一条**　从事劳动能力鉴定的组织或者个人有下列情形之一的，由社会保险行政部门责令改正，处2000元以上1万元以下的罚款；情节严重，构成犯罪的，依法追究刑事责任：

（一）提供虚假鉴定意见的；

(二) 提供虚假诊断证明的;
(三) 收受当事人财物的。

**第六十二条** 用人单位依照本条例规定应当参加工伤保险而未参加的,由社会保险行政部门责令限期参加,补缴应当缴纳的工伤保险费,并自欠缴之日起,按日加收万分之五的滞纳金;逾期仍不缴纳的,处欠缴数额1倍以上3倍以下的罚款。

依照本条例规定应当参加工伤保险而未参加工伤保险的用人单位职工发生工伤的,由该用人单位按照本条例规定的工伤保险待遇项目和标准支付费用。

用人单位参加工伤保险并补缴应当缴纳的工伤保险费、滞纳金后,由工伤保险基金和用人单位依照本条例的规定支付新发生的费用。

**第六十三条** 用人单位违反本条例第十九条的规定,拒不协助社会保险行政部门对事故进行调查核实的,由社会保险行政部门责令改正,处2000元以上2万元以下的罚款。

## 第八章 附 则

**第六十四条** 本条例所称工资总额,是指用人单位直接支付给本单位全部职工的劳动报酬总额。

本条例所称本人工资,是指工伤职工因工作遭受事故伤害或者患职业病前12个月平均月缴费工资。本人工资高于统筹地区职工平均工资300%的,按照统筹地区职工平均工资的300%计算;本人工资低于统筹地区职工平均工资60%的,按照统筹地区职工平均工资的60%计算。

**第六十五条** 公务员和参照公务员法管理的事业单位、社会团体的工作人员因工作遭受事故伤害或者患职业病的,由所在单位支付费用。具体办法由国务院社会保险行政部门会同国务院财政部门规定。

**第六十六条** 无营业执照或者未经依法登记、备案的单位以及被依法吊销营业执照或者撤销登记、备案的单位的职工受到事故伤害或者患职业病的,由该单位向伤残职工或者死亡职工的近亲属给予一次性赔偿,赔偿标准不得低于本条例规定的工伤保险待遇;用人单位不得使用童工,用人单位使用童工造成童工伤残、死亡的,由该单位向童工或者童工的近亲属给予一次性赔偿,赔偿标准不得低于本条例规定的工伤保险待遇。具体办法由国务院社会保险行政部门规定。

前款规定的伤残职工或者死亡职工的近亲属就赔偿数额与单位发生争议的，以及前款规定的童工或者童工的近亲属就赔偿数额与单位发生争议的，按照处理劳动争议的有关规定处理。

**第六十七条** 本条例自2004年1月1日起施行。本条例施行前已受到事故伤害或者患职业病的职工尚未完成工伤认定的，按照本条例的规定执行。

## 五、保障农民工工资支付条例

中华人民共和国国务院令（第724号）

### 第一章 总 则

**第一条** 为了规范农民工工资支付行为，保障农民工按时足额获得工资，根据《中华人民共和国劳动法》及有关法律规定，制定本条例。

**第二条** 保障农民工工资支付，适用本条例。

本条例所称农民工，是指为用人单位提供劳动的农村居民。

本条例所称工资，是指农民工为用人单位提供劳动后应当获得的劳动报酬。

**第三条** 农民工有按时足额获得工资的权利。任何单位和个人不得拖欠农民工工资。

农民工应当遵守劳动纪律和职业道德，执行劳动安全卫生规程，完成劳动任务。

**第四条** 县级以上地方人民政府对本行政区域内保障农民工工资支付工作负责，建立保障农民工工资支付工作协调机制，加强监管能力建设，健全保障农民工工资支付工作目标责任制，并纳入对本级人民政府有关部门和下级人民政府进行考核和监督的内容。

乡镇人民政府、街道办事处应当加强对拖欠农民工工资矛盾的排查和调处工作，防范和化解矛盾，及时调解纠纷。

**第五条** 保障农民工工资支付，应当坚持市场主体负责、政府依法监管、社会协同监督，按照源头治理、预防为主、防治结合、标本兼治的要求，依法根治拖欠农民工工资问题。

**第六条** 用人单位实行农民工劳动用工实名制管理，与招用的农民工书面约定或者通过依法制定的规章制度规定工资支付标准、支付时间、支付方式等内容。

**第七条** 人力资源社会保障行政部门负责保障农民工工资支付工作的组织协调、管理指导和农民工工资支付情况的监督检查，查处有关拖欠农民工工资案件。

住房城乡建设、交通运输、水利等相关行业工程建设主管部门按照职责履行行业监管责任，督办因违法发包、转包、违法分包、挂靠、拖欠工程款等导致的拖欠农民工工资案件。

发展改革等部门按照职责负责政府投资项目的审批管理，依法审查政府投资项目的资金来源和筹措方式，按规定及时安排政府投资，加强社会信用体系建设，组织对拖欠农民工工资失信联合惩戒对象依法依规予以限制和惩戒。

财政部门负责政府投资资金的预算管理，根据经批准的预算按规定及时足额拨付政府投资资金。

公安机关负责及时受理、侦办涉嫌拒不支付劳动报酬刑事案件，依法处置因农民工工资拖欠引发的社会治安案件。

司法行政、自然资源、人民银行、审计、国有资产管理、税务、市场监管、金融监管等部门，按照职责做好与保障农民工工资支付相关的工作。

**第八条** 工会、共产主义青年团、妇女联合会、残疾人联合会等组织按照职责依法维护农民工获得工资的权利。

**第九条** 新闻媒体应当开展保障农民工工资支付法律法规政策的公益宣传和先进典型的报道，依法加强对拖欠农民工工资违法行为的舆论监督，引导用人单位增强依法用工、按时足额支付工资的法律意识，引导农民工依法维权。

**第十条** 被拖欠工资的农民工有权依法投诉，或者申请劳动争议调解仲裁和提起诉讼。

任何单位和个人对拖欠农民工工资的行为，有权向人力资源社会保障行政部门或者其他有关部门举报。

人力资源社会保障行政部门和其他有关部门应当公开举报投诉电话、网站等渠道，依法接受对拖欠农民工工资行为的举报、投诉。对于举报、投诉的处理实行首问负责制，属于本部门受理的，应当依法及时处理；不属于本部门受理的，应当及时转送相关部门，相关部门应当依法及时处理，并将处理结果告知举报、投诉人。

## 第二章 工资支付形式与周期

第十一条 农民工工资应当以货币形式，通过银行转账或者现金支付给农民工本人，不得以实物或者有价证券等其他形式替代。

第十二条 用人单位应当按照与农民工书面约定或者依法制定的规章制度规定的工资支付周期和具体支付日期足额支付工资。

第十三条 实行月、周、日、小时工资制的，按照月、周、日、小时为周期支付工资；实行计件工资制的，工资支付周期由双方依法约定。

第十四条 用人单位与农民工书面约定或者依法制定的规章制度规定的具体支付日期，可以在农民工提供劳动的当期或者次期。具体支付日期遇法定节假日或者休息日的，应当在法定节假日或者休息日前支付。

用人单位因不可抗力未能在支付日期支付工资的，应当在不可抗力消除后及时支付。

第十五条 用人单位应当按照工资支付周期编制书面工资支付台账，并至少保存3年。

书面工资支付台账应当包括用人单位名称，支付周期，支付日期，支付对象姓名、身份证号码、联系方式，工作时间，应发工资项目及数额，代扣、代缴、扣除项目和数额，实发工资数额，银行代发工资凭证或者农民工签字等内容。

用人单位向农民工支付工资时，应当提供农民工本人的工资清单。

## 第三章 工资清偿

第十六条 用人单位拖欠农民工工资的，应当依法予以清偿。

第十七条 不具备合法经营资格的单位招用农民工，农民工已经付出劳动而未获得工资的，依照有关法律规定执行。

第十八条 用工单位使用个人、不具备合法经营资格的单位或者未依法取得劳务派遣许可证的单位派遣的农民工，拖欠农民工工资的，由用工单位清偿，并可以依法进行追偿。

**第十九条** 用人单位将工作任务发包给个人或者不具备合法经营资格的单位，导致拖欠所招用农民工工资的，依照有关法律规定执行。

用人单位允许个人、不具备合法经营资格或者未取得相应资质的单位以用人单位的名义对外经营，导致拖欠所招用农民工工资的，由用人单位清偿，并可以依法进行追偿。

**第二十条** 合伙企业、个人独资企业、个体经济组织等用人单位拖欠农民工工资的，应当依法予以清偿；不清偿的，由出资人依法清偿。

**第二十一条** 用人单位合并或者分立时，应当在实施合并或者分立前依法清偿拖欠的农民工工资；经与农民工书面协商一致的，可以由合并或者分立后承继其权利和义务的用人单位清偿。

**第二十二条** 用人单位被依法吊销营业执照或者登记证书、被责令关闭、被撤销或者依法解散的，应当在申请注销登记前依法清偿拖欠的农民工工资。

未依据前款规定清偿农民工工资的用人单位主要出资人，应当在注册新用人单位前清偿拖欠的农民工工资。

## 第四章　工程建设领域特别规定

**第二十三条** 建设单位应当有满足施工所需要的资金安排。没有满足施工所需要的资金安排的，工程建设项目不得开工建设；依法需要办理施工许可证的，相关行业工程建设主管部门不予颁发施工许可证。

政府投资项目所需资金，应当按照国家有关规定落实到位，不得由施工单位垫资建设。

**第二十四条** 建设单位应当向施工单位提供工程款支付担保。

建设单位与施工总承包单位依法订立书面工程施工合同，应当约定工程款计量周期、工程款进度结算办法以及人工费用拨付周期，并按照保障农民工工资按时足额支付的要求约定人工费用。人工费用拨付周期不得超过1个月。

建设单位与施工总承包单位应当将工程施工合同保存备查。

**第二十五条** 施工总承包单位与分包单位依法订立书面分包合同，应当约定工程款计量周期、工程款进度结算办法。

第二十六条　施工总承包单位应当按照有关规定开设农民工工资专用账户，专项用于支付该工程建设项目农民工工资。

开设、使用农民工工资专用账户有关资料应当由施工总承包单位妥善保存备查。

第二十七条　金融机构应当优化农民工工资专用账户开设服务流程，做好农民工工资专用账户的日常管理工作；发现资金未按约定拨付等情况的，及时通知施工总承包单位，由施工总承包单位报告人力资源社会保障行政部门和相关行业工程建设主管部门，并纳入欠薪预警系统。

工程完工且未拖欠农民工工资的，施工总承包单位公示30日后，可以申请注销农民工工资专用账户，账户内余额归施工总承包单位所有。

第二十八条　施工总承包单位或者分包单位应当依法与所招用的农民工订立劳动合同并进行用工实名登记，具备条件的行业应当通过相应的管理服务信息平台进行用工实名登记、管理。未与施工总承包单位或者分包单位订立劳动合同并进行用工实名登记的人员，不得进入项目现场施工。

施工总承包单位应当在工程项目部配备劳资专管员，对分包单位劳动用工实施监督管理，掌握施工现场用工、考勤、工资支付等情况，审核分包单位编制的农民工工资支付表，分包单位应当予以配合。

施工总承包单位、分包单位应当建立用工管理台账，并保存至工程完工且工资全部结清后至少3年。

第二十九条　建设单位应当按照合同约定及时拨付工程款，并将人工费用及时足额拨付至农民工工资专用账户，加强对施工总承包单位按时足额支付农民工工资的监督。

因建设单位未按照合同约定及时拨付工程款导致农民工工资拖欠的，建设单位应当以未结清的工程款为限先行垫付被拖欠的农民工工资。

建设单位应当以项目为单位建立保障农民工工资支付协调机制和工资拖欠预防机制，督促施工总承包单位加强劳动用工管理，妥善处理与农民工工资支付相关的矛盾纠纷。发生农民工集体讨薪事件的，建设单位应当会同施工总承包单位及时处理，并向项目所在地人力资源社会保障行政部门和相关行业工程建设主管部门报告有关情况。

第三十条　分包单位对所招用农民工的实名制管理和工资支付负直接责任。

施工总承包单位对分包单位劳动用工和工资发放等情况进行监督。

分包单位拖欠农民工工资的，由施工总承包单位先行清偿，再依法进行追偿。

工程建设项目转包，拖欠农民工工资的，由施工总承包单位先行清偿，再依法进行追偿。

**第三十一条** 工程建设领域推行分包单位农民工工资委托施工总承包单位代发制度。

分包单位应当按月考核农民工工作量并编制工资支付表，经农民工本人签字确认后，与当月工程进度等情况一并交施工总承包单位。

施工总承包单位根据分包单位编制的工资支付表，通过农民工工资专用账户直接将工资支付到农民工本人的银行账户，并向分包单位提供代发工资凭证。

用于支付农民工工资的银行账户所绑定的农民工本人社会保障卡或者银行卡，用人单位或者其他人员不得以任何理由扣押或者变相扣押。

**第三十二条** 施工总承包单位应当按照有关规定存储工资保证金，专项用于支付为所承包工程提供劳动的农民工被拖欠的工资。

工资保证金实行差异化存储办法，对一定时期内未发生工资拖欠的单位实行减免措施，对发生工资拖欠的单位适当提高存储比例。工资保证金可以用金融机构保函替代。

工资保证金的存储比例、存储形式、减免措施等具体办法，由国务院人力资源社会保障行政部门会同有关部门制定。

**第三十三条** 除法律另有规定外，农民工工资专用账户资金和工资保证金不得因支付为本项目提供劳动的农民工工资之外的原因被查封、冻结或者划拨。

**第三十四条** 施工总承包单位应当在施工现场醒目位置设立维权信息告示牌，明示下列事项：

（一）建设单位、施工总承包单位及所在项目部、分包单位、相关行业工程建设主管部门、劳资专管员等基本信息；

（二）当地最低工资标准、工资支付日期等基本信息；

（三）相关行业工程建设主管部门和劳动保障监察投诉举报电话、劳动争议调解仲裁申请渠道、法律援助申请渠道、公共法律服务热线等信息。

**第三十五条**　建设单位与施工总承包单位或者承包单位与分包单位因工程数量、质量、造价等产生争议的，建设单位不得因争议不按照本条例第二十四条的规定拨付工程款中的人工费用，施工总承包单位也不得因争议不按照规定代发工资。

　　**第三十六条**　建设单位或者施工总承包单位将建设工程发包或者分包给个人或者不具备合法经营资格的单位，导致拖欠农民工工资的，由建设单位或者施工总承包单位清偿。

　　施工单位允许其他单位和个人以施工单位的名义对外承揽建设工程，导致拖欠农民工工资的，由施工单位清偿。

　　**第三十七条**　工程建设项目违反国土空间规划、工程建设等法律法规，导致拖欠农民工工资的，由建设单位清偿。

## 第五章　监督检查

　　**第三十八条**　县级以上地方人民政府应当建立农民工工资支付监控预警平台，实现人力资源社会保障、发展改革、司法行政、财政、住房城乡建设、交通运输、水利等部门的工程项目审批、资金落实、施工许可、劳动用工、工资支付等信息及时共享。

　　人力资源社会保障行政部门根据水电燃气供应、物业管理、信贷、税收等反映企业生产经营相关指标的变化情况，及时监控和预警工资支付隐患并做好防范工作，市场监管、金融监管、税务等部门应当予以配合。

　　**第三十九条**　人力资源社会保障行政部门、相关行业工程建设主管部门和其他有关部门应当按照职责，加强对用人单位与农民工签订劳动合同、工资支付以及工程建设项目实行农民工实名制管理、农民工工资专用账户管理、施工总承包单位代发工资、工资保证金存储、维权信息公示等情况的监督检查，预防和减少拖欠农民工工资行为的发生。

　　**第四十条**　人力资源社会保障行政部门在查处拖欠农民工工资案件时，需要依法查询相关单位金融账户和相关当事人拥有房产、车辆等情况的，应当经设区的市级以上地方人民政府人力资源社会保障行政部门负责人批准，有关金融机构和登记部门应当予以配合。

　　**第四十一条**　人力资源社会保障行政部门在查处拖欠农民工工资案件时，发生用人单位拒不配合调查、清偿责任主体及相关当事人无法联系等情形的，可以请求公安机关和其他有关部门协助处理。

人力资源社会保障行政部门发现拖欠农民工工资的违法行为涉嫌构成拒不支付劳动报酬罪的，应当按照有关规定及时移送公安机关审查并作出决定。

**第四十二条** 人力资源社会保障行政部门作出责令支付被拖欠的农民工工资的决定，相关单位不支付的，可以依法申请人民法院强制执行。

**第四十三条** 相关行业工程建设主管部门应当依法规范本领域建设市场秩序，对违法发包、转包、违法分包、挂靠等行为进行查处，并对导致拖欠农民工工资的违法行为及时予以制止、纠正。

**第四十四条** 财政部门、审计机关和相关行业工程建设主管部门按照职责，依法对政府投资项目建设单位按照工程施工合同约定向农民工工资专用账户拨付资金情况进行监督。

**第四十五条** 司法行政部门和法律援助机构应当将农民工列为法律援助的重点对象，并依法为请求支付工资的农民工提供便捷的法律援助。

公共法律服务相关机构应当积极参与相关诉讼、咨询、调解等活动，帮助解决拖欠农民工工资问题。

**第四十六条** 人力资源社会保障行政部门、相关行业工程建设主管部门和其他有关部门应当按照"谁执法谁普法"普法责任制的要求，通过以案释法等多种形式，加大对保障农民工工资支付相关法律法规的普及宣传。

**第四十七条** 人力资源社会保障行政部门应当建立用人单位及相关责任人劳动保障守法诚信档案，对用人单位开展守法诚信等级评价。

用人单位有严重拖欠农民工工资违法行为的，由人力资源社会保障行政部门向社会公布，必要时可以通过召开新闻发布会等形式向媒体公开曝光。

**第四十八条** 用人单位拖欠农民工工资，情节严重或者造成严重不良社会影响的，有关部门应当将该用人单位及其法定代表人或者主要负责人、直接负责的主管人员和其他直接责任人员列入拖欠农民工工资失信联合惩戒对象名单，在政府资金支持、政府采购、招投标、融资贷款、市场准入、税收优惠、评优评先、交通出行等方面依法依规予以限制。

拖欠农民工工资需要列入失信联合惩戒名单的具体情形，由国务院人力资源社会保障行政部门规定。

**第四十九条** 建设单位未依法提供工程款支付担保或者政府投资项目拖

欠工程款，导致拖欠农民工工资的，县级以上地方人民政府应当限制其新建项目，并记入信用记录，纳入国家信用信息系统进行公示。

**第五十条** 农民工与用人单位就拖欠工资存在争议，用人单位应当提供依法由其保存的劳动合同、职工名册、工资支付台账和清单等材料；不提供的，依法承担不利后果。

**第五十一条** 工会依法维护农民工工资权益，对用人单位工资支付情况进行监督；发现拖欠农民工工资的，可以要求用人单位改正，拒不改正的，可以请求人力资源社会保障行政部门和其他有关部门依法处理。

**第五十二条** 单位或者个人编造虚假事实或者采取非法手段讨要农民工工资，或者以拖欠农民工工资为名讨要工程款的，依法予以处理。

## 第六章　法律责任

**第五十三条** 违反本条例规定拖欠农民工工资的，依照有关法律规定执行。

**第五十四条** 有下列情形之一的，由人力资源社会保障行政部门责令限期改正；逾期不改正的，对单位处2万元以上5万元以下的罚款，对法定代表人或者主要负责人、直接负责的主管人员和其他直接责任人员处1万元以上3万元以下的罚款：

（一）以实物、有价证券等形式代替货币支付农民工工资；

（二）未编制工资支付台账并依法保存，或者未向农民工提供工资清单；

（三）扣押或者变相扣押用于支付农民工工资的银行账户所绑定的农民工本人社会保障卡或者银行卡。

**第五十五条** 有下列情形之一的，由人力资源社会保障行政部门、相关行业工程建设主管部门按照职责责令限期改正；逾期不改正的，责令项目停工，并处5万元以上10万元以下的罚款；情节严重的，给予施工单位限制承接新工程、降低资质等级、吊销资质证书等处罚：

（一）施工总承包单位未按规定开设或者使用农民工工资专用账户；

（二）施工总承包单位未按规定存储工资保证金或者未提供金融机构保函；

（三）施工总承包单位、分包单位未实行劳动用工实名制管理。

**第五十六条** 有下列情形之一的，由人力资源社会保障行政部门、相关行业工程建设主管部门按照职责责令限期改正；逾期不改正的，处5万元以上 10 万元以下的罚款：

（一）分包单位未按月考核农民工工作量、编制工资支付表并经农民工本人签字确认；

（二）施工总承包单位未对分包单位劳动用工实施监督管理；

（三）分包单位未配合施工总承包单位对其劳动用工进行监督管理；

（四）施工总承包单位未实行施工现场维权信息公示制度。

**第五十七条** 有下列情形之一的，由人力资源社会保障行政部门、相关行业工程建设主管部门按照职责责令限期改正；逾期不改正的，责令项目停工，并处 5 万元以上 10 万元以下的罚款：

（一）建设单位未依法提供工程款支付担保；

（二）建设单位未按约定及时足额向农民工工资专用账户拨付工程款中的人工费用；

（三）建设单位或者施工总承包单位拒不提供或者无法提供工程施工合同、农民工工资专用账户有关资料。

**第五十八条** 不依法配合人力资源社会保障行政部门查询相关单位金融账户的，由金融监管部门责令改正；拒不改正的，处 2 万元以上 5 万元以下的罚款。

**第五十九条** 政府投资项目政府投资资金不到位拖欠农民工工资的，由人力资源社会保障行政部门报本级人民政府批准，责令限期足额拨付所拖欠的资金；逾期不拨付的，由上一级人民政府人力资源社会保障行政部门约谈直接责任部门和相关监管部门负责人，必要时进行通报，约谈地方人民政府负责人。情节严重的，对地方人民政府及其有关部门负责人、直接负责的主管人员和其他直接责任人员依法依规给予处分。

**第六十条** 政府投资项目建设单位未经批准立项建设、擅自扩大建设规模、擅自增加投资概算、未及时拨付工程款等导致拖欠农民工工资的，除依法承担责任外，由人力资源社会保障行政部门、其他有关部门按照职责约谈建设单位负责人，并作为其业绩考核、薪酬分配、评优评先、职务晋升等的重要依据。

**第六十一条** 对于建设资金不到位、违法违规开工建设的社会投资工程建设项目拖欠农民工工资的，由人力资源社会保障行政部门、其他有关部门按照职责依法对建设单位进行处罚；对建设单位负责人依法依规给予处分。

相关部门工作人员未依法履行职责的，由有关机关依法依规给予处分。

**第六十二条** 县级以上地方人民政府人力资源社会保障、发展改革、财政、公安等部门和相关行业工程建设主管部门工作人员，在履行农民工工资支付监督管理职责过程中滥用职权、玩忽职守、徇私舞弊的，依法依规给予处分；构成犯罪的，依法追究刑事责任。

## 第七章 附　　则

**第六十三条** 用人单位一时难以支付拖欠的农民工工资或者拖欠农民工工资逃匿的，县级以上地方人民政府可以动用应急周转金，先行垫付用人单位拖欠的农民工部分工资或者基本生活费。对已经垫付的应急周转金，应当依法向拖欠农民工工资的用人单位进行追偿。

**第六十四条** 本条例自2020年5月1日起施行。

## 六、国家统计局关于工资总额组成的规定

一九八九年九月三十日国务院批准 一九九〇年一月一日国家统计局发布

## 第一章 总　则

**第一条** 为了统一工资总额的计算范围，保证国家对工资进行统一的统计核算和会计核算，有利于编制、检查计划和进行工资管理以及正确地反映职工的工资收入，制定本规定。

**第二条** 全民所有制和集体所有制企业、事业单位，各种合营单位，各级国家机关、政党机关和社会团体，在计划、统计、会计上有关工资总额范围的计算，均应遵守本规定。

**第三条** 工资总额是指各单位在一定时期内直接支付给本单位全部职工的劳动报酬总额。

工资总额的计算应以直接支付给职工的全部劳动报酬为根据。

## 第二章 工资总额的组成

**第四条** 工资总额由下列六个部分组成：

（一）计时工资；

（二）计件工资；

（三）奖金；

（四）津贴和补贴；

（五）加班加点工资；

（六）特殊情况下支付的工资。

**第五条** 计时工资是指按计时工资标准（包括地区生活费补贴）和工作时间支付给个人的劳动报酬。包括：

（一）对已做工作按计时工资标准支付的工资；

（二）实行结构工资制的单位支付给职工的基础工资和职务（岗位）工资；

（三）新参加工作职工的见习工资（学徒的生活费）；

（四）运动员体育津贴。

**第六条** 计件工资是指对已做工作按计件单价支付的劳动报酬。包括：

（一）实行超额累进计件、直接无限计件、限额计件、超定额计件等工资制，按劳动部门或主管部门批准的定额和计件单价支付给个人的工资；

（二）按工作任务包干方法支付给个人的工资；

（三）按营业额提成或利润提成办法支付给个人的工资。

**第七条** 奖金是指支付给职工的超额劳动报酬和增收节支的劳动报酬。包括：

（一）生产奖；

（二）节约奖；

（三）劳动竞赛奖；

（四）机关、事业单位的奖励工资；

（五）其他奖金。

**第八条** 津贴和补贴是指为了补偿职工特殊或额外的劳动消耗和因其他特殊原因支付给职工的津贴，以及为了保证职工工资水平不受物价影响支付给职工的物价补贴。

（一）津贴。包括：补偿职工特殊或额外劳动消耗的津贴，保健性津贴，技术性津贴，年功性津贴及其他津贴。

（二）物价补贴。包括：为保证职工工资水平不受物价上涨或变动影响而支付的各种补贴。

**第九条** 加班加点工资是指按规定支付的加班工资和加点工资。

**第十条** 特殊情况下支付的工资。包括：

（一）根据国家法律、法规和政策规定，因病、工伤、产假、计划生育假、婚丧假、事假、探亲假、定期休假、停工学习、执行国家或社会义务等原因按计时工资标准或计时工资标准的一定比例支付的工资；

（二）附加工资、保留工资。

## 第三章 工资总额不包括的项目

**第十一条** 下列各项不列入工资总额的范围：

（一）根据国务院发布的有关规定颁发的发明创造奖、自然科学奖、科学技术进步奖和支付的合理化建议和技术改进奖以及支付给运动员、教练员的奖金；

（二）有关劳动保险和职工福利方面的各项费用；

（三）有关离休、退休、退职人员待遇的各项支出；

（四）劳动保护的各项支出；

（五）稿费、讲课费及其他专门工作报酬；

（六）出差伙食补助费、误餐补助、调动工作的旅费和安家费；

（七）对自带工具、牲畜来企业工作职工所支付的工具、牲畜等的补偿费用；

（八）实行租赁经营单位的承租人的风险性补偿收入；

（九）对购买本企业股票和债券的职工所支付的股息（包括股金分红）和利息；

（十）劳动合同制职工解除劳动合同时由企业支付的医疗补助费、生活补助费等；

（十一）因录用临时工而在工资以外向提供劳动力单位支付的手续费或管理费；

（十二）支付给家庭工人的加工费和按加工订货办法支付给承包单位的发包费用；

（十三）支付给参加企业劳动的在校学生的补贴；

（十四）计划生育独生子女补贴。

**第十二条** 前条所列各项按照国家规定另行统计。

## 第四章　附则

**第十三条** 中华人民共和国境内的私营单位、华侨及港、澳、台工商业者经营单位和外商经营单位有关工资总额范围的计算，参照本规定执行。

**第十四条** 本规定由国家统计局负责解释。

**第十五条** 各地区、各部门可依据本规定制定有关工资总额组成的具体范围的规定。

**第十六条** 本规定自发布之日起施行。国务院一九五五年五月二十一日批准颁发的《关于工资总额组成的暂行规定》同时废止。

# 第三节　司法解释

## 七、最高人民法院关于审理工伤保险行政案件若干问题的规定

（2014年4月21日最高人民法院审判委员会第1613次会议通过 法释〔2014〕9号）

为正确审理工伤保险行政案件，根据《中华人民共和国社会保险法》《中华人民共和国劳动法》《中华人民共和国行政诉讼法》《工伤保险条例》及其他有关法律、行政法规规定，结合行政审判实际，制定本规定。

**第一条** 人民法院审理工伤认定行政案件，在认定是否存在《工伤保险条例》第十四条第（六）项"本人主要责任"、第十六条第（二）项"醉酒或者吸毒"和第十六条第（三）项"自残或者自杀"等情形时，应当以有权机构出具的事故责任认定书、结论性意见和人民法院生效裁判等法律文书为依据，但有相反证据足以推翻事故责任认定书和结论性意见的除外。

前述法律文书不存在或者内容不明确，社会保险行政部门就前款事实作出认定的，人民法院应当结合其提供的相关证据依法进行审查。

《工伤保险条例》第十六条第（一）项"故意犯罪"的认定，应当以刑事侦查机关、检察机关和审判机关的生效法律文书或者结论性意见为依据。

**第二条** 人民法院受理工伤认定行政案件后，发现原告或者第三人在提起行政诉讼前已经就是否存在劳动关系申请劳动仲裁或者提起民事诉讼的，

应当中止行政案件的审理。

第三条 社会保险行政部门认定下列单位为承担工伤保险责任单位的,人民法院应予支持:

(一)职工与两个或两个以上单位建立劳动关系,工伤事故发生时,职工为之工作的单位为承担工伤保险责任的单位;

(二)劳务派遣单位派遣的职工在用工单位工作期间因工伤亡的,派遣单位为承担工伤保险责任的单位;

(三)单位指派到其他单位工作的职工因工伤亡的,指派单位为承担工伤保险责任的单位;

(四)用工单位违反法律、法规规定将承包业务转包给不具备用工主体资格的组织或者自然人,该组织或者自然人聘用的职工从事承包业务时因工伤亡的,用工单位为承担工伤保险责任的单位;

(五)个人挂靠其他单位对外经营,其聘用的人员因工伤亡的,被挂靠单位为承担工伤保险责任的单位。

前款第(四)、(五)项明确的承担工伤保险责任的单位承担赔偿责任或者社会保险经办机构从工伤保险基金支付工伤保险待遇后,有权向相关组织、单位和个人追偿。

第四条 社会保险行政部门认定下列情形为工伤的,人民法院应予支持:

(一)职工在工作时间和工作场所内受到伤害,用人单位或者社会保险行政部门没有证据证明是非工作原因导致的;

(二)职工参加用人单位组织或者受用人单位指派参加其他单位组织的活动受到伤害的;

(三)在工作时间内,职工来往于多个与其工作职责相关的工作场所之间的合理区域因工受到伤害的;

(四)其他与履行工作职责相关,在工作时间及合理区域内受到伤害的。

第五条 社会保险行政部门认定下列情形为"因工外出期间"的,人民法院应予支持:

(一)职工受用人单位指派或者因工作需要在工作场所以外从事与工作职责有关的活动期间;

(二)职工受用人单位指派外出学习或者开会期间;

(三) 职工因工作需要的其他外出活动期间。

职工因工外出期间从事与工作或者受用人单位指派外出学习、开会无关的个人活动受到伤害，社会保险行政部门不认定为工伤的，人民法院应予支持。

**第六条** 对社会保险行政部门认定下列情形为"上下班途中"的，人民法院应予支持：

（一）在合理时间内往返于工作地与住所地、经常居住地、单位宿舍的合理路线的上下班途中；

（二）在合理时间内往返于工作地与配偶、父母、子女居住地的合理路线的上下班途中；

（三）从事属于日常工作生活所需要的活动，且在合理时间和合理路线的上下班途中；

（四）在合理时间内其他合理路线的上下班途中。

**第七条** 由于不属于职工或者其近亲属自身原因超过工伤认定申请期限的，被耽误的时间不计算在工伤认定申请期限内。

有下列情形之一耽误申请时间的，应当认定为不属于职工或者其近亲属自身原因：

（一）不可抗力；

（二）人身自由受到限制；

（三）属于用人单位原因；

（四）社会保险行政部门登记制度不完善；

（五）当事人对是否存在劳动关系申请仲裁、提起民事诉讼。

**第八条** 职工因第三人的原因受到伤害，社会保险行政部门以职工或者其近亲属已经对第三人提起民事诉讼或者获得民事赔偿为由，作出不予受理工伤认定申请或者不予认定工伤决定的，人民法院不予支持。

职工因第三人的原因受到伤害，社会保险行政部门已经作出工伤认定，职工或者其近亲属未对第三人提起民事诉讼或者尚未获得民事赔偿，起诉要求社会保险经办机构支付工伤保险待遇的，人民法院应予支持。

职工因第三人的原因导致工伤，社会保险经办机构以职工或者其近亲属已经对第三人提起民事诉讼为由，拒绝支付工伤保险待遇的，人民法院不予支持，但第三人已经支付的医疗费用除外。

**第九条** 因工伤认定申请人或者用人单位隐瞒有关情况或者提供虚假材料，导致工伤认定错误的，社会保险行政部门可以在诉讼中依法予以更正。

工伤认定依法更正后，原告不申请撤诉，社会保险行政部门在作出原工伤认定时有过错的，人民法院应当判决确认违法；社会保险行政部门无过错的，人民法院可以驳回原告诉讼请求。

**第十条** 最高人民法院以前颁布的司法解释与本规定不一致的，以本规定为准。

## 第四节 最高人民法院答复

### 八、最高人民法院行政审判庭关于离退休人员与现工作单位之间是否构成劳动关系以及工作时间内受伤是否适用《工伤保险条例》问题的答复

（2007年7月5日　［2007］行他字第6号）

重庆市高级人民法院：

你院［2006］渝高法行示字第14号《关于离退休人员与现在工作单位之间是否构成劳动关系以及工作时间内受伤是否适用〈工伤保险条例〉一案的请示》收悉。经研究，原则同意你院第二种意见，即：根据《工伤保险条例》第二条、第六十一条等有关规定，离退休人员受聘于现工作单位，现工作单位已经为其缴纳了工伤保险费，其在受聘期间因工作受到事故伤害的，应当适用《工伤保险条例》的有关规定处理。

附：

重庆市高级人民法院关于离退休人员与现在工作单位之间是否构成
劳动关系以及工作时间内受伤是否适用《工伤保险条例》一案的请示

（2007年2月15日　［2006］渝高法行示字第14号）

最高人民法院：

我院办理了重庆市第一中级人民法院请示的重庆市少云建筑安装工程有限公司不服铜梁县劳动和社会保障局工伤认定案，经本院审判委员会讨论，

对离退休人员与现在工作单位之间是否构成劳动关系以及工作时间内受伤是否适用《工伤保险条例》有不同意见,特向贵院请示。

一、请示案件的由来

重庆市第一中级人民法院在办理铜梁县人民法院请示的重庆市少云建筑安装工程有限公司不服铜梁县劳动和社会保障局工伤认定案时,因案件涉及离退休人员在受聘期间因工受伤是否适用《工伤保险条例》的问题,经审判委员会讨论后有不同意见,遂向本院请示。本院审判委员会于2007年2月1日进行了讨论,决定上报贵院请示。

二、本院审判委员会讨论的意见

本院审判委员会讨论认为,离退休人员离休或退休后又受聘到新工作单位(主要系企业)工作,在工作时间内因工受伤是否适用《工伤保险条例》的争议焦点在于离退休人员与现在工作单位之间是否构成《劳动法》所规定的劳动关系。如构成劳动关系,则应适用《工伤保险条例》。如不构成劳动关系,则可通过民事诉讼等方式解决损害赔偿争议。本院审判委员会讨论后,有两种意见:

第一种意见认为,广义的雇佣关系包括劳动关系,狭义的雇佣关系不包括劳动关系。从现行立法现状看,我国民法和劳动法分属于不同部门法,雇佣关系属民法调整,劳动关系属劳动法调整。劳动关系一般是指劳动者在劳动过程中与用人单位之间形成的一种相对稳定的社会关系。劳动关系的主体是双方当事人,即劳动者和用人单位;书面劳动合同是判断劳动关系是否形成的基本标准;劳动关系还体现了国家的强制干预性,劳动合同除了体现双方当事人的意志外,国家对劳动者的工资、社会保险等方面作了强制性规定,体现了国家意志,劳动关系兼具国家意志与当事人意志的双重属性。而离退休人员与现在工作单位之间多通过订立聘用合同(部分未订立聘用合同)来约定双方的权利义务,该聘用合同只要双方意思达成一致,合同即告成立。劳动部《关于实行劳动合同制度若干问题的通知》(劳部发〔1996〕354号)第十三条就明确规定"已享受养老保险待遇的离退休人员被再次聘用时,用人单位应与其签订书面协议,明确聘用期内的工作内容、报酬、医疗、劳动待遇等权利和义务"。聘用合同是离退休人员与企业之间签订的合同,虽符合劳动者与用人单位之间关系的表象,但国家对聘用合同的内容一般不予强制干预。故应将离退休人员与现在的工作单位之间的关系认定为雇佣关系。

中共中央办公厅、国务院办公厅转发的《中央组织部、中央宣传部、中央统战部、人事科技部、劳动保障部、解放军总政治部、中国科协关于进一步发挥离退休专业技术人员作用的意见》（中办发［2005］9号文件）中曾规定，"离退休专业技术人员受聘工作期间，因工作发生职业伤害的，应由聘用单位参照工伤保险的相关待遇妥善处理；因工作发生职业伤害与聘用单位发生争议的，可通过民事诉讼处理；与聘用单位之间因履行聘用合同发生争议的，可通过人事或劳动争议仲裁渠道解决。"中办发［2005］9号文件虽不是法院裁判行政诉讼案件的依据，但其精神可被看作政策导向，即聘用合同不应简单的视为劳动合同，应区分发生职业伤害与因履行聘用合同发生争议之间的差异。如果将离退休人员与现在工作单位之间发生的职业伤害认定为以劳动关系成立为前提的工伤伤害，用人单位就应当按照相关行政法规的规定缴纳工伤保险费、基本养老保险费、基本医疗保险费、失业保险费等社会保险费用，是否准许用人单位只针对退休职工缴纳工伤保险费，而不缴纳其他社会保险费用又会成为新的难题。如果将离退休人员与现在工作单位之间发生的职业伤害认定为以劳动关系成立为前提的工伤伤害，离退休人员应享受工伤保险待遇，就会出现离退休人员如何执行《工伤保险条例》第33条规定的冲突问题，即因工致残被鉴定为一级至四级伤残的职工，保留劳动关系，退出工作岗位，享受按伤残等级支付一次性伤残补助金、按月支付伤残津贴等待遇，工伤职工达到退休年龄并办理退休手续后，停发伤残津贴，享受基本养老保险待遇。此外，将离退休人员与现在工作单位之间的聘用关系认定为雇佣关系，根据最高人民法院《关于审理人身损害赔偿案件适用法律若干问题的解释》第11条第1款"雇员在从事雇佣活动中遭受人身损害，雇主应当承担赔偿责任。雇佣关系以外的第三人造成雇员人身损害的，赔偿权利人可以请求第三人承担赔偿责任，也可以请求雇主承担赔偿责任。雇主承担赔偿责任后，可以向第三人追偿"的规定，雇主承担赔偿责任是实行严格责任原则，一般不会考虑雇员对受伤是否存在过错，避免了离退休人员因提起民事诉讼，考虑其受伤应适用过错责任原则而带来的赔偿金额减少的不利后果。因人身损害赔偿标准和工伤保险待遇标准对残疾赔偿金（伤残补助金）计算的基数和期限的不同，对多数离退休职工而言，采用人身损害赔偿标准所获得的赔偿金额应高于采用工伤保险待遇标准所获得的赔偿金额。采用人身损害赔偿救济程序（即直接提起民事诉讼）没有工伤保险救济程序（即申请工伤认定、行政复议、提起行政诉讼、再申请工伤保险待遇、对待遇不服再行政诉讼或申请劳动争议仲裁）繁琐。综上所述，应将离退休人员与现在工作单位之间的关系认定为雇佣关系，在受聘期间因工受伤不适用《工伤保险条例》，当事人对损害赔偿有争议的，可建议其提起民事诉讼。

第二种意见认为，《宪法》规定了公民有劳动的权利和义务。现行法律只对劳动者年龄的下限作出了规定，对劳动者年龄的上限没有作规定，不能因是离退休职工就否定其劳动者身份。《工伤保险条例》第61条第一款规定："本条例所称职工，是指与用人单位存在劳动关系（包括事实劳动关系）的各种用工形式、各种用工期限的劳动者。"劳动部《关于贯彻执行〈中华人民共和国劳动法〉若干问题的意见》第2条规定："中国境内的企业、个体经济组织与劳动者之间，只要形成劳动关系，即劳动者事实上已成为企业、个体经济组织的成员，并为其提供有偿劳动，适用劳动法"；第4条规定："公务员和比照实行公务员制度的事业组织和社会团体的工作人员，以及农村劳动者（乡镇企业职工和进城务工、经商的农民除外）、现役军人和家庭保姆等不适用劳动法。"由此可见，是否形成劳动关系应看劳动者是否事实上已成为企业、个体经济组织的成员，并为其提供有偿劳动。离退休人员与现在工作单位之间签订的聘用合同实质上就是用人单位与劳动者之间订立的劳动合同，不能因其名称不同就排除在《劳动法》及相关法规、规章的规定之外。如果不将离退休人员与现在工作单位之间的聘用关系认定为劳动关系，相关行政机关不强制用人单位按规定缴纳工伤保险费，就会出现劳动者在遭受工伤损害后，因用人单位破产、逃避债务等原因而得不到赔偿的情况。且中办发［2005］9号文件没有明确将离退休人员排除在劳动关系之外。故应将离退休人员与现在工作单位之间的聘用关系认定为劳动关系，离退休人员在受聘期间因工受伤应适用《工伤保险条例》。

本院审判委员会多数委员倾向于第一种意见。

**三、请示的问题**

离退休人员与现在工作单位之间是否构成劳动关系以及工作时间内受伤是否适用《工伤保险条例》。

现予请示，请批复。

## 九、最高人民法院行政审判庭关于职工因公外出期间死因不明应否认定工伤的答复

（[2010]行他字第236号）

山东省高级人民法院：

你院《关于于保柱诉临清市劳动和社会保障局劳动保障行政确认一案如何适用〈工伤保险条例〉第十四条第（五）项的请示》收悉。经研究，答复如下：

原则同意你院的第一种意见。即职工因公外出期间死因不明，用人单位或者社会保障部门提供的证据不能排除非工作原因导致死亡的，应当依据《工伤保险条例》第十四条第（五）项和第十九条第二款的规定，认定为工伤。

此复。

二〇一一年七月六日

附：

山东省高级人民法院关于于保柱诉临清市劳动和社会
保障局劳动保障行政确认一案如何适用《工伤保险条例》
第十四条第（五）项的请示

（鲁高法[2010]231号）

最高人民法院：

我院在办理于保柱诉临清市劳动和社会保障局劳动保障行政确认一案，对《工伤保险条例》第十四条第（五）项的规定理解与适用把握不准。经我院审判委员会研究后对如何适用相关规定存在不同意见，特向贵院请示。

一、当事人基本情况

申诉人（一审原告、二审上诉人）于保柱，男，1961年2月20日出生，汉族，河北省馆陶县魏僧寨镇申街东村村民，住该村。

被申诉人（一审被告、二审被上诉人）临清市劳动和社会保障局，住

所地临清市果园路80号。

被申诉人（一审第三人、二审被上诉人）临清市龙业轴承有限公司，住所地临清市潘庄镇工业区。

**二、原审法院查明的事实及裁判情况**

临清市人民法院一审认定：2004年6月15日，被告临清市劳动和社会保障局（以下简称临清市劳动局）作出临劳社工决〔2004〕3号《关于不予认定于建强死亡为工伤的决定》，以于建强死亡的情形不符合《工伤保险条例》第十四条认定工伤的情形，也不符合第十五条视同工伤的情形为由，决定对于建强的死亡不予认定为工伤。原告于保柱（于建强之父）不服，向临清市人民政府申请行政复议。2004年10月22日，临清市人民政府作出临政复决字〔2004〕第022号行政复议决定，维持了被告临清市劳动局的上述工伤认定。原告于保柱不服，诉至法院。根据被告提供的第三人临清市龙业轴承有限公司（以下简称龙业公司）的考勤表，对龙业公司经理魏师玉、车间主管陈彦军、原告于保柱、证人路长思的询问笔录以及于建强遗留的四份招工书面记录，能够证明于建强生前与第三人龙业公司有过事实劳动关系。根据被告提交的临清市公安局刑警大队的两份证明，能证实发现于建强尸体的地点是临清市青年办事处东窑村北卫运河内，时间是2003年11月8日，且排除他杀，但不能证明于建强死亡的具体时间、地点、原因及死亡的经过和现场。因此，不能判明于建强的死亡与其生前从事的工作有必然的因果关系，故而不能排除有《工伤保险条例》中规定的不得认定为工伤或视同工伤的情形。被告临清市劳动局根据调查的现有证据作出不予认定于建强工伤的决定并不违背法律规定，应依法予以维持。依据《中华人民共和国行政诉讼法》第五十四条第（一）项之规定，临清市人民法院于2005年1月11日作出（2004）临行初字第169号行政判决，判决维持临清市劳动局2004年6月15日作出临劳社工决〔2004〕3号《关于不予认定于建强死亡为工伤的决定》的行政行为。

于保柱不服一审法院判决，向聊城市中级人民法院提起上诉。

聊城市中级人民法院经审理认为：

根据被上诉人临清市劳动局提供的龙业公司的考勤表和对魏师玉、陈彦军、于保柱的询问笔录，可以证明于建强于2003年7月11日到龙业公司上班，至2003年10月3日在龙业公司车间工作。被上诉人提供的对路长思的询问笔录和于建强遗物中的招工记录，可以证明于建强死亡前曾外出为龙业公司招工，并且这种招工行为是龙业公司安排或者同意的。因此，可以认定，于建强死亡前与龙业公司存在着事实上的劳动关系。

被上诉人提供的临清市公安局刑警大队的两份证明能够证明发现于建强尸体的时间和地点，但不能证明于建强死亡的具体时间、地点、原因，被上诉人、上诉人、原审第三人也均未提供其他证据予以证明。因此，不能认定于建强的死亡与其为龙业公司招工有必然的因果关系，不符合《工伤保险条例》第十四条规定的应当认定工伤的情形，也不符合该条例第十五条规定的应视同工伤的情形。被上诉人据此作出不予认定于建强死亡为工伤的决定，证据充分，适用法律正确。上诉人可在查清于建强死因后，依法再行提起工伤认定申请。

《工伤保险条例》第十九条第二款规定，职工或者其直系亲属认为是工伤，用人单位不认为是工伤的，由用人单位承担举证责任。《工伤认定办法》第十四条规定，在此情形下，用人单位拒不举证的，劳动保障行政部门可以根据受伤害职工提供的证据依法作出工伤结论。但这并不是说在用人单位不提供证据或者提供证据不完全的情况下，就应当推定为工伤。工伤认定部门仍然应依法调查取证，根据查证的情况作出是否应当认定工伤的决定。因此，上诉人所持原审第三人龙业公司未能举证证明于建强死亡不是工伤就应当认定是工伤的理由不能成立，不予支持。

对被上诉人作出工伤认定所适用的程序，当事人均不持异议，经审查确认其合法。

综上，被上诉人临清市劳动局作出的不予认定于建强死亡为工伤的决定，认定事实清楚，程序合法，适用法律正确，原审法院判决维持并无不当，依法应予维持。上诉人上诉理由不能成立，其上诉请求应依法予以驳回。依据《中华人民共和国行政诉讼法》第六十一条第（一）项之规定，聊城市中级人民法院于2005年4月11日作出（2005）聊行终字第19号行政判决，判决驳回上诉，维持原判。

### 三、合议庭审查意见

合议庭经审查，形成以下意见：

根据被上诉人临清市劳动局提供的龙业公司的考勤表和对魏师玉、陈彦军、于保柱的询问笔录，可以证明于建强于2003年7月11日到龙业公司上班,至 2003 年 10 月 3 日在龙业公司车间工作。被上诉人提供的对路长思的询问笔录和于建强遗物中的招工记录,可以证明于建强死亡前曾外出为龙业公司招工,并且这种招工行为是龙业公司安排或者同意的。因此,可以认定,于建强死亡前与龙业公司存在着事实上的劳动关系。

《工伤保险条例》第十九条第二款规定,"职工或者其直系亲属认为是工伤,用人单位不认为是工伤的,由用人单位承担举证责任。"《工伤保险条例》第十四条第(五)项规定,"职工有下列情形之一的,应当认定为工伤:……(五)因工外出期间,由于工作原因受到伤害或者发生事故下落不明的;……"根据本案有效证据,可以证明于建强死亡前曾外出为龙业公司招工,至于于建强死亡前是否因公外出,龙业公司并未提供证据证明于建强 2003 年 10 月 3 日前有辞职或请假的事实,且于建强遗物中记录招工的最后时间为 2003 年 10 月 15 日,可以推定于建强在 2003 年 10 月 3 日之后仍继续为龙业公司招工,其死亡时间应属于因公外出期间。

对于于建强的死亡是否属于工作原因的问题。临清市公安局刑警大队的两份证明能够证明发现于建强尸体的时间和地点,但不能证明于建强死亡的具体时间、地点、原因,各方当事人也均未提供其他证据予以证明。根据现有证据,虽然不能认定于建强的死亡与其为龙业公司招工必然有因果关系,但亦不能排除两者之间的因果关系。在用人单位举证不能的情况下,应先作出有利于职工的认定。因此,根据本案现有证据,可以推定于建强的死亡系由于工作原因,于建强的死亡符合《工伤保险条例》第十四条第(五)项"因工外出期间,由于工作原因受到伤害或者发生事故下落不明的"情形,临清市劳动局作出的《关于不予认定于建强死亡为工伤的决定》认定事实不清,适用法律错误,应予撤销。原审法院判决予以维持不当,应予以改判。

**四、我院审判委员会意见**

案经我院审判委员会研究,就职工因公外出期间死因不明的能否认定为工伤的问题形成两种不同意见。

第一种意见同意合议庭意见,认为职工因公外出期间死亡,虽然死因不明,但不能排除系由于工作原因导致死亡,且职工死亡发生在因公外出期间,应属于《工伤保险条例》第十四条第(五)项规定的"因工外出期间,由于工作原因受到伤害或者发生事故下落不明的"情形,应当认定为工伤。

第二种意见认为，职工因公外出期间死亡，但死因不明，不能认定职工的死亡系由于工作原因，不符合《工伤保险条例》第十四条第（五）项的规定，不应认定为工伤。

对本案如何适用法律，请给予批复。

二〇一〇年十二月二日

## 十、最高人民法院行政审判庭关于职工无照驾驶无证车辆在上班途中受到机动车伤害死亡能否认定工伤请示的答复

（［2011］行他字第50号）

新疆维吾尔自治区高级人民法院生产建设兵团分院：

你院《关于职工无照驾驶无证车辆在上班途中受到机动车伤害死亡能否认定工伤的请示》收悉。经研究，答复如下：

在《工伤保险条例（修订）》施行前（即2011年1月1日前），工伤保险部门对职工无照或者无证驾驶车辆在上班途中受到机动车伤害死亡，不认定为工伤的，不宜认为适用法律、法规错误。

此复。

二〇一一年五月十九日

附：

新疆维吾尔自治区高级人民法院生产建设兵团分院<br>
关于职工无照驾驶无证车辆在上班途中受到<br>
机动车伤害死亡能否认定工伤的请示

（［2011］新高兵法行他字第00001号）

最高人民法院：

新疆生产建设兵团农十三师中级人民法院在审理李采山花因劳动和社会保障行政确认一案时，涉及职工无照驾驶无证车辆在上班途中受到机动车伤害死亡能否认定工伤的问题，逐级向我院请示，我院经过讨论，请示如下：

一、当事人的基本情况

原告李采山花，女，1982年12月12日出生，身份证号码632122198212××××××，藏族，系青海省民和回族土族自治县硖门镇甲子山村巴沟社农民，赵双

存遗孀,住该社180号,暂住农十三师红星一场(以下简称红星一场)红星化工厂家属院。

被告新疆生产建设兵团农十三师劳动和社会保障局(以下简称十三师劳动保障局)住所地哈密市大营房百花路1号。

二、案件的基本情况

2008年7月26日7时10分,新疆哈密市晋太冶炼铸造有限责任公司员工赵双存(原告之夫)无驾驶证驾驶无牌照二轮摩托车从红星一场机耕队前往星鑫镍铁合金工地上班途中,当车由北向南行驶至红星一场园林三场路段时,与王中生驾驶的由南向北行驶的甘AB-7527号微型普通客车相撞,造成赵双存及乘车人李继林死亡的交通事故。李采山花于2009年4月8日向十三师劳动保障局提交认定工伤的书面申请,2009年8月25日,十三师劳动保障局作出师劳社工伤认[2009]4号工伤认定决定书,依据《道路交通安全法》第八条、第十九条、第三十五条和《工伤保险条例》第十六条第一款第(一)项的规定,确认赵双存属无证驾驶车辆发生交通事故造成死亡,不应认定为工伤,并作出不予认定赵双存为工伤的决定。李采山花收到上列决定书后不服,于同年9月1日向兵团劳动和社会保障局申请行政复议。同年10月12日,该局作出兵劳社复决字[2009]16号行政复议决定书,维持十三师劳动保障局作出师劳社工伤认[2009]4号工伤认定决定书。李采山花不服该行政复议决定,遂诉至法院。新疆生产建设兵团哈密垦区人民法院在审理该案过程中,就案件涉及职工无照驾驶无证车辆在上班途中受到机动车伤害死亡能否认定工伤的问题,逐级请示我院。

三、请示的问题及意见

职工无照驾驶无证车辆在上班途中受到机动车伤害死亡能否认定工伤的问题,由于现行的法律、法规、司法解释没有明确规定,我院讨论中形成两种意见:

第一种意见认为:赵双存生前无驾驶证驾驶无牌照摩托车在上班途中发生交通事故死亡,当地公安交警部门对该交通事故作出责任认定,赵双存违反《道路交通安全法》第八条、第十九条、第三十五条的规定,与驾驶另一机动车的王中生在此次交通事故中负同等责任。但对赵双存因无照驾驶无照车辆发生道路交通事故死亡,公安机关并未认定该行为属违反治安管理的行为。本案中赵双存因机动车事故死亡符合《工伤保险条例》第十四条有关在上下班途中，受到机动车事故伤害的规定，且没有证据证明赵双存存在《工伤保险条例》第十六条第（一）项规定不得认定为工伤或者视同工伤的情形，故赵双存上班途中因交通事故死亡依法应定性为工伤事故。十三师劳动保障局依据2000年12月14日由原劳动保障部办公厅下发的《劳动和社会保障部办公厅关于无证驾驶车辆发生交通事故是否认定工伤问题的复函》（劳社厅函〔2000〕150号）的规定，不予认定赵双存为工亡，明显属于适用法律不当，应当予以纠正。

第二种意见认为，虽然《工伤保险条例》规定了认定工伤的七种行为，但同时受到第十六条规定的限制，虽然职工是在上班途中发生机动车交通事故死亡，但因其无照驾驶无证车辆违反《道路交通安全法》的规定，属于违反治安管理的情形，同时根据（劳社厅函〔2000〕150号）《劳动和社会保障部办公厅关于无证驾驶车辆发生交通事故是否认定工伤问题的复函》："无证驾驶车辆发生交通事故而造成负伤、致残、死亡的，不应认定为工伤"的答复，不能认定为工伤。

我院倾向于第一种意见，但认为由于本案涉及对《工伤保险条例》和劳动和社会保障部政策的理解问题，同时考虑到今后判决的有效执行，确需进一步明确。

请批复。

二〇一一年三月十五日

## 第五节　部门规章与部门规范性文件

### 十一、工伤认定办法（2010年修订）

人力资源和社会保障部令（第8号）

**第一条**　为规范工伤认定程序，依法进行工伤认定，维护当事人的合法权益，根据《工伤保险条例》的有关规定，制定本办法。

**第二条**　社会保险行政部门进行工伤认定按照本办法执行。

**第三条**　工伤认定应当客观公正、简捷方便，认定程序应当向社会公开。

第四条　职工发生事故伤害或者按照职业病防治法规定被诊断、鉴定为职业病，所在单位应当自事故伤害发生之日或者被诊断、鉴定为职业病之日起 30 日内，向统筹地区社会保险行政部门提出工伤认定申请。遇有特殊情况，经报社会保险行政部门同意，申请时限可以适当延长。

按照前款规定应当向省级社会保险行政部门提出工伤认定申请的，根据属地原则应当向用人单位所在地设区的市级社会保险行政部门提出。

第五条　用人单位未在规定的时限内提出工伤认定申请的，受伤害职工或者其近亲属、工会组织在事故伤害发生之日或者被诊断、鉴定为职业病之日起 1 年内，可以直接按照本办法第四条规定提出工伤认定申请。

第六条　提出工伤认定申请应当填写《工伤认定申请表》，并提交下列材料：

（一）劳动、聘用合同文本复印件或者与用人单位存在劳动关系（包括事实劳动关系）、人事关系的其他证明材料；

（二）医疗机构出具的受伤后诊断证明书或者职业病诊断证明书（或者职业病诊断鉴定书）。

第七条　工伤认定申请人提交的申请材料符合要求，属于社会保险行政部门管辖范围且在受理时限内的，社会保险行政部门应当受理。

第八条　社会保险行政部门收到工伤认定申请后，应当在 15 日内对申请人提交的材料进行审核，材料完整的，作出受理或者不予受理的决定；材料不完整的，应当以书面形式一次性告知申请人需要补正的全部材料。社会保险行政部门收到申请人提交的全部补正材料后，应当在 15 日内作出受理或者不予受理的决定。

社会保险行政部门决定受理的，应当出具《工伤认定申请受理决定书》；决定不予受理的，应当出具《工伤认定申请不予受理决定书》。

第九条　社会保险行政部门受理工伤认定申请后，可以根据需要对申请人提供的证据进行调查核实。

第十条　社会保险行政部门进行调查核实，应当由两名以上工作人员共同进行，并出示执行公务的证件。

第十一条　社会保险行政部门工作人员在工伤认定中，可以进行以下调查核实工作：

（一）根据工作需要，进入有关单位和事故现场；

（二）依法查阅与工伤认定有关的资料，询问有关人员并作出调查笔录；

（三）记录、录音、录像和复制与工伤认定有关的资料。

调查核实工作的证据收集参照行政诉讼证据收集的有关规定执行。

**第十二条** 社会保险行政部门工作人员进行调查核实时，有关单位和个人应当予以协助。用人单位、工会组织、医疗机构以及有关部门应当负责安排相关人员配合工作，据实提供情况和证明材料。

**第十三条** 社会保险行政部门在进行工伤认定时，对申请人提供的符合国家有关规定的职业病诊断证明书或者职业病诊断鉴定书，不再进行调查核实。职业病诊断证明书或者职业病诊断鉴定书不符合国家规定的要求和格式的，社会保险行政部门可以要求出具证据部门重新提供。

**第十四条** 社会保险行政部门受理工伤认定申请后，可以根据工作需要，委托其他统筹地区的社会保险行政部门或者相关部门进行调查核实。

**第十五条** 社会保险行政部门工作人员进行调查核实时，应当履行下列义务：

（一）保守有关单位商业秘密以及个人隐私；

（二）为提供情况的有关人员保密。

**第十六条** 社会保险行政部门工作人员与工伤认定申请人有利害关系的，应当回避。

**第十七条** 职工或者其近亲属认为是工伤，用人单位不认为是工伤的，由该用人单位承担举证责任。用人单位拒不举证的，社会保险行政部门可以根据受伤害职工提供的证据或者调查取得的证据，依法作出工伤认定决定。

**第十八条** 社会保险行政部门应当自受理工伤认定申请之日起60日内作出工伤认定决定，出具《认定工伤决定书》或者《不予认定工伤决定书》。

**第十九条** 《认定工伤决定书》应当载明下列事项：

（一）用人单位全称；

（二）职工的姓名、性别、年龄、职业、身份证号码；

（三）受伤害部位、事故时间和诊断时间或职业病名称、受伤害经过和核实情况、医疗救治的基本情况和诊断结论；

（四）认定工伤或者视同工伤的依据；

（五）不服认定决定申请行政复议或者提起行政诉讼的部门和时限；

（六）作出认定工伤或者视同工伤决定的时间。

《不予认定工伤决定书》应当载明下列事项：

（一）用人单位全称；

（二）职工的姓名、性别、年龄、职业、身份证号码；

（三）不予认定工伤或者不视同工伤的依据；

（四）不服认定决定申请行政复议或者提起行政诉讼的部门和时限；

（五）作出不予认定工伤或者不视同工伤决定的时间。

《认定工伤决定书》和《不予认定工伤决定书》应当加盖社会保险行政部门工伤认定专用印章。

**第二十条** 社会保险行政部门受理工伤认定申请后，作出工伤认定决定需要以司法机关或者有关行政主管部门的结论为依据的，在司法机关或者有关行政主管部门尚未作出结论期间，作出工伤认定决定的时限中止，并书面通知申请人。

**第二十一条** 社会保险行政部门对于事实清楚、权利义务明确的工伤认定申请，应当自受理工伤认定申请之日起 15 日内作出工伤认定决定。

**第二十二条** 社会保险行政部门应当自工伤认定决定作出之日起 20 日内，将《认定工伤决定书》或者《不予认定工伤决定书》送达受伤害职工（或者其近亲属）和用人单位，并抄送社会保险经办机构。

《认定工伤决定书》和《不予认定工伤决定书》的送达参照民事法律有关送达的规定执行。

**第二十三条** 职工或者其近亲属、用人单位对不予受理决定不服或者对工伤认定决定不服的，可以依法申请行政复议或者提起行政诉讼。

**第二十四条** 工伤认定结束后，社会保险行政部门应当将工伤认定的有关资料保存 50 年。

**第二十五条** 用人单位拒不协助社会保险行政部门对事故伤害进行调查核实的，由社会保险行政部门责令改正，处 2000 元以上 2 万元以下的罚款。

**第二十六条** 本办法中的《工伤认定申请表》《工伤认定申请受理决定书》《工伤认定申请不予受理决定书》《认定工伤决定书》《不予认定工伤决定书》的样式由国务院社会保险行政部门统一制定。

**第二十七条** 本办法自 2011 年 1 月 1 日起施行。劳动和社会保障部 2003 年 9 月 23 日颁布的《工伤认定办法》同时废止。

## 十二、工伤职工劳动能力鉴定管理办法

(2014年2月20日人力资源和社会保障部、国家卫生和计划生育委员会令第21号公布 根据2018年12月14日《人力资源社会保障部关于修改部分规章的决定》修订)

### 第一章 总则

**第一条** 为了加强劳动能力鉴定管理，规范劳动能力鉴定程序，根据《中华人民共和国社会保险法》《中华人民共和国职业病防治法》和《工伤保险条例》，制定本办法。

**第二条** 劳动能力鉴定委员会依据《劳动能力鉴定 职工工伤与职业病致残等级》国家标准，对工伤职工劳动功能障碍程度和生活自理障碍程度组织进行技术性等级鉴定，适用本办法。

**第三条** 省、自治区、直辖市劳动能力鉴定委员会和设区的市级（含直辖市的市辖区、县，下同）劳动能力鉴定委员会分别由省、自治区、直辖市和设区的市级人力资源社会保障行政部门、卫生计生行政部门、工会组织、用人单位代表以及社会保险经办机构代表组成。

承担劳动能力鉴定委员会日常工作的机构，其设置方式由各地根据实际情况决定。

**第四条** 劳动能力鉴定委员会履行下列职责：

（一）选聘医疗卫生专家，组建医疗卫生专家库，对专家进行培训和管理；

（二）组织劳动能力鉴定；

（三）根据专家组的鉴定意见作出劳动能力鉴定结论；

（四）建立完整的鉴定数据库，保管鉴定工作档案50年；

（五）法律、法规、规章规定的其他职责。

**第五条** 设区的市级劳动能力鉴定委员会负责本辖区内的劳动能力初次鉴定、复查鉴定。

省、自治区、直辖市劳动能力鉴定委员会负责对初次鉴定或者复查鉴定结论不服提出的再次鉴定。

**第六条** 劳动能力鉴定相关政策、工作制度和业务流程应当向社会公开。

## 第二章 鉴定程序

**第七条** 职工发生工伤，经治疗伤情相对稳定后存在残疾、影响劳动能力的，或者停工留薪期满（含劳动能力鉴定委员会确认的延长期限），工伤职工或者其用人单位应当及时向设区的市级劳动能力鉴定委员会提出劳动能力鉴定申请。

**第八条** 申请劳动能力鉴定应当填写劳动能力鉴定申请表，并提交下列材料：

（一）有效的诊断证明、按照医疗机构病历管理有关规定复印或者复制的检查、检验报告等完整病历材料；

（二）工伤职工的居民身份证或者社会保障卡等其他有效身份证明原件。

**第九条** 劳动能力鉴定委员会收到劳动能力鉴定申请后，应当及时对申请人提交的材料进行审核；申请人提供材料不完整的，劳动能力鉴定委员会应当自收到劳动能力鉴定申请之日起5个工作日内一次性书面告知申请人需要补正的全部材料。

申请人提供材料完整的，劳动能力鉴定委员会应当及时组织鉴定，并在收到劳动能力鉴定申请之日起60日内作出劳动能力鉴定结论。伤情复杂、涉及医疗卫生专业较多的，作出劳动能力鉴定结论的期限可以延长30日。

**第十条** 劳动能力鉴定委员会应当视伤情程度等从医疗卫生专家库中随机抽取3名或者5名与工伤职工伤情相关科别的专家组成专家组进行鉴定。

**第十一条** 劳动能力鉴定委员会应当提前通知工伤职工进行鉴定的时间、地点以及应当携带的材料。工伤职工应当按照通知的时间、地点参加现场鉴定。对行动不便的工伤职工，劳动能力鉴定委员会可以组织专家上门进行劳动能力鉴定。组织劳动能力鉴定的工作人员应当对工伤职工的身份进行核实。

工伤职工因故不能按时参加鉴定的，经劳动能力鉴定委员会同意，可以调整现场鉴定的时间，作出劳动能力鉴定结论的期限相应顺延。

**第十二条** 因鉴定工作需要，专家组提出应当进行有关检查和诊断的，劳动能力鉴定委员会可以委托具备资格的医疗机构协助进行有关的检查和诊断。

第十三条　专家组根据工伤职工伤情，结合医疗诊断情况，依据《劳动能力鉴定 职工工伤与职业病致残等级》国家标准提出鉴定意见。参加鉴定的专家都应当签署意见并签名。

专家意见不一致时，按照少数服从多数的原则确定专家组的鉴定意见。

第十四条　劳动能力鉴定委员会根据专家组的鉴定意见作出劳动能力鉴定结论。劳动能力鉴定结论书应当载明下列事项：

（一）工伤职工及其用人单位的基本信息；

（二）伤情介绍，包括伤残部位、器官功能障碍程度、诊断情况等；

（三）作出鉴定的依据；

（四）鉴定结论。

第十五条　劳动能力鉴定委员会应当自作出鉴定结论之日起20日内将劳动能力鉴定结论及时送达工伤职工及其用人单位，并抄送社会保险经办机构。

第十六条　工伤职工或者其用人单位对初次鉴定结论不服的，可以在收到该鉴定结论之日起15日内向省、自治区、直辖市劳动能力鉴定委员会申请再次鉴定。

申请再次鉴定，应当提供劳动能力鉴定申请表，以及工伤职工的居民身份证或者社会保障卡等有效身份证明原件。

省、自治区、直辖市劳动能力鉴定委员会作出的劳动能力鉴定结论为最终结论。

第十七条　自劳动能力鉴定结论作出之日起1年后，工伤职工、用人单位或者社会保险经办机构认为伤残情况发生变化的，可以向设区的市级劳动能力鉴定委员会申请劳动能力复查鉴定。

对复查鉴定结论不服的，可以按照本办法第十六条规定申请再次鉴定。

第十八条　工伤职工本人因身体等原因无法提出劳动能力初次鉴定、复查鉴定、再次鉴定申请的，可由其近亲属代为提出。

第十九条　再次鉴定和复查鉴定的程序、期限等按照本办法第九条至第十五条的规定执行。

## 第三章 监督管理

**第二十条** 劳动能力鉴定委员会应当每3年对专家库进行一次调整和补充,实行动态管理。确有需要的,可以根据实际情况适时调整。

**第二十一条** 劳动能力鉴定委员会选聘医疗卫生专家,聘期一般为3年,可以连续聘任。

聘任的专家应当具备下列条件:

(一)具有医疗卫生高级专业技术职务任职资格;

(二)掌握劳动能力鉴定的相关知识;

(三)具有良好的职业品德。

**第二十二条** 参加劳动能力鉴定的专家应当按照规定的时间、地点进行现场鉴定,严格执行劳动能力鉴定政策和标准,客观、公正地提出鉴定意见。

**第二十三条** 用人单位、工伤职工或者其近亲属应当如实提供鉴定需要的材料,遵守劳动能力鉴定相关规定,按照要求配合劳动能力鉴定工作。

工伤职工有下列情形之一的,当次鉴定终止:

(一)无正当理由不参加现场鉴定的;

(二)拒不参加劳动能力鉴定委员会安排的检查和诊断的。

**第二十四条** 医疗机构及其医务人员应当如实出具与劳动能力鉴定有关的各项诊断证明和病历材料。

**第二十五条** 劳动能力鉴定委员会组成人员、劳动能力鉴定工作人员以及参加鉴定的专家与当事人有利害关系的,应当回避。

**第二十六条** 任何组织或者个人有权对劳动能力鉴定中的违法行为进行举报、投诉。

## 第四章 法律责任

**第二十七条** 劳动能力鉴定委员会和承担劳动能力鉴定委员会日常工作的机构及其工作人员在从事或者组织劳动能力鉴定时,有下列行为之一的,由人力资源社会保障行政部门或者有关部门责令改正,对直接负责的主管人员和其他直接责任人员依法给予相应处分;构成犯罪的,依法追究刑事责任:

（一）未及时审核并书面告知申请人需要补正的全部材料的；

（二）未在规定期限内作出劳动能力鉴定结论的；

（三）未按照规定及时送达劳动能力鉴定结论的；

（四）未按照规定随机抽取相关科别专家进行鉴定的；

（五）擅自篡改劳动能力鉴定委员会作出的鉴定结论的；

（六）利用职务之便非法收受当事人财物的；

（七）有违反法律法规和本办法的其他行为的。

**第二十八条** 从事劳动能力鉴定的专家有下列行为之一的，劳动能力鉴定委员会应当予以解聘；情节严重的，由卫生计生行政部门依法处理：

（一）提供虚假鉴定意见的；

（二）利用职务之便非法收受当事人财物的；

（三）无正当理由不履行职责的；

（四）有违反法律法规和本办法的其他行为的。

**第二十九条** 参与工伤救治、检查、诊断等活动的医疗机构及其医务人员有下列情形之一的，由卫生计生行政部门依法处理：

（一）提供与病情不符的虚假诊断证明的；

（二）篡改、伪造、隐匿、销毁病历材料的；

（三）无正当理由不履行职责的。

**第三十条** 以欺诈、伪造证明材料或者其他手段骗取鉴定结论、领取工伤保险待遇的，按照《中华人民共和国社会保险法》第八十八条的规定，由人力资源社会保障行政部门责令退回骗取的社会保险金，处骗取金额 2 倍以上 5 倍以下的罚款。

## 第五章　附则

**第三十一条** 未参加工伤保险的公务员和参照公务员法管理的事业单位、社会团体工作人员因工（公）致残的劳动能力鉴定，参照本办法执行。

**第三十二条** 本办法中的劳动能力鉴定申请表、初次（复查）鉴定结论书、再次鉴定结论书、劳动能力鉴定材料收讫补正告知书等文书基本样式由人力资源社会保障部制定。

**第三十三条** 本办法自 2014 年 4 月 1 日起施行。

## 十三、工伤保险辅助器具配置管理办法

（2016年2月16日人力资源和社会保障部、民政部、国家卫生和计划生育委员会令第27号公布 根据2018年12月14日《人力资源社会保障部关于修改部分规章的决定》修订）

### 第一章 总 则

**第一条** 为了规范工伤保险辅助器具配置管理，维护工伤职工的合法权益，根据《工伤保险条例》，制定本办法。

**第二条** 工伤职工因日常生活或者就业需要，经劳动能力鉴定委员会确认，配置假肢、矫形器、假眼、假牙和轮椅等辅助器具的，适用本办法。

**第三条** 人力资源社会保障行政部门负责工伤保险辅助器具配置的监督管理工作。民政、卫生计生等行政部门在各自职责范围内负责工伤保险辅助器具配置的有关监督管理工作。

社会保险经办机构（以下称经办机构）负责对申请承担工伤保险辅助器具配置服务的辅助器具装配机构和医疗机构（以下称工伤保险辅助器具配置机构）进行协议管理，并按照规定核付配置费用。

**第四条** 设区的市级（含直辖市的市辖区、县）劳动能力鉴定委员会（以下称劳动能力鉴定委员会）负责工伤保险辅助器具配置的确认工作。

**第五条** 省、自治区、直辖市人力资源社会保障行政部门负责制定工伤保险辅助器具配置机构评估确定办法。

经办机构按照评估确定办法，与工伤保险辅助器具配置机构签订服务协议，并向社会公布签订服务协议的工伤保险辅助器具配置机构（以下称协议机构）名单。

**第六条** 人力资源社会保障部根据社会经济发展水平、工伤职工日常生活和就业需要等，组织制定国家工伤保险辅助器具配置目录，确定配置项目、适用范围、最低使用年限等内容，并适时调整。

省、自治区、直辖市人力资源社会保障行政部门可以结合本地区实际，在国家目录确定的配置项目基础上，制定省级工伤保险辅助器具配置目录，适当增加辅助器具配置项目，并确定本地区辅助器具配置最高支付限额等具

体标准。

## 第二章 确认与配置程序

**第七条** 工伤职工认为需要配置辅助器具的,可以向劳动能力鉴定委员会提出辅助器具配置确认申请,并提交下列材料:

(一)居民身份证或者社会保障卡等有效身份证明原件;

(二)有效的诊断证明、按照医疗机构病历管理有关规定复印或者复制的检查、检验报告等完整病历材料。

工伤职工本人因身体等原因无法提出申请的,可由其近亲属或者用人单位代为申请。

**第八条** 劳动能力鉴定委员会收到辅助器具配置确认申请后,应当及时审核;材料不完整的,应当自收到申请之日起5个工作日内一次性书面告知申请人需要补正的全部材料;材料完整的,应当在收到申请之日起60日内作出确认结论。伤情复杂、涉及医疗卫生专业较多的,作出确认结论的期限可以延长30日。

**第九条** 劳动能力鉴定委员会专家库应当配备辅助器具配置专家,从事辅助器具配置确认工作。

劳动能力鉴定委员会应当根据配置确认申请材料,从专家库中随机抽取3名或者5名专家组成专家组,对工伤职工本人进行现场配置确认。专家组中至少包括1名辅助器具配置专家、2名与工伤职工伤情相关的专家。

**第十条** 专家组根据工伤职工伤情,依据工伤保险辅助器具配置目录有关规定,提出是否予以配置的确认意见。专家意见不一致时,按照少数服从多数的原则确定专家组的意见。

劳动能力鉴定委员会根据专家组确认意见作出配置辅助器具确认结论。其中,确认予以配置的,应当载明确认配置的理由、依据和辅助器具名称等信息;确认不予配置的,应当说明不予配置的理由。

**第十一条** 劳动能力鉴定委员会应当自作出确认结论之日起20日内将确认结论送达工伤职工及其用人单位,并抄送经办机构。

**第十二条** 工伤职工收到予以配置的确认结论后,及时向经办机构进行登记,经办机构向工伤职工出具配置费用核付通知单,并告知下列事项:

(一)工伤职工应当到协议机构进行配置;

（二）确认配置的辅助器具最高支付限额和最低使用年限；

（三）工伤职工配置辅助器具超目录或者超出限额部分的费用，工伤保险基金不予支付。

**第十三条** 工伤职工可以持配置费用核付通知单，选择协议机构配置辅助器具。

协议机构应当根据与经办机构签订的服务协议，为工伤职工提供配置服务，并如实记录工伤职工信息、配置器具产品信息、最高支付限额、最低使用年限以及实际配置费用等配置服务事项。

前款规定的配置服务记录经工伤职工签字后，分别由工伤职工和协议机构留存。

**第十四条** 协议机构或者工伤职工与经办机构结算配置费用时，应当出具配置服务记录。经办机构核查后，应当按照工伤保险辅助器具配置目录有关规定及时支付费用。

**第十五条** 工伤职工配置辅助器具的费用包括安装、维修、训练等费用，按照规定由工伤保险基金支付。

经经办机构同意，工伤职工到统筹地区以外的协议机构配置辅助器具发生的交通、食宿费用，可以按照统筹地区人力资源社会保障行政部门的规定，由工伤保险基金支付。

**第十六条** 辅助器具达到规定的最低使用年限的，工伤职工可以按照统筹地区人力资源社会保障行政部门的规定申请更换。

工伤职工因伤情发生变化，需要更换主要部件或者配置新的辅助器具的，经向劳动能力鉴定委员会重新提出确认申请并经确认后，由工伤保险基金支付配置费用。

## 第三章 管理与监督

**第十七条** 辅助器具配置专家应当具备下列条件之一：

（一）具有医疗卫生中高级专业技术职务任职资格；

（二）具有假肢师或者矫形器师职业资格；

（三）从事辅助器具配置专业技术工作5年以上。

辅助器具配置专家应当具有良好的职业品德。

**第十八条** 工伤保险辅助器具配置机构的具体条件，由省、自治区、直辖市人力资源社会保障行政部门会同民政、卫生计生行政部门规定。

**第十九条** 经办机构与工伤保险辅助器具配置机构签订的服务协议，应当包括下列内容：

（一）经办机构与协议机构名称、法定代表人或者主要负责人等基本信息；

（二）服务协议期限；

（三）配置服务内容；

（四）配置费用结算；

（五）配置管理要求；

（六）违约责任及争议处理；

（七）法律、法规规定应当纳入服务协议的其他事项。

**第二十条** 配置的辅助器具应当符合相关国家标准或者行业标准。统一规格的产品或者材料等辅助器具在装配前应当由国家授权的产品质量检测机构出具质量检测报告，标注生产厂家、产品品牌、型号、材料、功能、出品日期、使用期和保修期等事项。

**第二十一条** 协议机构应当建立工伤职工配置服务档案，并至少保存至服务期限结束之日起两年。经办机构可以对配置服务档案进行抽查，并作为结算配置费用的依据之一。

**第二十二条** 经办机构应当建立辅助器具配置工作回访制度，对辅助器具装配的质量和服务进行跟踪检查，并将检查结果作为对协议机构的评价依据。

**第二十三条** 工伤保险辅助器具配置机构违反国家规定的辅助器具配置管理服务标准，侵害工伤职工合法权益的，由民政、卫生计生行政部门在各自监管职责范围内依法处理。

**第二十四条** 有下列情形之一的，经办机构不予支付配置费用：

（一）未经劳动能力鉴定委员会确认，自行配置辅助器具的；

（二）在非协议机构配置辅助器具的；

（三）配置辅助器具超目录或者超出限额部分的；

（四）违反规定更换辅助器具的。

**第二十五条** 工伤职工或者其近亲属认为经办机构未依法支付辅助器具配置费用，或者协议机构认为经办机构未履行有关协议的，可以依法申请行政复议或者提起行政诉讼。

## 第四章　法律责任

**第二十六条**　经办机构在协议机构管理和核付配置费用过程中收受当事人财物的，由人力资源社会保障行政部门责令改正，对直接负责的主管人员和其他直接责任人员依法给予处分；情节严重，构成犯罪的，依法追究刑事责任。

**第二十七条**　从事工伤保险辅助器具配置确认工作的组织或者个人有下列情形之一的，由人力资源社会保障行政部门责令改正，处2000元以上1万元以下的罚款；情节严重，构成犯罪的，依法追究刑事责任：

（一）提供虚假确认意见的；

（二）提供虚假诊断证明或者病历的；

（三）收受当事人财物的。

**第二十八条**　协议机构不按照服务协议提供服务的，经办机构可以解除服务协议，并按照服务协议追究相应责任。

经办机构不按时足额结算配置费用的，由人力资源社会保障行政部门责令改正；协议机构可以解除服务协议。

**第二十九条**　用人单位、工伤职工或者其近亲属骗取工伤保险待遇，辅助器具装配机构、医疗机构骗取工伤保险基金支出的，按照《工伤保险条例》第六十条的规定，由人力资源社会保障行政部门责令退还，处骗取金额2倍以上5倍以下的罚款；情节严重，构成犯罪的，依法追究刑事责任。

## 第五章　附　则

**第三十条**　用人单位未依法参加工伤保险，工伤职工需要配置辅助器具的，按照本办法的相关规定执行，并由用人单位支付配置费用。

**第三十一条**　本办法自2016年4月1日起施行。

### 十四、因工死亡职工供养亲属范围规定

中华人民共和国劳动和社会保障部令（第18号）

**第一条**　为明确因工死亡职工供养亲属范围，根据《工伤保险条例》

第三十七条第一款第二项的授权，制定本规定。

第二条　本规定所称因工死亡职工供养亲属，是指该职工的配偶、子女、父母、祖父母、外祖父母、孙子女、外孙子女、兄弟姐妹。

本规定所称子女，包括婚生子女、非婚生子女、养子女和有抚养关系的继子女，其中，婚生子女、非婚生子女包括遗腹子女；

本规定所称父母，包括生父母、养父母和有抚养关系的继父母；

本规定所称兄弟姐妹，包括同父母的兄弟姐妹、同父异母或者同母异父的兄弟姐妹、养兄弟姐妹、有抚养关系的继兄弟姐妹。

第三条　上条规定的人员，依靠因工死亡职工生前提供主要生活来源，并有下列情形之一的，可按规定申请供养亲属抚恤金：

（一）完全丧失劳动能力的；

（二）工亡职工配偶男年满60周岁、女年满55周岁的；

（三）工亡职工父母男年满60周岁、女年满55周岁的；

（四）工亡职工子女未满18周岁的；

（五）工亡职工父母均已死亡，其祖父、外祖父年满60周岁，祖母、外祖母年满55周岁的；

（六）工亡职工子女已经死亡或完全丧失劳动能力，其孙子女、外孙子女未满18周岁的；

（七）工亡职工父母均已死亡或完全丧失劳动能力，其兄弟姐妹未满18周岁的。

第四条　领取抚恤金人员有下列情形之一的，停止享受抚恤金待遇：

（一）年满18周岁且未完全丧失劳动能力的；

（二）就业或参军的；

（三）工亡职工配偶再婚的；

（四）被他人或组织收养的；

（五）死亡的。

第五条　领取抚恤金的人员，在被判刑收监执行期间，停止享受抚恤金待遇。刑满释放仍符合领取抚恤金资格的，按规定的标准享受抚恤金。

第六条　因工死亡职工供养亲属享受抚恤金待遇的资格，由统筹地区社会保险经办机构核定。

因工死亡职工供养亲属的劳动能力鉴定，由因工死亡职工生前单位所在地设区的市级劳动能力鉴定委员会负责。

**第七条** 本办法自 2004 年 1 月 1 日起施行。

### 十五、实施《中华人民共和国社会保险法》若干规定

为了实施《中华人民共和国社会保险法》（以下简称社会保险法），制定本规定。

#### 第一章　关于基本养老保险

**第一条** 社会保险法第十五条规定的统筹养老金，按照国务院规定的基础养老金计发办法计发。

**第二条** 参加职工基本养老保险的个人达到法定退休年龄时，累计缴费不足十五年的，可以延长缴费至满十五年。社会保险法实施前参保、延长缴费五年后仍不足十五年的，可以一次性缴费至满十五年。

**第三条** 参加职工基本养老保险的个人达到法定退休年龄后，累计缴费不足十五年（含依照第二条规定延长缴费）的，可以申请转入户籍所在地新型农村社会养老保险或者城镇居民社会养老保险，享受相应的养老保险待遇。

参加职工基本养老保险的个人达到法定退休年龄后，累计缴费不足十五年（含依照第二条规定延长缴费），且未转入新型农村社会养老保险或者城镇居民社会养老保险的，个人可以书面申请终止职工基本养老保险关系。社会保险经办机构收到申请后，应当书面告知其转入新型农村社会养老保险或者城镇居民社会养老保险的权利以及终止职工基本养老保险关系的后果，经本人书面确认后，终止其职工基本养老保险关系，并将个人账户储存额一次性支付给本人。

**第四条** 参加职工基本养老保险的个人跨省流动就业，达到法定退休年龄时累计缴费不足十五年的，按照《国务院办公厅关于转发人力资源社会保障部财政部城镇企业职工基本养老保险关系转移接续暂行办法的通知》（国办发〔2009〕66 号）有关待遇领取地的规定确定继续缴费地后，按照本规定第二条办理。

**第五条** 参加职工基本养老保险的个人跨省流动就业，符合按月领取基本养老金条件时，基本养老金分段计算、统一支付的具体办法，按照《国务

院办公厅关于转发人力资源社会保障部财政部城镇企业职工基本养老保险关系转移接续暂行办法的通知》（国办发〔2009〕66号）执行。

**第六条** 职工基本养老保险个人账户不得提前支取。个人在达到法定的领取基本养老金条件前离境定居的，其个人账户予以保留，达到法定领取条件时，按照国家规定享受相应的养老保险待遇。其中，丧失中华人民共和国国籍的，可以在其离境时或者离境后书面申请终止职工基本养老保险关系。社会保险经办机构收到申请后，应当书面告知其保留个人账户的权利以及终止职工基本养老保险关系的后果，经本人书面确认后，终止其职工基本养老保险关系，并将个人账户储存额一次性支付给本人。

参加职工基本养老保险的个人死亡后，其个人账户中的余额可以全部依法继承。

## 第二章　关于基本医疗保险

**第七条** 社会保险法第二十七条规定的退休人员享受基本医疗保险待遇的缴费年限按照各地规定执行。

参加职工基本医疗保险的个人，基本医疗保险关系转移接续时，基本医疗保险缴费年限累计计算。

**第八条** 参保人员在协议医疗机构发生的医疗费用，符合基本医疗保险药品目录、诊疗项目、医疗服务设施标准的，按照国家规定从基本医疗保险基金中支付。

参保人员确需急诊、抢救的，可以在非协议医疗机构就医；因抢救必须使用的药品可以适当放宽范围。参保人员急诊、抢救的医疗服务具体管理办法由统筹地区根据当地实际情况制定。

## 第三章　关于工伤保险

**第九条** 职工（包括非全日制从业人员）在两个或者两个以上用人单位同时就业的，各用人单位应当分别为职工缴纳工伤保险费。职工发生工伤，由职工受到伤害时工作的单位依法承担工伤保险责任。

**第十条** 社会保险法第三十七条第二项中的醉酒标准，按照《车辆驾驶人员血液、呼气酒精含量阈值与检验》（GB19522-2004）执行。公安机关交通管理部门、医疗机构等有关单位依法出具的检测结论、诊断证明等材料，可以作为认定醉酒的依据。

第十一条　社会保险法第三十八条第八项中的因工死亡补助金是指《工伤保险条例》第三十九条的一次性工亡补助金，标准为工伤发生时上一年度全国城镇居民人均可支配收入的20倍。

上一年度全国城镇居民人均可支配收入以国家统计局公布的数据为准。

第十二条　社会保险法第三十九条第一项治疗工伤期间的工资福利，按照《工伤保险条例》第三十三条有关职工在停工留薪期内应当享受的工资福利和护理等待遇的规定执行。

## 第四章　关于失业保险

第十三条　失业人员符合社会保险法第四十五条规定条件的，可以申请领取失业保险金并享受其他失业保险待遇。其中，非因本人意愿中断就业包括下列情形：

（一）依照劳动合同法第四十四条第一项、第四项、第五项规定终止劳动合同的；

（二）由用人单位依照劳动合同法第三十九条、第四十条、第四十一条规定解除劳动合同的；

（三）用人单位依照劳动合同法第三十六条规定向劳动者提出解除劳动合同并与劳动者协商一致解除劳动合同的；

（四）由用人单位提出解除聘用合同或者被用人单位辞退、除名、开除的；

（五）劳动者本人依照劳动合同法第三十八条规定解除劳动合同的；

（六）法律、法规、规章规定的其他情形。

第十四条　失业人员领取失业保险金后重新就业的，再次失业时，缴费时间重新计算。失业人员因当期不符合失业保险金领取条件的，原有缴费时间予以保留，重新就业并参保的，缴费时间累计计算。

第十五条　失业人员在领取失业保险金期间，应当积极求职，接受职业介绍和职业培训。失业人员接受职业介绍、职业培训的补贴由失业保险基金按照规定支付。

## 第五章　关于基金管理和经办服务

**第十六条**　社会保险基金预算、决算草案的编制、审核和批准，依照《国务院关于试行社会保险基金预算的意见》（国发〔2010〕2号）的规定执行。

**第十七条**　社会保险经办机构应当每年至少一次将参保人员个人权益记录单通过邮寄方式寄送本人。同时，社会保险经办机构可以通过手机短信或者电子邮件等方式向参保人员发送个人权益记录。

**第十八条**　社会保险行政部门、社会保险经办机构及其工作人员应当依法为用人单位和个人的信息保密，不得违法向他人泄露下列信息：

（一）涉及用人单位商业秘密或者公开后可能损害用人单位合法利益的信息；

（二）涉及个人权益的信息。

## 第六章　关于法律责任

**第十九条**　用人单位在终止或者解除劳动合同时拒不向职工出具终止或者解除劳动关系证明，导致职工无法享受社会保险待遇的，用人单位应当依法承担赔偿责任。

**第二十条**　职工应当缴纳的社会保险费由用人单位代扣代缴。用人单位未依法代扣代缴的，由社会保险费征收机构责令用人单位限期代缴，并自欠缴之日起向用人单位按日加收万分之五的滞纳金。用人单位不得要求职工承担滞纳金。

**第二十一条**　用人单位因不可抗力造成生产经营出现严重困难的，经省级人民政府社会保险行政部门批准后，可以暂缓缴纳一定期限的社会保险费，期限一般不超过一年。暂缓缴费期间，免收滞纳金。到期后，用人单位应当缴纳相应的社会保险费。

**第二十二条**　用人单位按照社会保险法第六十三条的规定，提供担保并与社会保险费征收机构签订缓缴协议的，免收缓缴期间的滞纳金。

**第二十三条**　用人单位按照本规定第二十一条、第二十二条缓缴社会保险费期间，不影响其职工依法享受社会保险待遇。

**第二十四条**　用人单位未按月将缴纳社会保险费的明细情况告知职工本人的，由社会保险行政部门责令改正；逾期不改的，按照《劳动保障监察条例》第三十条的规定处理。

**第二十五条** 医疗机构、药品经营单位等社会保险服务机构以欺诈、伪造证明材料或者其他手段骗取社会保险基金支出的，由社会保险行政部门责令退回骗取的社会保险金，处骗取金额二倍以上五倍以下的罚款。对与社会保险经办机构签订服务协议的医疗机构、药品经营单位，由社会保险经办机构按照协议追究责任，情节严重的，可以解除与其签订的服务协议。对有执业资格的直接负责的主管人员和其他直接责任人员，由社会保险行政部门建议授予其执业资格的有关主管部门依法吊销其执业资格。

**第二十六条** 社会保险经办机构、社会保险费征收机构、社会保险基金投资运营机构、开设社会保险基金专户的机构和专户管理银行及其工作人员有下列违法情形的，由社会保险行政部门按照社会保险法第九十一条的规定查处：

（一）将应征和已征的社会保险基金，采取隐藏、非法放置等手段，未按规定征缴、入账的；

（二）违规将社会保险基金转入社会保险基金专户以外的账户的；

（三）侵吞社会保险基金的；

（四）将各项社会保险基金互相挤占或者其他社会保障基金挤占社会保险基金的；

（五）将社会保险基金用于平衡财政预算，兴建、改建办公场所和支付人员经费、运行费用、管理费用的；

（六）违反国家规定的投资运营政策的。

## 第七章　其　他

**第二十七条** 职工与所在用人单位发生社会保险争议的，可以依照《中华人民共和国劳动争议调解仲裁法》、《劳动人事争议仲裁办案规则》的规定，申请调解、仲裁，提起诉讼。

职工认为用人单位有未按时足额为其缴纳社会保险费等侵害其社会保险权益行为的，也可以要求社会保险行政部门或者社会保险费征收机构依法处理。社会保险行政部门或者社会保险费征收机构应当按照社会保险法和《劳动保障监察条例》等相关规定处理。在处理过程中，用人单位对双方的劳动关系提出异议的，社会保险行政部门应当依法查明相关事实后继续处理。

第二十八条  在社会保险经办机构征收社会保险费的地区，社会保险行政部门应当依法履行社会保险法第六十三条所规定的有关行政部门的职责。

第二十九条  2011年7月1日后对用人单位未按时足额缴纳社会保险费的处理，按照社会保险法和本规定执行；对2011年7月1日前发生的用人单位未按时足额缴纳社会保险费的行为，按照国家和地方人民政府的有关规定执行。

第三十条  本规定自2011年7月1日起施行。

## 十六、劳动和社会保障部关于实施《工伤保险条例》若干问题的意见

（劳社部函〔2004〕256号）

各省、自治区、直辖市劳动和社会保障厅（局）：

《工伤保险条例》（以下简称条例）已于二〇〇四年一月一日起施行，现就条例实施中的有关问题提出如下意见。

一、职工在两个或两个以上用人单位同时就业的，各用人单位应当分别为职工缴纳工伤保险费。职工发生工伤，由职工受到伤害时其工作的单位依法承担工伤保险责任。

二、条例第十四条规定"上下班途中，受到机动车事故伤害的，应当认定为工伤"。这里"上下班途中"既包括职工正常工作的上下班途中，也包括职工加班加点的上下班途中。"受到机动车事故伤害的"既可以是职工驾驶或乘坐的机动车发生事故造成的，也可以是职工因其他机动车事故造成的。

三、条例第十五条规定"职工在工作时间和工作岗位，突发疾病死亡或者在48小时之内经抢救无效死亡的，视同工伤"。这里"突发疾病"包括各类疾病。"48小时"的起算时间，以医疗机构的初次诊断时间作为突发疾病的起算时间。

四、条例第十七条第二款规定的有权申请工伤认定的"工会组织"包括职工所在用人单位的工会组织以及符合《中华人民共和国工会法》规定的各级工会组织。

五、用人单位未按规定为职工提出工伤认定申请，受到事故伤害或者患职业病的职工或者其直系亲属、工会组织提出工伤认定申请，职工所在单位是否同意（签字、盖章），不是必经程序。

六、条例第十七条第四款规定"用人单位未在本条第一款规定的时限内提交工伤认定申请的，在此期间发生符合本条例规定的工伤待遇等有关费用由该用人单位负担"。这里用人单位承担工伤待遇等有关费用的期间是指从事故伤害发生之日或职业病确诊之日起到劳动保障行政部门受理工伤认定申请之日止。

七、条例第三十六条规定的工伤职工旧伤复发，是否需要治疗应由治疗工伤职工的协议医疗机构提出意见，有争议的由劳动能力鉴定委员会确认。

八、职工因工死亡，其供养亲属享受抚恤金待遇的资格，按职工因工死亡时的条件核定。

劳动和社会保障部<br>二〇〇四年十一月一日

## 十七、社会保险基金先行支付暂行办法（2018年修订）

（2011年6月29日人力资源和社会保障部令第15号公布　根据2018年12月14日《人力资源社会保障部关于修改部分规章的决定》修订）

**第一条**　为了维护公民的社会保险合法权益，规范社会保险基金先行支付管理，根据《中华人民共和国社会保险法》（以下简称社会保险法）和《工伤保险条例》，制定本办法。

**第二条**　参加基本医疗保险的职工或者居民（以下简称个人）由于第三人的侵权行为造成伤病的，其医疗费用应当由第三人按照确定的责任大小依法承担。超过第三人责任部分的医疗费用，由基本医疗保险基金按照国家规定支付。

前款规定中应当由第三人支付的医疗费用，第三人不支付或者无法确定第三人的，在医疗费用结算时，个人可以向参保地社会保险经办机构书面申请基本医疗保险基金先行支付，并告知造成其伤病的原因和第三人不支付医疗费用或者无法确定第三人的情况。

**第三条**　社会保险经办机构接到个人根据第二条规定提出的申请后，经审核确定其参加基本医疗保险的，应当按照统筹地区基本医疗保险基金支付的规定先行支付相应部分的医疗费用。

**第四条** 个人由于第三人的侵权行为造成伤病被认定为工伤，第三人不支付工伤医疗费用或者无法确定第三人的，个人或者其近亲属可以向社会保险经办机构书面申请工伤保险基金先行支付，并告知第三人不支付或者无法确定第三人的情况。

**第五条** 社会保险经办机构接到个人根据第四条规定提出的申请后，应当审查个人获得基本医疗保险基金先行支付和其所在单位缴纳工伤保险费等情况，并按照下列情形分别处理：

（一）对于个人所在用人单位已经依法缴纳工伤保险费，且在认定工伤之前基本医疗保险基金有先行支付的，社会保险经办机构应当按照工伤保险有关规定，用工伤保险基金先行支付超出基本医疗保险基金先行支付部分的医疗费用，并向基本医疗保险基金退还先行支付的费用；

（二）对于个人所在用人单位已经依法缴纳工伤保险费，在认定工伤之前基本医疗保险基金无先行支付的，社会保险经办机构应当用工伤保险基金先行支付工伤医疗费用；

（三）对于个人所在用人单位未依法缴纳工伤保险费，且在认定工伤之前基本医疗保险基金有先行支付的，社会保险经办机构应当在3个工作日内向用人单位发出书面催告通知，要求用人单位在5个工作日内依法支付超出基本医疗保险基金先行支付部分的医疗费用，并向基本医疗保险基金偿还先行支付的医疗费用。用人单位在规定时间内不支付其余部分医疗费用的，社会保险经办机构应当用工伤保险基金先行支付；

（四）对于个人所在用人单位未依法缴纳工伤保险费，在认定工伤之前基本医疗保险基金无先行支付的，社会保险经办机构应当在3个工作日向用人单位发出书面催告通知，要求用人单位在5个工作日内依法支付全部工伤医疗费用；用人单位在规定时间内不支付的，社会保险经办机构应当用工伤保险基金先行支付。

**第六条** 职工所在用人单位未依法缴纳工伤保险费，发生工伤事故的，用人单位应当采取措施及时救治，并按照规定的工伤保险待遇项目和标准支付费用。

职工被认定为工伤后，有下列情形之一的，职工或者其近亲属可以持工伤认定决定书和有关材料向社会保险经办机构书面申请先行支付工伤保险待遇：

（一）用人单位被依法吊销营业执照或者撤销登记、备案的；

（二）用人单位拒绝支付全部或者部分费用的；

（三）依法经仲裁、诉讼后仍不能获得工伤保险待遇，法院出具中止执行文书的；

（四）职工认为用人单位不支付的其他情形。

**第七条** 社会保险经办机构收到职工或者其近亲属根据第六条规定提出的申请后，应当在3个工作日内向用人单位发出书面催告通知，要求其在5个工作日内予以核实并依法支付工伤保险待遇，告知其如在规定期限内不按时足额支付的，工伤保险基金在按照规定先行支付后，取得要求其偿还的权利。

**第八条** 用人单位未按照第七条规定按时足额支付的，社会保险经办机构应当按照社会保险法和《工伤保险条例》的规定，先行支付工伤保险待遇项目中应当由工伤保险基金支付的项目。

**第九条** 个人或者其近亲属提出先行支付医疗费用、工伤医疗费用或者工伤保险待遇申请，社会保险经办机构经审核不符合先行支付条件的，应当在收到申请后5个工作日内作出不予先行支付的决定，并书面通知申请人。

**第十条** 个人申请先行支付医疗费用、工伤医疗费用或者工伤保险待遇的，应当提交所有医疗诊断、鉴定等费用的原始票据等证据。社会保险经办机构应当保留所有原始票据等证据，要求申请人在先行支付凭据上签字确认，凭原始票据等证据先行支付医疗费用、工伤医疗费用或者工伤保险待遇。

个人因向第三人或者用人单位请求赔偿需要医疗费用、工伤医疗费用或者工伤保险待遇的原始票据等证据的，可以向社会保险经办机构索取复印件，并将第三人或者用人单位赔偿情况及时告知社会保险经办机构。

**第十一条** 个人已经从第三人或者用人单位处获得医疗费用、工伤医疗费用或者工伤保险待遇的，应当主动将先行支付金额中应当由第三人承担的部分或者工伤保险基金先行支付的工伤保险待遇退还给基本医疗保险基金或者工伤保险基金，社会保险经办机构不再向第三人或者用人单位追偿。

个人拒不退还的，社会保险经办机构可以从以后支付的相关待遇中扣减其应当退还的数额，或者向人民法院提起诉讼。

第十二条　社会保险经办机构按照本办法第三条规定先行支付医疗费用或者按照第五条第一项、第二项规定先行支付工伤医疗费用后，有关部门确定了第三人责任的，应当要求第三人按照确定的责任大小依法偿还先行支付数额中的相应部分。第三人逾期不偿还的，社会保险经办机构应当依法向人民法院提起诉讼。

第十三条　社会保险经办机构按照本办法第五条第三项、第四项和第六条、第七条、第八条的规定先行支付工伤保险待遇后，应当责令用人单位在10日内偿还。

用人单位逾期不偿还的，社会保险经办机构可以按照社会保险法第六十三条的规定，向银行和其他金融机构查询其存款账户，申请县级以上社会保险行政部门作出划拨应偿还款项的决定，并书面通知用人单位开户银行或者其他金融机构划拨其应当偿还的数额。

用人单位账户余额少于应当偿还数额的，社会保险经办机构可以要求其提供担保，签订延期还款协议。

用人单位未按时足额偿还且未提供担保的，社会保险经办机构可以申请人民法院扣押、查封、拍卖其价值相当于应当偿还数额的财产，以拍卖所得偿还所欠数额。

第十四条　社会保险经办机构向用人单位追偿工伤保险待遇发生的合理费用以及用人单位逾期偿还部分的利息损失等，应当由用人单位承担。

第十五条　用人单位不支付依法应当由其支付的工伤保险待遇项目的，职工可以依法申请仲裁、提起诉讼。

第十六条　个人隐瞒已经从第三人或者用人单位处获得医疗费用、工伤医疗费用或者工伤保险待遇，向社会保险经办机构申请并获得社会保险基金先行支付的，按照社会保险法第八十八条的规定处理。

第十七条　用人单位对社会保险经办机构作出先行支付的追偿决定不服或者对社会保险行政部门作出的划拨决定不服的，可以依法申请行政复议或者提起行政诉讼。

个人或者其近亲属对社会保险经办机构作出不予先行支付的决定不服或者对先行支付的数额不服的，可以依法申请行政复议或者提起行政诉讼。

第十八条　本办法自2011年7月1日起施行。

## 十八、人力资源和社会保障部关于执行《工伤保险条例》若干问题的意见

各省、自治区、直辖市及新疆生产建设兵团人力资源社会保障厅（局）：

《国务院关于修改〈工伤保险条例〉的决定》（国务院令第586号）已经于2011年1月1日实施。为贯彻执行新修订的《工伤保险条例》，妥善解决实际工作中的问题，更好地保障职工和用人单位的合法权益，现提出如下意见。

一、《工伤保险条例》（以下简称《条例》）第十四条第（五）项规定的"因工外出期间"的认定，应当考虑职工外出是否属于用人单位指派的因工作外出，遭受的事故伤害是否因工作原因所致。

二、《条例》第十四条第（六）项规定的"非本人主要责任"的认定，应当以有关机关出具的法律文书或者人民法院的生效裁决为依据。

三、《条例》第十六条第（一）项"故意犯罪"的认定，应当以司法机关的生效法律文书或者结论性意见为依据。

四、《条例》第十六条第（二）项"醉酒或者吸毒"的认定，应当以有关机关出具的法律文书或者人民法院的生效裁决为依据。无法获得上述证据的，可以结合相关证据认定。

五、社会保险行政部门受理工伤认定申请后，发现劳动关系存在争议且无法确认的，应告知当事人可以向劳动人事争议仲裁委员会申请仲裁。在此期间，作出工伤认定决定的时限中止，并书面通知申请工伤认定的当事人。劳动关系依法确认后，当事人应将有关法律文书送交受理工伤认定申请的社会保险行政部门，该部门自收到生效法律文书之日起恢复工伤认定程序。

六、符合《条例》第十五条第（一）项情形的，职工所在用人单位原则上应自职工死亡之日起5个工作日内向用人单位所在统筹地区社会保险行政部门报告。

七、具备用工主体资格的承包单位违反法律、法规规定，将承包业务转包、分包给不具备用工主体资格的组织或者自然人，该组织或者自然人招用的劳动者从事承包业务时因工伤亡的，由该具备用工主体资格的承包单位承担用人单位依法应承担的工伤保险责任。

八、曾经从事接触职业病危害作业、当时没有发现罹患职业病、离开工作岗位后被诊断或鉴定为职业病的符合下列条件的人员，可以自诊断、鉴定为职业病之日起一年内申请工伤认定，社会保险行政部门应当受理：

（一）办理退休手续后，未再从事接触职业病危害作业的退休人员；

（二）劳动或聘用合同期满后或者本人提出而解除劳动或聘用合同后，未再从事接触职业病危害作业的人员。

经工伤认定和劳动能力鉴定，前款第（一）项人员符合领取一次性伤残补助金条件的，按就高原则以本人退休前12个月平均月缴费工资或者确诊职业病前12个月的月平均养老金为基数计发。前款第（二）项人员被鉴定为一级至十级伤残、按《条例》规定应以本人工资作为基数享受相关待遇的，按本人终止或者解除劳动、聘用合同前12个月平均月缴费工资计发。

九、按照本意见第八条规定被认定为工伤的职业病人员，职业病诊断证明书（或职业病诊断鉴定书）中明确的用人单位，在该职工从业期间依法为其缴纳工伤保险费的，按《条例》的规定，分别由工伤保险基金和用人单位支付工伤保险待遇；未依法为该职工缴纳工伤保险费的，由用人单位按照《条例》规定的相关项目和标准支付待遇。

十、职工在同一用人单位连续工作期间多次发生工伤的，符合《条例》第三十六、第三十七条规定领取相关待遇时，按照其在同一用人单位发生工伤的最高伤残级别，计发一次性伤残就业补助金和一次性工伤医疗补助金。

十一、依据《条例》第四十二条的规定停止支付工伤保险待遇的，在停止支付待遇的情形消失后，自下月起恢复工伤保险待遇，停止支付的工伤保险待遇不予补发。

十二、《条例》第六十二条第三款规定的"新发生的费用"，是指用人单位职工参加工伤保险前发生工伤的，在参加工伤保险后新发生的费用。

十三、由工伤保险基金支付的各项待遇应按《条例》相关规定支付，不得采取将长期待遇改为一次性支付的办法。

十四、核定工伤职工工伤保险待遇时，若上一年度相关数据尚未公布，可暂按前一年度的全国城镇居民人均可支配收入、统筹地区职工月平均工资核定和计发，待相关数据公布后再重新核定，社会保险经办机构或者用人单位予以补发差额部分。

本意见自发文之日起执行，此前有关规定与本意见不一致的，按本意见执行。执行中有重大问题，请及时报告我部。

人力资源社会保障部<br>
2013 年 4 月 25 日

## 十九、人力资源和社会保障部关于执行《工伤保险条例》若干问题的意见（二）

（人社部发〔2016〕29 号）

各省、自治区、直辖市及新疆生产建设兵团人力资源社会保障厅（局）：

为更好地贯彻执行新修订的《工伤保险条例》，提高依法行政能力和水平，妥善解决实际工作中的问题，保障职工和用人单位合法权益，现提出如下意见：

一、一级至四级工伤职工死亡，其近亲属同时符合领取工伤保险丧葬补助金、供养亲属抚恤金待遇和职工基本养老保险丧葬补助金、抚恤金待遇条件的，由其近亲属选择领取工伤保险或职工基本养老保险其中一种。

二、达到或超过法定退休年龄，但未办理退休手续或者未依法享受城镇职工基本养老保险待遇，继续在原用人单位工作期间受到事故伤害或患职业病的，用人单位依法承担工伤保险责任。

用人单位招用已经达到、超过法定退休年龄或已经领取城镇职工基本养老保险待遇的人员，在用工期间因工作原因受到事故伤害或患职业病的，如招用单位已按项目参保等方式为其缴纳工伤保险费的，应适用《工伤保险条例》。

三、《工伤保险条例》第六十二条规定的"新发生的费用"，是指用人单位参加工伤保险前发生工伤的职工，在参加工伤保险后新发生的费用。其中由工伤保险基金支付的费用，按不同情况予以处理：

（一）因工受伤的，支付参保后新发生的工伤医疗费、工伤康复费、住院伙食补助费、统筹地区以外就医交通食宿费、辅助器具配置费、生活护理费、一级至四级伤残职工伤残津贴，以及参保后解除劳动合同时的一次性工伤医疗补助金；

（二）因工死亡的，支付参保后新发生的符合条件的供养亲属抚恤金。

四、职工在参加用人单位组织或者受用人单位指派参加其他单位组织的活动中受到事故伤害的，应当视为工作原因，但参加与工作无关的活动除外。

五、职工因工作原因驻外，有固定的住所、有明确的作息时间，工伤认定时按照在驻在地当地正常工作的情形处理。

六、职工以上下班为目的、在合理时间内往返于工作单位和居住地之间的合理路线，视为上下班途中。

七、用人单位注册地与生产经营地不在同一统筹地区的，原则上应在注册地为职工参加工伤保险；未在注册地参加工伤保险的职工，可由用人单位在生产经营地为其参加工伤保险。

劳务派遣单位跨地区派遣劳动者，应根据《劳务派遣暂行规定》参加工伤保险。建筑施工企业按项目参保的，应在施工项目所在地参加工伤保险。

职工受到事故伤害或者患职业病后，在参保地进行工伤认定、劳动能力鉴定，并按照参保地的规定依法享受工伤保险待遇；未参加工伤保险的职工，应当在生产经营地进行工伤认定、劳动能力鉴定，并按照生产经营地的规定依法由用人单位支付工伤保险待遇。

八、有下列情形之一的，被延误的时间不计算在工伤认定申请时限内。

（一）受不可抗力影响的；

（二）职工由于被国家机关依法采取强制措施等人身自由受到限制不能申请工伤认定的；

（三）申请人正式提交了工伤认定申请，但因社会保险机构未登记或者材料遗失等原因造成申请超时限的；

（四）当事人就确认劳动关系申请劳动仲裁或提起民事诉讼的；

（五）其他符合法律法规规定的情形。

九、《工伤保险条例》第六十七条规定的"尚未完成工伤认定的"，是指在《工伤保险条例》施行前遭受事故伤害或被诊断鉴定为职业病，且在工伤认定申请法定时限内（从《工伤保险条例》施行之日起算）提出工伤认定申请，尚未做出工伤认定的情形。

十、因工伤认定申请人或者用人单位隐瞒有关情况或者提供虚假材料，导致工伤认定决定错误的，社会保险行政部门发现后，应当及时予以更正。

本意见自发文之日起执行，此前有关规定与本意见不一致的，按本意见执行。执行中有重大问题，请及时报告我部。

人力资源社会保障部<br>2016 年 3 月 28 日

## 二十、劳动和社会保障部关于农民工参加工伤保险有关问题的通知

（劳社部发［2004］18 号）

各省、自治区、直辖市劳动和社会保障厅（局）：

为了维护农民工的工伤保险权益，改善农民工的就业环境，根据《工伤保险条例》规定，从农民工的实际情况出发，现就农民工参加工伤保险、依法享受工伤保险待遇有关问题通知如下：

一、各级劳动保障部门要统一思想，提高认识，高度重视农民工工伤保险权益维护工作。要从践行"三个代表"重要思想的高度，坚持以人为本，做好农民工参加工伤保险、依法享受工伤保险待遇的有关工作，把这项工作作为全面贯彻落实《工伤保险条例》，为农民工办实事的重要内容。

二、农民工参加工伤保险、依法享受工伤保险待遇是《工伤保险条例》赋予包括农民工在内的各类用人单位职工的基本权益，各类用人单位招用的农民工均有享受工伤保险待遇的权利。各地要将农民工参加工伤保险，作为今年工伤保险扩面的重要工作，明确任务，抓好落实。凡是与用人单位建立劳动关系的农民工，用人单位必须及时为他们办理参加工伤保险的手续。对用人单位为农民工先行办理工伤保险的，各地经办机构应予办理。今年重点推进建筑、矿山等工伤风险较大、职业危害较重行业的农民工参加工伤保险。

三、用人单位注册地与生产经营地不在同一统筹地区的，原则上在注册地参加工伤保险。未在注册地参加工伤保险的，在生产经营地参加工伤保险。农民工受到事故伤害或患职业病后，在参保地进行工伤认定、劳动能力鉴定，并按参保地的规定依法享受工伤保险待遇。用人单位在注册地和生产经营地均未参加工伤保险的，农民工受到事故伤害或者患职业病后，在生产经营地进行工伤认定、劳动能力鉴定，并按生产经营地的规定依法由用人单

位支付工伤保险待遇。

四、对跨省流动的农民工,即户籍不在参加工伤保险统筹地区(生产经营地)所在省(自治区、直辖市)的农民工,1至4级伤残长期待遇的支付,可试行一次性支付和长期支付两种方式,供农民工选择。在农民工选择一次性或长期支付方式时,支付其工伤保险待遇的社会保险经办机构应向其说明情况。一次性享受工伤保险长期待遇的,需由农民工本人提出,与用人单位解除或者终止劳动关系,与统筹地区社会保险经办机构签订协议,终止工伤保险关系。1至4级伤残农民工一次性享受工伤保险长期待遇的具体办法和标准由省(自治区、直辖市)劳动保障行政部门制定,报省(自治区、直辖市)人民政府批准。

五、各级劳动保障部门要加大对农民工参加工伤保险的宣传和督促检查力度,积极为农民工提供咨询服务,促进农民工参加工伤保险。同时要认真做好工伤认定、劳动能力鉴定工作,对侵害农民工工伤保险权益的行为要严肃查处,切实保障农民工的合法权益。

劳动和社会保障部<br>二〇〇四年六月一日

## 二十一、人力资源和社会保障部办公厅关于进一步做好建筑业工伤保险工作的通知

(人社厅函〔2017〕53号)

各省、自治区、直辖市及新疆生产建设兵团人力资源社会保障厅(局):

建筑业工伤保险专项扩面行动——"同舟计划"实施两年来,各地人力资源社会保障部门认真贯彻《关于进一步做好建筑业工伤保险工作的意见》(人社部发〔2014〕103号,以下简称《意见》),主动作为,扎实推进,建筑业按项目参加工伤保险工作取得显著成效(分省区市项目参保率情况详见附件1)。但工作中还存在亟待解决的突出问题,如工作进展不平衡,有12个省份新开工项目参保率低于全国平均水平;部分地区过于依赖行政强制力的集中推动,确保项目参保工作的长效机制还没有建立;交通运输、铁路、水利等相关行业建设项目参加工伤保险工作尚未启动等。为推动建立

健全建筑业按项目参加工伤保险的长效工作机制，巩固建筑项目"先参保、再开工"政策成效，完成"同舟计划"确定的目标任务，现就进一步做好建筑业按项目参加工伤保险工作通知如下：

**一、进一步提高认识，增强做好建筑业工伤保险工作的责任感、紧迫感**

党中央、国务院高度重视建筑业工人合法权益保护问题。近期，《国务院办公厅关于促进建筑业持续健康发展的意见》（国办发〔2017〕19号）再次强调，要"建立健全与建筑业相适应的社会保险参保缴费方式，大力推进建筑施工单位参加工伤保险。"这不仅是当前工伤保险扩面的中心任务，也是促进建筑业持续健康发展、保护建筑业工人合法权益的重要举措，各级人社部门要增强政治责任感和工作紧迫感，切实抓好工作落实，围绕项目参保模式积极推进政策创新和管理服务创新，着力建立健全建筑业按项目参保长效工作机制，同时，为灵活就业人员、分享经济等新业态从业人员的参保管理工作积累经验，奠定基础。

**二、进一步加强领导，推动形成更高水平、更高效率的部门协作机制**

建筑业按项目参加工伤保险工作涉及多部门职责，需要多部门联动。各级人社部门要进一步发挥好牵头作用，会同有关部门加强和完善联席会议、联合督查、信息共享、定期会商等行之有效的部门协作机制。要联合有关部门，切实把握好政策关键点，在"项目参保证明作为保证工程安全施工的具体措施之一，不落实不予核发施工许可证"的问题上不开口子，不搞变通，守住政策底线。3月底前，请各地将省（区、市）一级部门协作机制建立、运行情况，书面报部工伤保险司备案。

**三、进一步强化督查通报，夯实项目参保长效工作机制**

实践证明，督查、通报是推进项目参保工作的有效抓手，也是建立健全项目参保长效工作机制的关键措施。各地要进一步发挥督查对推进项目参保工作的作用，突出加强对工作进度慢、参保率回落较大地区的督查。4月底前，请各地人社厅局将2017年度开展专项督查和会同有关部门开展联合督查的工作方案报部工伤保险司、社保中心备案。

要进一步坚持和完善项目参保率定期调度通报制度，探索将新开工项目参保率纳入人社事业发展计划指标。4月10日前，请各地将截至3月底的《建筑项目参保情况统计表》（详见附件2）及省（区、市）内项目参保率定期调度通报制度建立情况报部工伤保险司、社保中心，之后逢单月10日前报送《建筑项目参保情况统计表》。

### 四、进一步创新管理服务，推动实现从"要我参保"到"我要参保"的转变

建筑业按项目参加工伤保险，是适应建筑业用工特点做出的政策创新。在项目参保模式下，要高度重视管理服务创新，优化流程，减少环节，提高效率，逐步开辟绿色通道、专门窗口，提供一站式服务，逐步实现工伤医疗费用联网实时结算。借鉴商业保险管理经验，创新人性化服务内容，进一步提升工伤保险在为参保企业、项目和工伤职工服务上的便捷性和可及性。

人力资源社会保障部办公厅<br>2017 年 3 月 9 日

## 二十二、人力资源和社会保障部、住房和城乡建设部、国家安全生产监督管理总局、全国总工会关于进一步做好建筑业工伤保险工作的意见

（人社部发〔2014〕103 号）

各省、自治区、直辖市及新疆生产建设兵团人力资源社会保障厅（局）、住房城乡建设厅（委、局）、安全生产监督管理局、总工会：

改革开放以来，我国建筑业蓬勃发展，建筑业职工队伍不断发展壮大，为经济社会发展和人民安居乐业做出了重大贡献。建筑业属于工伤风险较高行业，又是农民工集中的行业。为维护建筑业职工特别是农民工的工伤保障权益，国家先后出台了一系列法律法规和政策，各地区、各有关部门积极采取措施，加强建筑施工安全生产制度建设和监督检查，大力推进建筑施工企业依法参加工伤保险，使建筑业职工工伤权益保障工作不断得到加强。但目前仍存在部分建筑施工企业安全管理制度不落实、工伤保险参保覆盖率低、一线建筑工人特别是农民工工伤维权能力弱、工伤待遇落实难等问题。

为贯彻落实党中央、国务院关于切实保障和改善民生的要求，依据社会保险法、建筑法、安全生产法、职业病防治法和《工伤保险条例》等法律法规规定，现就进一步做好建筑业工伤保险工作、切实维护建筑业职工工伤保障权益提出以下意见：

一、完善符合建筑业特点的工伤保险参保政策，大力扩展建筑企业工伤保险参保覆盖面。建筑施工企业应依法参加工伤保险。针对建筑行业的特点，建筑施工企业对相对固定的职工，应按用人单位参加工伤保险；对不能按用人单位参保、建筑项目使用的建筑业职工特别是农民工，按项目参加工伤保险。房屋建筑和市政基础设施工程实行以建设项目为单位参加工伤保险的，可在各项社会保险中优先办理参加工伤保险手续。建设单位在办理施工许可手续时，应当提交建设项目工伤保险参保证明，作为保证工程安全施工的具体措施之一；安全施工措施未落实的项目，各地住房城乡建设主管部门不予核发施工许可证。

二、完善工伤保险费计缴方式。按用人单位参保的建筑施工企业应以工资总额为基数依法缴纳工伤保险费。以建设项目为单位参保的，可以按照项目工程总造价的一定比例计算缴纳工伤保险费。

三、科学确定工伤保险费率。各地区人力资源社会保障部门应参照本地区建筑企业行业基准费率，按照以支定收、收支平衡原则，商住房城乡建设主管部门合理确定建设项目工伤保险缴费比例。要充分运用工伤保险浮动费率机制，根据各建筑企业工伤事故发生率、工伤保险基金使用等情况适时适当调整费率，促进企业加强安全生产，预防和减少工伤事故。

四、确保工伤保险费用来源。建设单位要在工程概算中将工伤保险费用单独列支，作为不可竞争费，不参与竞标，并在项目开工前由施工总承包单位一次性代缴本项目工伤保险费，覆盖项目使用的所有职工，包括专业承包单位、劳务分包单位使用的农民工。

五、健全工伤认定所涉及劳动关系确认机制。建筑施工企业应依法与其职工签订劳动合同，加强施工现场劳务用工管理。施工总承包单位应当在工程项目施工期内督促专业承包单位、劳务分包单位建立职工花名册、考勤记录、工资发放表等台账，对项目施工期内全部施工人员实行动态实名制管理。施工人员发生工伤后，以劳动合同为基础确认劳动关系。对未签订劳动合同的，由人力资源社会保障部门参照工资支付凭证或记录、工作证、招工登记表、考勤记录及其他劳动者证言等证据，确认事实劳动关系。相关方面应积极提供有关证据；按规定应由用人单位负举证责任而用人单位不提供的，应当承担不利后果。

六、规范和简化工伤认定和劳动能力鉴定程序。职工发生工伤事故，应当由其所在用人单位在 30 日内提出工伤认定申请，施工总承包单位应当密切配合并提供参保证明等相关材料。用人单位未在规定时限内提出工伤认定申请的，职工本人或其近亲属、工会组织可以在 1 年内提出工伤认定申请，经社会保险行政部门调查确认工伤的，在此期间发生的工伤待遇等有关费用由其所在用人单位负担。各地社会保险行政部门和劳动能力鉴定机构要优化流程，简化手续，缩短认定、鉴定时间。对于事实清楚、权利义务关系明确的工伤认定申请，应当自受理工伤认定申请之日起 15 日内作出工伤认定决定。探索建立工伤认定和劳动能力鉴定相关材料网上申报、审核和送达办法，提高工作效率。

七、完善工伤保险待遇支付政策。对认定为工伤的建筑业职工，各级社会保险经办机构和用人单位应依法按时足额支付各项工伤保险待遇。对在参保项目施工期间发生工伤、项目竣工时尚未完成工伤认定或劳动能力鉴定的建筑业职工，其所在用人单位要继续保证其医疗救治和停工期间的法定待遇，待完成工伤认定及劳动能力鉴定后，依法享受参保职工的各项工伤保险待遇；其中应由用人单位支付的待遇，工伤职工所在用人单位要按时足额支付，也可根据其意愿一次性支付。针对建筑业工资收入分配的特点，对相关工伤保险待遇中难以按本人工资作为计发基数的，可以参照统筹地区上年度职工平均工资作为计发基数。

八、落实工伤保险先行支付政策。未参加工伤保险的建设项目，职工发生工伤事故，依法由职工所在用人单位支付工伤保险待遇，施工总承包单位、建设单位承担连带责任；用人单位和承担连带责任的施工总承包单位、建设单位不支付的，由工伤保险基金先行支付，用人单位和承担连带责任的施工总承包单位、建设单位应当偿还；不偿还的，由社会保险经办机构依法追偿。

九、建立健全工伤赔偿连带责任追究机制。建设单位、施工总承包单位或具有用工主体资格的分包单位将工程（业务）发包给不具备用工主体资格的组织或个人，该组织或个人招用的劳动者发生工伤的，发包单位与不具备用工主体资格的组织或个人承担连带赔偿责任。

十、加强工伤保险政策宣传和培训。施工总承包单位应当按照项目所在地人力资源社会保障部门统一规定的式样，制作项目参加工伤保险情况公示牌，在施工现场显著位置予以公示，并安排有关工伤预防及工伤保险政策讲解的培训课程，保障广大建筑业职工特别是农民工的知情权，增强其依法维权意识。各地人力资源社会保障部门要会同有关部门加大工伤保险政策宣传力度，让广大职工知晓其依法享有的工伤保险权益及相关办事流程。开展工伤预防试点的地区可以从工伤保险基金提取一定比例用于工伤预防，各地人力资源社会保障部门应会同住房城乡建设部门积极开展建筑业工伤预防的宣传和培训工作，并将建筑业职工特别是农民工作为宣传和培训的重点对象。建立健全政府部门、行业协会、建筑施工企业等多层次的培训体系，不断提升建筑业职工的安全生产意识、工伤维权意识和岗位技能水平，从源头上控制和减少安全事故。

十一、严肃查处谎报瞒报事故的行为。发生生产安全事故时，建筑施工企业现场有关人员和企业负责人要严格依照《生产安全事故报告和调查处理条例》等规定，及时、如实向安全监管、住房城乡建设和其他负有监管职责的部门报告，并做好工伤保险相关工作。事故报告后出现新情况的，要及时补报。对谎报、瞒报事故和迟报、漏报的有关单位和人员，要严格依法查处。

十二、积极发挥工会组织在职工工伤维权工作中的作用。各级工会要加强基层组织建设，通过项目工会、托管工会、联合工会等多种形式，努力将建筑施工一线职工纳入工会组织，为其提供维权依托。提升基层工会组织在职工工伤维权方面的业务能力和服务水平。具备条件的企业工会要设立工伤保障专员，学习掌握工伤保险政策，介入工伤事故处理的全过程，了解工伤职工需求，跟踪工伤待遇支付进程，监督工伤职工各项权益落实情况。

十三、齐抓共管合力维护建筑工人工伤权益。人力资源社会保障部门要积极会同相关部门，把大力推进建筑施工企业参加工伤保险作为当前扩大社会保险覆盖面的重要任务和重点工作领域，对各类建筑施工企业和建设项目进行摸底排查，力争尽快实现全面覆盖。各地人力资源社会保障、住房城乡建设、安全监管等部门要认真履行各自职能，对违法施工、非法转包、违法用工、不参加工伤保险等违法行为依法予以查处，进一步规范建筑市场秩序，保障建筑业职工工伤保险权益。人力资源社会保障、住房城乡建设、安全监管等部门和总工会要定期组织开展建筑业职工工伤维权工作情况的联合督查。有关部门和工会组织要建立部门间信息共享机制，及时沟通项目开工、项目用工、参加工伤保险、安全生产监管等信息，实现建筑业职工参保等信息互联互通，为维护建筑业职工工伤权益提供有效保障。

交通运输、铁路、水利等相关行业职工工伤权益保障工作可参照本文件规定执行。

各地人力资源社会保障、住房城乡建设、安全监管等部门和工会组织要依据国家法律法规和本文件精神，结合本地实际制定具体实施方案，定期召开有关部门协调工作会议，共同研究解决有关难点重点问题，合力做好建筑业职工工伤保险权益保障工作。

## 二十三、人力资源和社会保障部办公厅关于加快推进建筑业工伤保险工作的通知

（人社厅发〔2016〕43号）

各省、自治区、直辖市及新疆生产建设兵团人力资源社会保障厅（局）：

人力资源社会保障部、住房城乡建设部、国家安全生产监管总局、中华全国总工会联合下发了《关于进一步做好建筑业工伤保险工作的意见》（人社部发〔2014〕103号，以下简称《意见》），人力资源社会保障部结合全民参保登记计划，组织实施了"同舟计划"-建筑业工伤保险专项扩面行动，并根据建筑施工企业的用工特点，制定了专门经办规程和统计办法。

一年多来，各地人力资源社会保障部门会同有关部门，结合实际创造性落实《意见》要求，层层落实"同舟计划"参保扩面任务，突出抓好宣传培训和联合督查工作，推进建筑业参加工伤保险政策落地及相关管理服务工作取得积极进展。但工作中也暴露出一些突出问题，部分地区尚未形成有效推进工作的合力，工作进展较慢；宣传培训工作力度不够，建筑施工企业按项目参保的惠民政策社会知晓度不高；参保扩面、工伤认定、经办管理服务等工作还不能完全适应建筑业按项目参保的工作要求等。

2016年是深入推进建筑业工伤保险工作的关键一年，各地务必进一步加强领导、狠抓落实，切实推动工作再上一个台阶，为2017年全面实现建筑施工企业依法参加工伤保险奠定坚实基础。现就有关要求通知如下：

一、加强领导，进一步发挥好人社部门的牵头作用。深入推进建筑业工伤保险工作需要多部门联动，人社部门作为社会保险行政管理部门，必须将这项工作作为当前工伤保险扩面的首要任务，牵头推进工作落实。各级人社

部门主要负责同志，尤其是分管工伤保险工作的负责同志要亲自做好相关协调工作和任务安排，既要争取党委、政府分管领导的支持，更要协调相关部门建立良好的沟通合作机制。要重点加强对地市一级工作落实的督导，对工作进展慢、特别是仍存在部门配合不畅问题的地市，要协调当地党委、政府分管领导牵头推进落实。要会同住建、安监、工会等部门研究制定2016、2017年推进建筑业参加工伤保险工作的具体措施，并对推进工作中联合会商、联合督查、信息共享等工作措施作出制度性安排。有关推进工作措施于5月30日前报部工伤保险司、社保中心备案。

二、整合力量，进一步形成推进工作的合力。要进一步与住建、安监、工会等部门密切合作，整合各自的职能优势，建立畅通高效的长效协调机制，进一步形成工作合力。积极协调住建部门和安监部门发挥对建筑企业管理的职能优势，落实将工伤保险参保证明作为保证工程安全施工的具体措施之一，安全施工措施未落实的项目不予核发"施工许可证"和"安全生产许可证"，及时将建筑项目施工许可等信息予以公开，逐步完善信息共享机制，共同推动建筑业工伤保险工作；对不需要核发施工许可证的建筑项目，各地劳动保障监察、社保经办机构要积极发挥管理监督职能，督促建筑企业参加工伤保险，实行早期介入，共同做到建筑业参保扩面"无死角"。

三、改进服务，进一步简化参保手续。适应按项目参保特点，最大限度缩短流程、简化手续，力争实现施工企业办理参保缴费备案当日办结，避免因办理项目参保而拖延施工许可证的申领，影响工程开工进度。有条件的地区，可以将建筑项目参保事项纳入政府行政审批大厅办理，或协调住建部门，在统筹地区住建部门行政办事场所设立工伤保险参保经办窗口，也可委托住建部门办理参保核定手续并开具缴费通知单，方便施工企业在办理施工许可等行政审批手续时"一站式"办结参保手续。

四、提升效率，开设工伤认定和待遇支付绿色通道。适应建筑施工企业职工流动性大的特点，对于在工地内发生、事实清楚、当事双方无争议的案件实行"快认快结"，一般应当在10日内作出工伤认定的决定，可以开辟绿色通道，尽可能缩短劳动能力鉴定等待时限和待遇支付时限。有条件的地区对工伤认定后仍在医疗救治期间的职工特别是伤情较重人员，及时办理医疗费用联网实时结算手续，减轻施工企业和工伤职工的医疗费垫付压力。

五、适应特点，完善按项目参保统计工作。建筑业按项目参加工伤保险，参保人数的统计有一定的复杂性。为适应建筑业按项目参保统计要求，各地在按照《关于规范建筑业按项目参加工伤保险统计方法的通知（试行）》（人社厅发〔2015〕159号）要求统计参保人数的同时，应根据开工项目数、在建项目数、参保项目数统计项目参保率，于每双月10日前将上两月项目参保率报送工伤保险司和社保中心（见附件），部里将定期通报各地工作进展。

六、扩充系统，创新信息化服务水平。各地要按照《关于扩充社会保险管理信息系统功能支持建筑业按项目参加工伤保险工作的通知》（人社信息函〔2016〕17号）要求，扩充社会保险管理信息系统相关功能，支持建筑业按项目参加工伤保险，实现工伤保险参保登记、缴费、工伤认定、劳动能力鉴定等业务办理的全流程信息化。按照《关于加快推进社会保障卡应用的意见》（人社部发〔2014〕52号）要求，推进社会保障卡在建筑业工伤保险领域应用。加快推进全民参保计划的实施，建立完善全民参保登记数据库，通过信息比对、入户调查、资源共享、动态更新等措施，支持和促进按项目参保的人员管理。建立与住建、安监、工会等部门的信息交换机制，畅通信息共享渠道，共享项目用工、施工许可证发放、参保、安全生产管理等信息资源。

七、加强宣传培训，提升工伤保险参保积极性和社会知晓度。要充分运用传统媒体、新媒体等手段，高密度开展建筑业从业人员特别是农民工喜闻乐见的宣传活动。要在建筑项目施工现场设立工伤保险政策及参保流程宣传栏，实现宣传全覆盖，确保全体进场农民工知晓"个人不缴费、项目全参保、干活要打卡、咨询找社保"。要联合住建、安监、工会等部门，对各类新建、在建项目的有关管理人员进行培训，提高按项目参加工伤保险的自觉性和主动性，杜绝因不清楚、不了解、不会办而影响参保工作。已开展工伤预防试点的地区，可使用工伤预防经费对宣传培训活动予以必要经费保障，其他地区应由同级人社部门作出经费安排。

八、加强监督，有效防范和查处恶意骗保行为。在为建筑施工企业按项目参加工伤保险提供便捷、高效服务的同时，要加强管理监督工作，把住关键环节，做到快而不乱、便而不疏。对利用项目参保浑水摸鱼、造假骗保的行为，一经发现，要会同有关部门严肃处理、依法严惩。

做好建筑业工伤保险工作，是党中央、国务院对工伤保险工作提出的新要求，是当前社保扩面的重点任务。各地要在政策全面落地的基础上，加大力度，扎实有效推进建筑业按项目参加工伤保险工作全面落实。同时，应适时启动与交通运输、铁路、水利、能源等部门的沟通协调工作，尽早使这一惠民政策覆盖相关领域从业人员。

人力资源社会保障部办公厅<br>2016 年 3 月 24 日

## 二十四、劳动和社会保障部关于确立劳动关系有关事项的通知

（2005 年 5 月 25 日　劳社部发〔2005〕12 号）

各省、自治区、直辖市劳动和社会保障厅（局）：

近一个时期，一些地方反映部分用人单位招用劳动者不签订劳动合同，发生劳动争议时因双方劳动关系难以确定，致使劳动者合法权益难以维护，对劳动关系的和谐稳定带来不利影响。为规范用人单位用工行为，保护劳动者合法权益，促进社会稳定，现就用人单位与劳动者确立劳动关系的有关事项通知如下：

一、用人单位招用劳动者未订立书面劳动合同，但同时具备下列情形的，劳动关系成立。

（一）用人单位和劳动者符合法律、法规规定的主体资格；

（二）用人单位依法制定的各项劳动规章制度适用于劳动者，劳动者受用人单位的劳动管理，从事用人单位安排的有报酬的劳动；

（三）劳动者提供的劳动是用人单位业务的组成部分。

二、用人单位未与劳动者签订劳动合同，认定双方存在劳动关系时可参照下列凭证：

（一）工资支付凭证或记录（职工工资发放花名册）、缴纳各项社会保险费的记录；

（二）用人单位向劳动者发放的"工作证""服务证"等能够证明身份的证件；

（三）劳动者填写的用人单位招工招聘"登记表""报名表"等招用记录；

（四）考勤记录；

（五）其他劳动者的证言等。

其中，（一）、（三）、（四）项的有关凭证由用人单位负举证责任。

三、用人单位招用劳动者符合第一条规定的情形的，用人单位应当与劳动者补签劳动合同，劳动合同期限由双方协商确定。协商不一致的，任何一方均可提出终止劳动关系，但对符合签订无固定期限劳动合同条件的劳动者，如果劳动者提出订立无固定期限劳动合同，用人单位应当订立。

用人单位提出终止劳动关系的，应当按照劳动者在本单位工作年限每满一年支付一个月工资的经济补偿金。

四、建筑施工、矿山企业等用人单位将工程（业务）或经营权发包给不具备用工主体资格的组织或自然人，对该组织或自然人招用的劳动者，由具备用工主体资格的发包方承担用工主体责任。

五、劳动者与用人单位就是否存在劳动关系引发争议的，可以向有管辖权的劳动争议仲裁委员会申请仲裁。